삶을
사랑하고
죽음을
생각하라

삶을 사랑하고 죽음을 생각하라

에리히 케스트너 평전

박홍규 지음

필맥

삶을 사랑하고 죽음을 생각하라
- 에리히 케스트너 평전

박홍규 지음

초판 1쇄 펴낸날 · 2004년 7월 1일

펴낸곳 · 필맥 | 펴낸이 · 이주명 | 출판등록 · 제2003-63호
주소 · 110-101 서울시 종로구 송월동 99-2 송월빌딩 401호
전화 · 02-3210-4421 | 팩스 · 02-3210-4431
이메일 · philmac@philmac.co.kr | 편집 · 문나영
본문디자인 · 디자인 예티 | 표지디자인 · 민진기 디자인
출력 · 문형사 | 종이 · 화인페이퍼 | 인쇄 · 한영문화사 | 제본 · 영신사

ISBN 89-91071-04-X (03990)

Rights to the photos lie with
Fotoarchiv Erich Kästner, RA Peter Beisler, München, Germany
Don't reproduce any photo without permission.

The photos from Fotoarchiv Erich Kästner
are printed in back cover and
pp. 14, 76, 110, 150, 224, 256, 294, 308

이 책에 사용된 사진 중 일부는
에리히 케스트너 사진 저작권 관리자의 허가를 받아 사용했습니다.
해당 사진이 포함된 페이지는 다음과 같습니다.
뒤표지, 14, 76, 110, 150, 224, 256, 294, 308

* 잘못된 책은 바꾸어 드립니다.
* 값은 뒤표지에 있습니다.

이 도서의 국립중앙도서관 출판시도서목록(CIP)은 e-CIP 홈페이지(http://www.nl.go.kr/cip.php)에서
이용하실 수 있습니다.(CIP제어번호: CIP2004001218)

머리말

삶을 사랑하고 죽음을 생각하라!
때가 오면 자랑스럽게 물러나라.
한 번은 살아야 한다,
그것이 제1의 계율이고,
한 번만 살 수 있다,
그것이 제2의 계율이다.

위 시는 〈두 가지 계율(Die zwei Gebote)〉이라는 제목의, 독일 문학가 에리히 케스트너(Erich Kästner, 1899~1974)의 작품이다. 《간단 명료》라는 시집에 나오는 것이자, 《어른들을 위한 케스트너 책(Das große Erich Kästner Lesebuch)》의 마지막에 나오는 시다. 케스트너의 대표작을 모은 이 책의 마지막에 실린 위 시의 첫 행을 나는 이 책의 제목으로 삼았다.

이 책은 케스트너에 대한 평전이다. 케스트너는 그의 사후 14년이 지난 1988년에 번역된 《마주보기》라는 시집으로 우리에게도 꽤 알려졌다. 그리고 20여 년이 더 지난 지금 그의 평전을 쓰는 이유는, 그동안 작품의 대부분이 우리말로 소개될 정도로 저명한 작가임에도 불구하고 케스트너의 삶과 작품의 전모가 제대로 알려져 있지 않다고 생각되기 때문이다.

국내에서는 그의 동화 《로테와 루이제》가 1960년대에 영화로 소개된 이래, 소설 《파비안》이 1970년대에 전혜린에 의해 번역됐고, 1980년대에 《마주보기》를 비롯한 대부분의 시집과 희곡이 번역됐으며, 1990년대에는 그의 아동문학 작품 전부가 번역됐다. 특히 《마주보기》는 100만 부가량 팔린 베스트셀러였다고 한다. 이처럼 소설, 시, 희곡은 물론, 아동문학에 걸치는 문학의 모든 분야를 아우르는 작가도 드물 뿐 아니라, 그 작품 대부분이 30여 년에 걸쳐 우리말로 번역된 문학가도 드물다.

그러나 무슨 이유에서인지 그는 '연구' 되지 못했다. 개별 작품들만 소개됐을 뿐, 문학세계의 전모나 삶은 연구는커녕 논의조차 제대로 안 됐다. 내가 어떤 외국작가보다 그를 좋아했다는 사실은 제쳐두더라도, 독일문학은 물론 세계문학이 다양하게 소개되는 현실에서 그에 대한 연구가 전무하다는 사실은 참으로 이상한 일이라고 나는 생각했다.

특히 그의 사회적 비판시가 《마주보기》라는 제목의 감상시나 소위 '치료시'로 베스트셀러가 된 우리 독서계에 나는 유감을 갖는다. 물론 나를 포함한 많은 독자들이 그의 시를 사회적 비판시로 제대로 이해했지만, 일본어 중역에서 비롯된 오역으로 인해 그의 시가 오해된 점이 서글프다.

그래서 나는 내가 사랑하는 이 작가에 대한 책을 쓰기로 했다. 나는 독일문학 연구자도 시인도 소설가도 희곡작가도 아동문학가도 아니다. 그냥 그를 사랑하는 한 독자로서 이 책을 쓴다. 내가 10대였던 1960년대에 보았던 영화부터 1990년대에 40대라는 나이에 걸맞지 않게 읽었던 아동문학까지 그를 사랑한 독자로서 이 책을 쓴다. 그리고 50대가 된 2000년대에 굳이 이 책을 쓰게 된 이유는 지금이야말로 케스트너를 다시 읽을 필요가 있다고 느끼기 때문이다. 케스트너가 보여주는 '사회적 문학', 특히 그의 '사회적 아동문학'은 오늘날 우리에게도 필요하다. 그러나 내가 좋아하는 작가에 대해 무조건 예찬을 늘어놓자는 것은 아니다. 나는 케스트너를 비판하기도 한다.

이 책에서 소개하는 시와 소설 등 케스트너 작품의 인용은 기존의 번역과는 다르다. 모두 필자가 새롭게 옮긴 것들이다. 종래 우리말로 번역된 시들은 기본적인 형식과 운율조차 무시하고 내용도 멋대로 왜곡한 것들이 많아, 원작에 가까운 재번역이 필요하다고 생각했기 때문이다. 따라서 인용의 번역본 근거는 일일이 밝히지 않았다. 누군지도 모르는 역자에 의해 대단히 불성실하게 옮겨진 그의 시집이 100만 부나 팔렸다니 참으로 신기

할 따름이다.

    케스트너의 책 대부분이 그렇듯이 나도 이 책을 성인은 물론 청소년과 어린이 모두를 위해서 쓴다. 그래서 가능한 한 쉽게 쓰려고 노력했다. 하지만 아동용 책에서 흔히 볼 수 있는 높임말을 쓰는 관행은 따르지 않았다. 그 자체가 계급적이라고 생각하기 때문이다. 따라서 이 책에서 인용되는 케스트너의 시나 동화는 모두 평어체이다.

    머리말 마지막에서나마, 시 번역에 도움을 준 영남대 김혜정 교수, 이 책에 대한 이야기를 들어주고 케스트너에 대한 추억을 함께 나눈 필맥의 문나영 팀장, 그리고 케스트너 사후 30주년을 기념하여 그의 사망일인 7월 29일에 맞추어 이 책을 흔쾌히 출판해주는 필맥의 이주명 대표에게 진심으로 감사한다.

2004년 6월

박홍규

Erich Kästner   차례

| 머리말 |

프롤로그 13
희망도 없이, 비애도 없이 / 나의 케스트너 / 왜 케스트너인가 / 케스트너는 센티멘털리즘을 싫어했다 / 케스트너의 시는 정신병 치료약이 아니다 / 케스트너의 시는 정치시다 / 케스트너는 저항의 시인이다 / 케스트너는 보헤미안이었다 / 보헤이만이란 자유인이다 / 케스트너는 겹눈의 인간이었다 / 케스트너는 모랄리스트였다 / 모랄리스트의 웃음 / 여러 가지 웃음 / 감성을 해방하라 / 삶은 시행착오를 거듭한다

1장 어린 시절 75
독일을 거부한 독일인 / 독일이라는 이름 / 역사 속의 독일 / 유럽 속의 독일 / 문화와 문명 / 케스트너의 출생 / 드레스덴 / 할아버지와 아버지 / 외할아버지와 어머니 / 가족의 가모장적 특징 / 노동자 집안 / 황제와 왕의 정치 및 종교 / 케스트너의 어린 시절 / 문학에 대한 관심 / 교원양성소

2장 전쟁과 대학 시절 109

1차대전 / 전쟁의 상처 / 1919~1929년 / 교원양성소 졸업과 대학 입학 / 라이프치히 대학 / 바이마르 공화국의 성립 / 정치의 혼란 / 스파르타쿠스단, 오프로이테, 그리고 공산당 / 대학생활, 작가생활 / 레싱 연구 / 헤르더, 괴테, 하이네의 영향 / 학위 논문 / 최초의 외국여행과 해고

3장 베를린의 황금 시절 149

베를린 / 베를린 르네상스인가 / 만과 카로사 / 나치의 대두 / 나치의 퇴조와 부활 / 신즉물주의 / 베를린과 친구들 / 첫 시집 《허리 위의 심장》의 성공 / 공산주의 비판 / 동화를 쓰다 / 사회적 아동문학으로서의 《에밀과 탐정들》 / 두 번째 시집 《거울 속의 소동》 / 오페라, 연극, 영화 / 세 번째 시집 《한 남자가 통지한다》 / 소설 《파비안》 / 베를린의 밤 / 풍속의 혁명 / 다시 아이들에게로 / 《5월 35일 또는 콘라트가 말을 타고 남태평양으로 가다》 / 《마법에 걸린 전화기》 / 네 번째 시집 《의자 사이의 노래》 / 소설 《하늘을 나는 교실》

4장 어두운 나치 시절 223

히틀러의 집권과 작가들의 망명 / 망명을 거부하다 / 분서 / 최초의 체포와

Erich Kästner

《눈 속의 세 남자》/《에밀과 세 쌍둥이》/《사라진 미세화》/ 시 선집 《케스트너 박사의 서정적 가정약국》과 두 번째 체포 / 마주보기 / 일상의 마주보기가 필요하다 /《틸 오일렌슈피겔》/ 나치의 멸망과 베를린 탈출

5장 뮌헨 시절 255
종전 / 카바레 '작은 극장' /〈노이에 차이퉁〉/〈어린이를 위한 평권〉/ 국제 펜클럽 활동 / 시집《간단 명료》/ 우화《동물회의》/《로테와 루이제》/ 카바레 '작은 자유' / 다시 하는 이야기 / 희곡《독재자 학교》/ 1956년의 독일 /〈아동 문학 작가의 박물학〉

6장 만년 293
만년의 작품들 /《작은 남자》/ 죽기까지

에필로그 307
케스트너는 여전히 시시한가 / 인생이란 / 자기 내면을 마주보라 / 사랑을 긍정하라 / 노동을 예찬하라 / 문화와 문명을 거부하라 / 예술을 비판하라 / 유행을 비판하라 / 인류는 진보하지 않는다 / 자연을 존중하라 / 그래도 봄은 온다

프롤로그

희망도 없이, 비애도 없이

희망도 없이, 비애도 없이
그는 머리를 수그리고 있다.
지쳐 쪼그려 벽에
지쳐 앉아 생각한다.

케스트너가 《서정적 가정약국》이란 시집의 마지막에 부록으로 실은 시 〈벽 앞의 장님(Der Blinde an der Mauer)〉의 첫 연이다. 지금 나 역시 "희망도 없이, 비애도 없이" 벽에 기댄 장님처럼 지쳐 앉아 다음과 같이 생각한다.

기적은 일어나지 않는다.
모든 것은 옛날 그대로이다.
보지 않으면, 보이지도 않는다.
보지 않으면, 눈에 띄지도 않는다.

발자국이 왔다, 발자국이 간다.
인간에게 행복이란 무엇인가?
왜 아무도 일어서지 않는가?
나는 장님, 그대들도 장님.

그대들 가슴은 영혼으로부터
얼굴로 인사하지 않는다.
나는 그대들의 발자국을 듣지 못해,
그대들이 없다고 생각했다.

더 가까이 걸어라! 장님임을
깨달을 때까지 다시 걸어라.
머리를 숙이고, 눈꺼풀을 숙이고,
그대에게 낯선 것이 무엇인지 알 때까지.

그리고 지금 가라! 그래, 서둘러야 한다!
행하라, 아무것도 보이지 않는 것처럼.

그러나 그대 이 구절은 깨달아야 한다.
보지 않으면, 보이지도 않는다.

케스트너는 위 시를 쓴 뒤에 다음과 같은 〈연결〉을 썼다.

다른 사람이 보지 못하는 것을
어떤 사람은
전혀 보고 싶어 하지 않는다.
세상에는 많은 일들이 일어나지만
그것을 보는 사람은 몇몇뿐이다.

그것을 보는 사람은 이상주의자다. 케스트너는 〈이상주의자를 위한 조사〉를 쓴다.

죽기 전까지는 살아가게 마련이다.
여기 묻힌 어떤 남자는
가장 숭고하고 특별한 삶을 살았다.

그는 괴로움을 기꺼이 견디며
가슴 아픈 연민을 참아내며
숨 막히는 위험과 충돌하며 다른 사람들을 위해 싸웠다.

그리고 인간답지 않은 비참한 무리들은
거침없이 적으로 간주한다.
왜냐하면 그는 진정한 인간들의 친구이기 때문이다.

그런 이상주의자가 바로 〈용기 있는 질문 하나〉에서 노래된 "요란한 소리를 내며 달리는 기차 아래에서 태연할 수 있는 사람"이다. 이어 케스트너는 말한다. "철도의 침목 사이에서 피어난 자그마한 꽃들이 그렇다!"고. 그런 자그마한 꽃들이야말로 케스트너가 사랑한 민중이리라.

나의 케스트너

어린 시절에 본 영화에 대한 추억쯤은 누구에게나 있다. 초등학교 시절이었던 1960년대 초반, 영화관도 없는 두메산골 천막에서 내가 보았던 최초의 영화는 〈원술랑〉과 〈황토길〉이다. 원술랑의 애국만큼 훌륭한 도덕 교과서는 없었고, 〈황토길〉에 나오는 문둥이 시인 한하운의 고통만큼 훌륭한 예술 입문서는 다시 없었다. 그러나 그것들은 분명 아이들을 위해 만든 영화가 아니었다.

그런 탓인지 나는 아이 같지 않은 아이, 어른 같은 아이였다. 물론 그것은 그 몇 편의 영화 탓이 아니다. 6.25전쟁 이후의 가난 속에서 아이는 없었다. 전쟁 중에 태어난 나는 어른의 영화를 보았고 소설, 시, 그리고 신문, 잡지도 어른과 함께 읽으며 자랐다. 물론 동화나 만화도 읽었던 것 같은데, 불행인지 다행인지 지금까지 기억에 남는 것은 거의 없다.

그 시절 동화를 기억하는 이들은 너무나도 행복한 사람들이겠지만, 대부분의 사람들은 나처럼 별로 기억하는 게 없다. 기억할 능력이 없는 탓일까? 아니면 기억할 게 없어서일까? 오래도록 기억에 남는 감동을 줄 만한 작품들이 없어서일까? 우리에게 어린 시절을 결정지을 정도의 아동문학이 과연 있을까?

아이용으로 본 영화 중 유일하게 기억에 남는 것은 케스트너의 《로테와 루이제》를 영화화한 디즈니사의 1961년 작품이다. 아역배우 헤일리 밀스(나는 40년이 지난 지금도 밀스만이 아니라 부모 역 배우들의 이름도 기억할 정도로 그 영화가 인상 깊었다. 물론 여러 장면들도 아직 생생하게 생각난다!)가 1인 2역으로 나온 이 영화는, 똑같은 얼굴의 배우가 하나의 화면에 함께 등장하는 촬영의 특수효과 자체로도 놀라웠으나(당시에는 컴퓨터도 없었다), 어린 시절 부모의 이혼으로 헤어진 일란성 쌍둥이가 초등학교에서 우연히 만나 결국 부모를 재결합시킨다는 이야기 자체의 애절함과 재미, 그리고 감동은 지금도 그 맛이 느껴질 정도다. 그렇게 많이 웃고 울며 마음 졸인 적이 또 있었던가?

나는 중학시절에 그 영화를 보았던 것 같다. 아마도 1964년께쯤일 것이다. 이미 아동이 아닌 시절에 아동영화를 보고 그렇게 좋아했고, 그 뒤 어른이 되어 미국에 가서도 그 영화의 비디오를 찾을 정도로 오랫동안 그리워했다. 디즈니가 상징하는 미국의 문화제국주의를 끝없이 증오하고 비판하면서도, 나는 그 영화를 찾아 헤맸다. 적어도 그 영화만은 예외로 두고 싶었다. 미국 영화라고 해서 다 나쁜 것만은 아니라고 하면서.

아기자기한 재미 때문만이 아니었다. 이혼한 부모를 아이들이 재결합시킨다는 이야기는 얼마나 감동적인가? 아버지 밑에서 큰 루이제는 쾌활하나, 어머니 밑에서 큰 로테는 얌전하다. 부모를 재결합시키기 위해 쌍둥이는 서로 위치를 바꾼다. 루이제가 로테로 변해 어머니에게, 로테는 루이제로 변해 아버지에게 간 것이다. 두 아이는 뒤바뀐 삶을 살면서 나름대로 완성된 인격으로 성장한다. 결국 부모를 결합시키는 과정의 묘사도 절묘하다.

1960년대 한국에서는 1940년대 후반의 독일처럼 이혼이 흔하지 않았다. 그러나 엄격한 가부장제 아래 부부 간의 갈등은 독일보다 한국에서 더욱 심했다. 그런 갈등을 보고 자란 어린 마음이었기에 그 영화가 그렇게도 감동적이었을까? 사실 독일에서도 이혼한 부모를 아이들이 나서서 재결합시키는 경우는 거의 없으리라. 한국에서도 부모의 갈등을 아이들이 나서서 해결할 수는 없으리라. 그렇기에 그 영화가 더욱 감동적이었을까?

쌍둥이가 서로 상대방의 이름으로 변신한 뒤에 훌륭하게 처신하는 것도 아이들의 성장이 지닌 놀라운 비밀이자 삶의 신비로 비쳐 매력적이었다. 입장을 바꾸어 서로를 이해하는 것은 갈등 해결의 첩경이자 교육이나 정신병 치료에도 중요한 방법이다. 다르게 살아보는 것은 또 얼마나 멋진 일인가? 그것을 단지 꿈같은 이야기라고 치부하고 말 것인가?

그 영화를 처음 보았을 때 나는 그것이 케스트너의 원작에 근거한 것인 줄은 당연히 몰랐다. 그런 사실을 안 것은 몇 년이 더 지나서였다. 케스트너의 《에밀과 탐정들》에 대한 추억도 마찬가지다. 《로테와 루이제》가 사적인 가정문제를 다룬 것인 반면 《에밀과 탐정들》은 공적인 범죄 문제를 다룬 것이라는 점에서 다르긴 했으나, 감동과 재미는 마찬가지였다.

《에밀과 탐정들》도 디즈니사에 의해 1962년 영화화됐으나, 한국에서는 개봉되지 않았다. 물론 최초로 영화화된 1930년의 독일 작품도 상영되지 못했다. 《로테와 루이제》도 미국에서 영화로 제작되기 전인 1950년에 독일, 1951년에 일본, 1952년에 영국에서 각각 영화화됐으나, 역시 우리나라에서는 개봉되지 않았다. 1954년 영화화된 《하늘을 나는 교실》도 마찬가지다. 영화도 아니고 소설, 그것도 처음에는 거의 다이제스트식의 간추림판이었음에도 불구하고 《에밀과 탐정들》은 재미있었다. 이혼 문제는 제대로 실감할 수 없는 소재였던 반면, 범죄 문제는 이미 우리의 소년시절에 경험한 것이었기에 더욱 더 실감이 났다. 1960년대의 골목이나 들판 또는 유원지에서 우리는 깡패를 만나기도 했고, 어린 여차장이 들이미는 만원 버스에서 소매치기를 당하기도 했기 때문이다. 그러나 우리는 그 어떤 깡패나 소매치기에도 저항하지 못했다. 왜 그리도 무기력했던가? 아니, 지금 아이들은 더욱 그렇지 않은가?

이 작품은 어른 도둑을 아이들이 합심하여 체포한다는 줄거리로, 어린 시절에 읽은 어떤 소년소설보다 뇌리에 남은 책이다. 이 역시 나는 중학 시절에 읽었던 것 같다. 이미 세계문학전집 같은 것에 곁눈질을 했을 때였지만, 그 어떤 문학작품보다 인상적이었다. 그러나 당시 중학생이었던 나는, 그 책이 아이들이나 보는 동화라는 데 부끄러움을 느끼며 읽었던 것 같다. D. H. 로렌스를 부끄러워하며 읽었듯이. 참으로 혼란스러운 시절이었다.

고등학교 시절에 처음으로 데모를 하면서 나는 우습게도 에밀처럼 정치도둑을 잡아야 한다고 생각했다. 그러나 데모는 너무나도 쉽게 깨어졌다. 실의에 빠진 나는 당시 한참 유행하던 전혜린을 읽고 그가 번역한 케스트너의 《파비안》을 읽으면서 마냥 허무주의에 젖어들었다. 당시 내가 허무주의에 젖은 것은 《파비안》의 케스트너를 제대로 이해하지 못했기 때문이다.

게다가 전혜린은 그 책의 해설에서 고등학생에게 허무주의만 심는 무척 어려운 이야기(지금은 그런 이야기를 믿지 않는다)를 했을 뿐, 그 작가가 《로테와 루이제》나 《에밀과 탐정들》을 쓴 사람이라고 밝히지 않았다. 몰랐을 리 없었을 텐데 왜 그랬을까? 그런 것은 작가의 본령이 아니라고 생각한 탓이었을까? 왜 에밀이 곧 파비안이라고 생각하지 못했을까?

그로부터 10년쯤 뒤인 1988년에 나는 케스트너의 홍수를 맞았다. 독재를 비판한 《독재자 학교》와 학교를 비판한 《하늘을 나는 교실》, 우리나라에서 100만 부가 팔린 베스트셀러 《마주보기》 1권과 2권, 아마도 그 베스트셀러 때문에 번역된 듯한 《내가 어렸을 적》을 모두 읽고 다시 케스트너에 빠졌다. 그때 내 눈앞에 펼쳐진 케스트너의 세계란! 그때의 놀라움이란! 그리고 혼란스러움이란!

《독재자 학교》에서 읽은 그 치열한 독재비판은 1980년대 말의 삭막한 현실에선 너무나도 감격스러운 것이었다. 그런 그가 마치 센티멘털리즘의 전형으로 회자된 베스트셀러 《마주보기》의 시인이고, 허무주의를 말했다는 《파비안》의 작가이고, 게다가 《에밀과 탐정들》과 같은 아름다운 동화의 작가라니!

아니었다. 적어도 내가 본 《마주보기》는 센티멘털리즘이 아니었다. 《로테와 루이제》도 그냥 아름다운 동화가 아니었다. 《파비안》은 그 어떤 시대비판, 그 어떤 지식인 소설보다 절실했다. 《하늘을 나는 교실》은 내가 다시 다니고 싶은 학교, 만나고 싶은 친구, 배우고 싶은 교사의 이야기였다. 《내가 어렸을 적》도 정말 다시 되돌아가고 싶은 어머니의 품이었다.

그래서 《독재자 학교》와 함께 그 모두는 나에게 날카로운 비수처럼 다가왔다. 독재자가 계속 존재하는 황폐한 나라에서 현실을 직시해야 하고, 그런 곳에서 끝없이 마음이 갈라진 우리는 무엇보다도 마주보기를 해야 하며, 그 마주보기의 가장 아름다운 이야기인 에밀과 탐정들의 만남, 로테와 루이제의 만남, 그리고 학교에서의 친구와 사제 간 새로운 만남 등을 통해 정치문제, 경제문제, 사회문제, 교육문제, 가족문제의 해결이 필요하다는 인식이 나에게 새롭게 다가왔다.

그렇게 아이와 어른들에게 가장 쉬운 말로 가장 재미있는 감동을 주는 작가인 케스트너는 역시 나의 30년 친구 케스트너였다. 그제야 나는 독재, 전쟁, 체제, 계급에 대해 비판을 하고, 그것을 해결하기 위한 인간의 만남과 마주보기를 제시한 '사회적 아동문학가' 로서의 케스트너를 제대로 이해할 수 있었다.

그러나 나는 케스트너에게서 느낀, 그런 나의 새로운 감동을 누구에게도 말하지 못했다. 무엇보다도 그는 여전히 센티멘털리즘의 혐의를 받고 있었고, 그의 작품이란 그저 유치한 동화라는 식의 정신연령 시비(그의 동화는 우리나라에서 모조리 초등학생용으로 나왔다)도 남아있었기 때문이다. 여하튼 케스트너의 우리말 번역은 그쯤에서 일차로 끝났다. 나쁘게 말하면, 한때의 센티멘털리즘이나 독재비판의 유행은 끝났다. 그러나 나에게는 끝이 아니었다. 시작이었다. 내 책꽂이에 꽂힌 30년간의 케스트너 작품들은 이제 전집으로 정리되어도 좋을 만큼 많았다.

몇 년 뒤 독일에 갔을 때도 나는 무엇보다 케스트너를 찾아 헤맸다. 도대체 저 놀랍고도 혼란스러운 케스트너는 누구인가?

그러나 독일에서조차 케스트너에 대한 나의 감동은 확인받지 못했다. 사회주의에 과도하게 물든 1990년대의 독일문학 흐름은 그전에 반사회주의의 주류가 케스트너를 무시했던 것과 마찬가지로 그를 무시하고 있었다. 그들에게는 각각 브레히트와 만이 영웅일 뿐, 케스트너는 시시한 존재인 듯했다. 그래서 나도 한때는 그런 독일문학의 논의에 눌려 케스트너를 잊었다. 그런 가운데 1995년부터 정식으로 판권을 받아 새로이 번역된, 너무나 예쁜 장정의 케스트너 동화책들을 읽으며 다시금 그야말로 감개무량했다. 지금 우리나라에는 그의 책 대부분이 번역돼 있다. 정식 판권에 의한 번역은 아직도 동화뿐이지만.

보다 유려한 동화 번역서를 나이 오십 줄이 가까워 또 한번 읽으면서, 다시금 케스트너에 대해 관심이 생겨났다. 그런데 독일문학에 대한 책을 읽어도 그에 대한 이야기는 별로 없고, 독일문학 교수에게 물어보아도 '아, 그 동화작가'라는 답밖에 듣지 못했다. 그는 과연 시시한 동화작가인가? 아니다. 나는 아니라고 마음속으로 외쳐왔다.

이렇게 한 권의 책을 쓰기로 한 것은 그 '아니다'라는 소리를 내지르기 전에 그에 대해 충실한 소개를 하기 위해서다. 그에 대한 소개가 전무하고, 대부분의 번역서에도 그와 그의 작품에 대한 친절한 설명이 거의 없기 때문이다. 그러나 역시 내 속내는 '아니다'라는 외침에 있다. 그래서 내가 그토록 오랫동안 사랑한 작가에 대해 바로 내가 우리말로 처음 책을 쓴다는 사실에 스스로 감격한다. 남들이 모두 시시하다고 해도 내가 좋으면 좋은 것이다!

잘은 모르지만, 우리나라에서 케스트너에 대한 책은 다시 쓰이지 않으리라. 이 책처럼 팔리지 않을 것이기에. 어쩌면 이 책은 나의 추억에 바치는 책이다. '어린 시절'이라고 말할 수 없었던 나의 어린 시절에 바치는 책이다.

그러나 어린 시절은 어른이 되어서야 비로소 그 가치를 알고 그리워함으로써 그 진가가 드러난다는 생각에서도 이 책을 쓴다. 괴테도 말하지 않았던가? "사람들은 청춘 시절에 소망했던 것들을 나이가 들어서야 갖게 된다"고.

왜 케스트너인가

우리에게 케스트너는 《에밀과 탐정들》《로테와 루이제》와 같은 아동문학의 작가로 널리 알려져 있다. 나는 나이 오십이 훌쩍 넘은 지금도 그의 동화책을 읽는다. 이런 나를 두고 아이처럼 유치하다고 하면 할 말은 없다. 그러나 나는 문학에 아동용과 성인용이 따로 있다고 생각하지 않는다. 좋은 문학이면 아동 성인 가릴 것 없이 누구나 감동받을 수 있다. 케스트너의 작품이 바로 그 좋은 보기다. 나이를 가리지 않는 문학이 바로 그의 작품이다.

그러나 우리나라에서 케스트너는 어디까지나 동화작가다. 우리에게 동화는 '본격' 문학과는 거리가 있는 듯이 여겨진다.

그래서 우리의 독일문학계에서는 그가 거의 다루어지지 않는다. 번역도 명망 있는 독문학 교수에 의해 이루어지지 않는다. 물론 교수가 아닌 사람의 번역이 교수의 번역보다 못하다는 이야기는 절대 아니다. 도리어 전문 번역가가 교수보다 월등 뛰어난 번역을 하는 경우도 많다.

그러나 그의 '아동' 문학 작품은 물론 '본격'('아동'에 대해 이런 상대어밖에 고르지 못함을 용서하시라) 시 작품까지도 대부분 번역자의 이름도 없이 출판사 명의로 다소 무책임하게 이루어졌다는 것은 문제다. 그래선지 그에 대한 연구는커녕 제대로 된 해설조차 없다.[1] 마치 연구할 가치가 없다는 듯. 케스트너에 대한 객관적이며 일관된 입장의 연구서는 독일에는 상당수 있으나[2] 한국에는 없다. 영미나 프랑스에도 없다. 일본에 그 비슷한 책이 있으나 상당히 조잡한 개인적 기록에 불과하다.

나 역시 '연구'하는 것은 아니다. 나는 독일문학자가 아니기에 어떻게 보면 연구할 자격이 없다고 볼 수도 있다. 앞에서 '나의 케스트너 독서'를 요약한 것처럼 이 책은 독서의 기록에 불과하다. 40년간 읽어온 케스트너 작품에 대한 나름의 독후감 정도라고나 할까. 그러나 사실 독후감으로서도 의미가 있을지 의문이다. 물론 대부분의 작가나 작품 연구서라는 게 독후감 이상이라고 생각하지 않지만.

케스트너는《에밀과 탐정들》의 머리말에서 어느 음식점 웨이터가 자기에게 한 이야기를 들려준다. 어린 시절 실러의《빌헬름 텔》을 읽고 독후감을 써야 했던 그 웨이터는 "사과를 머리에 이고 있는 아들에게 화살을 쏘면서 빌헬름 텔의 발이 떨리지 않았을까"라고 썼다가 좋은 점수를 받지 못했다고 한다. 지금부터의 내 이야기도 그렇게 엉뚱한 독후감일지 모른다. 그러나 그렇다고 해서 무가치하다고는 생각하지 않는다. 여하튼 나의 이야기에 대한 평가는 독자들이 하도록 맡겨두고, 다시 케스트너 작품에 대한 논의로 돌아가겠다.

케스트너의 '동화'(동화라고 한정하는 데는 문제가 많으나, 지금은 달리 명명하기 어렵다)를 비롯한 그의 아동문학 작품이 아동을 대상으로 한다는 이유에서 소홀히 다루어지는 것도 문제이나, 케스트너의 시집이 번역에서부터 전반적으로 소홀히 다루어진 것도 정말 문제다.

외국 시집치고는 보기 드물게 베스트셀러가 되기도 한 케스트너의 《마주보기》 1~3권은 우선 《마주보기》라는 제목의 케스트너의 시집이 없다는 점에서 문제다. 뒤에서 다시 말하겠지만 번역본에 그런 제목을 단 것에 전혀 의미가 없다는 것은 아니나, 시집이라고 해서 그 번역본의 제목을 함부로 바꿀 수는 없다고 생각한다.

제목부터 그러하니, 시 자체의 번역은 엉망일 수밖에 없다. 모든 시의 제목이 제멋대로 바뀌었고, 시의 형식미에서 가장 중요하다고 할 문단 또한 뜯어고쳐져 있다. 원래의 시집에는 어떨 때 어떤 시들을 읽으라고 하는 분류가 36개이나, 한국판 시집에는 시마다 그것을 읽어야 할 때가 각각 지정돼 있다.

게다가 그 번역 시집의 해설은 케스트너를 정신과 의사로 소개했는데, 이는 너무나도 터무니없다. 《마주보기》의 원본인 《케스트너 박사의 서정적 가정약국(Doktor Erich Kästners Lyrische Hausapotheke)》(1936)에서 '박사'란 그가 라이프치히 대학에서 받은 철학(문학 분야) 박사학위를 말한다. 《케스트너 박사의 서정적 가정약국》을 한국에서 마치 의사가 내리는 '인생 구급처방 시'인 것처럼 번역하는 것도 문제다. 나는 아래에서 이 책을 《서정적 가정약국》이라고 줄여서 인용하고,[3] 우리말 번역본을 지칭하는 경우에는 《마주보기》《마주보기 2》《마주보기 3》으로 인용한다.

《마주보기》에 실린, 케스트너의 오랜 친구이자 독일의 저명한 문학평론가인 헤르만 케스텐(Hermann Kesten)의 해설을 번역해 놓은 데도 오류가 있다. 그 부제인 '응용서정시'라는 말도 번역상의 문제가 있다. 이는 '실용적 서정시(Gebrauchslylik)'의 오역이다. 이 말은 '실용성이 있는 서정시'라는 뜻이지 '서정시를 응용한 다른 무엇'이라는 뜻이 아니다. 《서정적 가정약국》의 시들은 그 자체가 훌륭한 서정시다. 케스트너는 실용성이 없는 공허한 '추상적 서정시'에 대응하는 의미로 '실용적 서정시'라는 말을 사용했다.

또한 번역본에는 케스트너가 나치수용소에 감금됐다가 풀려났다는 이야기가 나오는데, 케스트너는 그런 곳에 감금된 적이 한 번도 없다. 그리고 감금됐다가 풀려난 뒤에야 비로소 케스트너가 '민중의 작가', '독보적인 풍자시인', '민중사상가'가 됐다고 적혀 있지만, 케스트너는 이미 그전부터 그런 작가요, 시인이요, 사상가였다. 또 그런 과정을 거친 후 그가 '어린이들의 진정한 친구', '소시민의 풍자적 친구'가 됐다고 쓰여 있지만, 케스트너는 역시 그전부터 그랬다. 나치스 집권 이전부터 케스트너는 《에밀과 탐정들》이란 베스트셀러로 그런 작가로서 인정받았다. 이에 대해서는 뒤에서 더 자세히 언급하겠다.

《마주보기》는 1988년에 우리나라에서 출간되자마자 베스트셀러가 됐고, 이듬해 말까지도 베스트셀러 종합순위 1위 자리를 지키며 100만 부나 팔렸다. 1권이 나온 지 반 년 뒤에 2권도 나왔다(3권은 1994년에 발간됐다). 그렇게 베스트셀러가 된 이유로 "현대인의 황폐한 가슴에 맑은 바람처럼 스며들었다"든가 "감상주의적 요소가 우리 독자들의 소녀 취향적 센티멘털리즘과 맞아떨어진 결과"라는 분석이 그 시집 속에 들어있다. 그러나 그의 시가 과연 그러한가?

케스트너는 센티멘털리즘을 싫어했다

적어도 그의 시가 한국에서 실제로 '소녀 취향의 센티멘털리즘'으로 읽혀서 베스트셀러가 됐다면, 아무리 그가 한국과 무관한 입장이었더라도, 또 지금은 지하에 있지만 케스트너로서는 대단히 화나는 일이리라. 왜냐하면 그 자신이 그런 시를 지극히 싫어했고 배격했기 때문이다.

우리말 번역판인 《마주보기 2》 머리에는 〈산문적 여담(Prosaische Zwischenbemerkung)〉이 시 형식으로 실려 있다. 그러나 이는 《서정적 가정약국》에 실린 시가 아니고 《거울 속의 소동》에 실린 산문이다. 산문을 시로 번역한 번역자의 재주가 놀랍다. 나는 여기서 그 글을 본래의 형태로 복원하여 번역한다. 그 내용은 케스트너가 자기 시의 특징과 의미를 명쾌하게 설명한 것이다. 이는 동시에 독일의 주류 시는 물론 우리의 주류 시에 대해서도 통렬한 비판이 된다. 그 내용은 아래와 같다.[4)]

> 비록 나 자신 뜻하는 바 있어 시를 쓰지만, 세상에 우글거리는 서정시인들이 시정의 유행가 가수만큼이나 쓰임새가 있을까? 그들은 시 쓰는 재주를 신이 내린 재능이라고 그럴싸하게 포장하는 또 다른 재주를 가졌다. 그러고서 그들은 태어날 때부터 무슨 특권이라도 부여받은 군주인 양 장미뿌리 파이프를 물고 팔자걸음을 걷는다.
> 거의 믿을 수 없는 일이지만 사실이 그렇다. 많은 서정시인들은 '내가 너무나도 사랑하는 님'이나 '초원의 가련한 꽃'에 관해 재탕삼탕 노래하고 읊어댄다. 시 한가운데서 갑자기 음악의 여신과 키스하고, 잠자는 아이를 깨우는 데나 쓰일 아! 오! 하는 외마디 소리를 곧잘 질러댄다. 앞뒤가 이어지지 않으면, 스스로도 모르

고 누구도 알지 못하는 난삽한 말들을 뒤섞어 위기를 넘긴다.
훌륭한 연미복을 만드는 직공은 재단에 소질이 있어야 하듯, 시를 쓰고자 하는 사람은 올바르게 시를 쓰는 재능을 가져야 한다. 그러나 재능은 소명인 직업에 가장 작은 전제조건일 뿐 진실한 사람들의 등뼈일 수 없다. 어떤 서정시인들은 치렁치렁하게 머리카락을 기른다. 그들의 아버지가 이발사와 원한이 있었는지 모르지만, 땟국이 줄줄 흐르는 긴 머리카락이 모자라는 재능을 채워주지는 못하리라. 그들은 눈을 희번덕거리고 말을 데굴데굴 굴려가며, 한 달 동안 얼굴을 씻지 않고 머리를 쥐어뜯어가며 울림이 없는 노래들을 끙끙대며 지어낸다. 이렇게 쓰인 그들의 시는 빨갛고 파랗게 이상한 빛깔의 조화처럼 피어난다. 향기 없는 꽃, 꿀 없는 벌통⋯. 그렇다. 그 속에는 아무런 씨알도 숨겨져 있지 않다. 이는 자격 문제가 아니라 진실이 어떠해야 하는가에 대한 이야기다.
이제 나의 분노를 용서하시겠지. 단정한 차림새에 사물의 중심을 꿰뚫어보는 눈과 맑게 울리는 목소리를 가진 시인들은 서정시를 불신할지 모른다. 그들은 독자의 잘못된 안목에 대해서도 시인으로서 책임을 진다. 바쁜 세상에 시를 쓴다는 것 자체가 부적절한 일이라는 견해에 대해서도 고개를 끄덕인다. 할 일을 잘못 선택한 엉터리 서정시인들이야말로 부적절한 이들이다. 그런 시인들은 하루라도 빨리 다른 알맞은 직업을 찾는 것이 좋다. 그들 중 몇몇을 박물관에 보내는 것도 괜찮다. 만약 그곳에 그들을 위한 자리가 있다면.

다행스럽게도 생활 속의 시, 인간의 영혼을 순화시키는 푸른 노래를 간직한 일이십여 명의 시인들이 있다. 나 역시 그런 시인이기를 바라고, 그런 시인이 되려고 애쓴다. 그들의 시는 독자들이 눈을 감고 읽을 수 있고, 마음으로 들을 수도 있다. 그런 시들은 사람들의 기쁨과 슬픔, 운명과 함께하는 참된 기록이다. 살아있는 온갖 생명들을 위한 기도다. 때로는 은유의 표현을 쓰기도 하지만 사실적이고 생활에 뿌리박은, 시대와 사람들이 필요로 하는 서정시다. 문학소녀의 가슴을 두근거리게 하고, 빈 방에서 홀로 미소를 짓는 시들이 있다. 태어날 때부터 인간이 지니는 순수한 감동을 솔직하게 노래하는 시들이 있다. 그런 시인들은 스스로를 위해 시를 쓰는 것이 아니기에, 그리고 운율과 행을 맞추기 위해 시를 쓰는 것이 아니기에 형식보다는 마음을, 몽상보다는 사실을 그대로 표출한다. 잘 짜여진 말의 유희를 시라고 불러주어도 그리 해롭지는 않으리라. 그러나 틀에 맞춘 듯 아름다운 말의 유희가 있고 서투르고 거친 생활의 노래가 있다면, 마땅히 서투른 쪽이 시의 본령에 가깝다.

시 속에 무언가 자신의 마음과 더불어 다른 사람들의 마음을 우울하게 만들거나 충격을 주는 표현이 있다면 그것은 매우 유용한 것이다. 그러나 그러한 효용은 심리학이나 정신분석학의 영역에 속하는 문제다.

서정시인은 다시 시의 목적을 갖게 됐다. 그의 참된 역할은 다시 하나의 직업이 됐다. 시인이 시를 쓰는 일은 빵 굽는 사람의 일이나 치과의사의 일처럼 사람 사는 세상에 필요한 것은 아닐지 모른다. 인간의 위장에서 꼬르륵 소리가 나거나 이가 쑤시고 아픈 현상에 대해서라면 분명한 처치방법이 있다. 그런데 사람의 마음이 아픈 것, 사람의 정신이 비뚤어진 것에는 어떤 처치방법이 있을까? 마음의 병에 이렇다 할 만한 치료방법이 달리 없으므로 실용적 시인의 역할은 더욱 중요하다. 내가 같은 시대를 사는 사람들 가운데 일부에게 상처를 줄 수도 있는 이런 여담을 써야만 하는 까닭도 여기에 있다.

위 글을 간략하게 정리하면 이렇다. 시인들은 시를 짓는 능력을 신에게서 부여받았다고 하나 이는 제멋대로 만든 말에 불과하고, 여신으로부터 키스를 받았다고도 하나 이는 아이들도 웃을 일이다. 시를 읽을 필요성을 못느끼겠다는 현대 독자들의 말에 대한 책임은 시인에게 있다. 하지만 지금도 시의 생명을 유지하고자 노력하는 소수의 시인들이 있고, 자신도 그중 한 사람이라고 케스트너는 자부한다. 그리고 자신의 시를 실용서정시라고 부른다.

그런 그의 실용서정시집이 《마주보기》이며, 그 외에 《용기 있는 질문 하나》가 우리말로 나왔고, 이것이 잘 팔린 탓인지 똑같은 내용의 다른 판인 《착각도 나름대로 쓸모가 있다》도 나왔다. 그 원제는 《간단 명료(Kurz und bündig)》인데 번역자는 이 시집이 국외로 추방됐던 작가가 돌아와 내놓은 것이라고 했다.

그러나 케스트너는 국외추방을 당한 적이 없다. 그는 1945년 3월 베를린을 잠깐 탈출해 오스트리아의 티롤에 머문 적이 있으나 몇 달 뒤 다시 뮌헨으로 돌아갔으며,《간단 명료》는 그 후 3년이 지난 1948년의 작품이다. 그러나 이런 사실의 오류 정도야 애교로 봐줄 수도 있다.

케스트너의 시는 정신병 치료약이 아니다

더욱 심각한 문제는 케스트너의 시를 정신충격 효과를 주는 처방전 정도로 보는 태도다.《마주보기 2》에 권두언을 쓴 정신과 의사 이시형은 별것도 아닌 일로 정신병원에 오는 현대인에 대해 참을성이 없다고 꾸중하면서(정신과 의사가 그렇게 말하는 것은 대단히 돋보이나 장사에는 지장이 있으리라), 얄팍한 현대인의 기질을 통렬히 비판하는《마주보기》에 박수를 보낸다면서 "보다 강한 인간으로 성장하는 데 하나의 자극제가 될 것"이라고 말한다.

그러나 이런 식의 '대중적' 이해는 정말 너무나도 터무니없다. 케스트너의 시는 그 자신이 말한 것처럼 '실용서정시' 또는 '참여서정시'라고 할 만한 것이다. 여기서 '실용'이란 과장된 말, 말재주, 빈말, 말의 사치를 배격하고, 절제 속에서 통속적이고 직설적이며 솔직한 표현으로 시대와 삶의 알맹이를 보여주는 것을 뜻한다.

따라서 그는 단순한 아름다움을 추구해 독재자를 장식하는 장미와 별을 예찬하는 탐미주의, 또는 아름다움에만 탐닉하여 결과적으로 독재까지 용인하는 태도를 거부하며, 치열하게 독재를 공격한다. 예컨대 그 시집에 포함된 〈그대는 아는가, 대포가 꽃피는 나라를?(Kennst Du das Land, wo die Kanonen blühn?)〉[5]을 보자.

그대는 아는가, 대포가 꽃피는 나라를?
그걸 모르는가? 알게 되리라!
그곳에선 모든 일터가 병영 같고
지배인들이 거만하게 버티고 있다.

그곳 사람들 넥타이 밑엔 병잔 단추가 있다.
그리고 눈에 보이지 않는 철모를 쓰고 있다.
그곳 사람들은 얼굴은 있으나 머리가 없다.
그리고 잠자리에 들면 바로 자손을 번식한다!

그곳에선 상관이 무엇을 원하면
—뭔가를 원하는 게 그의 직업이다—
정신 차리고 우선 차렷 자세, 그 다음엔 부동자세다.
우로 봐! 그리고 누운 자세로 굴러!

그곳에선 아이들이 작은 박차를 달고
머리엔 가르마를 타고 태어난다.
그곳에선 민간인으로 태어나지 않는다.
그곳에선 주둥이를 다무는 자만이 승진한다.

그대는 그런 나라를 아는가? 그 나라는 행복할 수 있으리라.
행복할 수 있고 행복해질 수 있으리라!
그곳에는 농토, 석탄, 철과 돌이 있고
근면과 능력, 그리고 다른 아름다운 것도 있으니까.

가끔 그곳에는 정신과 선도 있다!
그리고 참된 의협심도, 그러나 정말 드물게.
그곳에는 아이가 두 번째 남편에게서 태어나
장난감 병정과 놀려 한다.

그곳에선 평화가 익지 않는다. 평화는 초록색에 머물러 있다.
사람들이 무엇을 지어도 언제나 병영이 된다.
그대는 아는가, 대포가 꽃피는 나라를?
그대는 그걸 모른단 말인가? 그대는 그 나라를 알게 되리라!

위 시는 케스트너의 처녀시집 《허리 위의 심장》에 나오는 것이다. 이 시집은 《마주보기》의 원전인 《서정적 가정약국》과는 다른 별도의 시집이다. 그런데 번역본인 《마주보기》에 이 시가 실려 있다. 아마도 이것이 그의 대표 시이기 때문이리라.

케스트너의 시는 정치시다

이런 시가 심심하면 정신병원에 오는 인내심 없는 현대인을 강하게 해준다고? 도대체 무슨 소리인가? 이 시는 저항시이고, 비판시이며, 참여시이고, 정치시다. 나는 이 시를 언제나 우리나라를 이야기한 시로 읽는다.

'한국이 조용한 아침의 나라라고? 아니다. 대포가 꽃피는 나라다' 라고 나는 나름대로 읽는다. 우리나라는 케스트너의 독일 이상으로 병영의 나라, 군대의 나라다. 그러나 우리나라에는 이런 시가 없다. 그래서 나는 케스트너를 읽는다. 그래서 케스트너가 좋다.

이 시는 케스트너의 시 중에서 가장 유명한 것으로, 세계적으로 널리 애송돼 왔다. 특히 나치시대에 폴란드 바르샤바의 유대인 거리에서 케스트너의 다른 반전시인 〈공동묘지로부터의 소리〉와 함께 손에서 손으로 전해지며 읽혔던 시다. 심지어 나치의 전선에서도 독일의 젊은이들이 숨어서 읽었으며, 프랑스의 레지스탕스 운동에 가담한 출판사에서도 그의 시집이 간행됐다.

〈공동묘지로부터의 소리〉를 읽어보자.

우리는 무덤 속에 누워있다.
세월이 오래 지나는 동안
우리 몸은 산산이 분해되었다.
당신들은 지나며 생각하겠지.
고인이 고이고이 잠들었노라고.
하지만 우린 잠든 게 아니다.
당신들 걱정 때문에
우린 깊이 잠들 수 없다.
입이 없으니 우린
침묵해야 한다.
무덤이 산산이 부서지도록 우린
소리 지르고 싶다.
소리치며 무덤 밖으로 나가고 싶다.
아무리 소리쳐도 당신들은
우리의 말을 듣지 못한다.
목사가 설교하면 당신들은
그들의 실없는 말만은 잘도 듣는다.
그들의 지고한 신은 당신들에게 말한다.
"전쟁은 끝났다. 죽은 자를 편히 쉬게 하라."
우리는 무덤 속에 누워있다.
죽음은 우리가 전에 생각한 것과는 영 다르다.
우리는 이루어놓은 일 없이 죽었다.

당신들도 내일, 우리가 어제 그랬듯이
싸움터로 나가려 하나?
당신들은 지나며 생각하겠지.
고인이 고이고이 잠들었노라고.
무덤가에는 오늘도 몇 개의 화환들이
을씨년스럽게 서 있다.

케스트너는 저항의 시인이다

이처럼 그는 '아이들이나 읽을 유치한 작품' 또는 '정신병 처방전' 같은 시를 쓴 사람이 아니다. 그는 1951년부터 11년간 독일 펜클럽 회장을 지낼 정도로 명망 있는 작가였고, 독일에서 가장 유명한 문학상인 뷔히너상과 프리메이슨 문학상, 뮌헨시 문학상과 뮌헨시 문화명예상, 그리고 아동문학의 노벨상이라는 안데르센 상과 미국도서관협회의 아동문학상, 서독 대공로십자훈장 등을 받았다. 다소 유치할 정도로 수상경력을 소개하는 것은, 그가 그 정도로 저명한 작가라는 사실이 우리에게는 거의 알려지지 않고 있기 때문이다.

우리나라에서 독일문학이라고 하면 현대 작가의 경우 헤르만 헤세, 토마스 만, 하인리히 뵐, 귄터 그라스와 같은 노벨상 수상 작가들이나 프란츠 카프카, 한스 카로사, 레마르크, 베르톨트 브레히트가 저명하다. 그들은 각자 다양한 개성을 보여주지만,

동시에 하나같이 '심각'하다. 그들과 달리 케스트너는 독일문학에서는 보기 드문 유머를 지녔으며, 거창한 주제의식을 갖지 않고도 사회에 비판적인 모랄리스트(moraliste)다.

케스트너는 다른 작가들을 마라톤 선수라고 하면서, 자신을 단거리 선수에 비유하기도 했다. 그러나 케스트너가 스스로를 단거리 선수라 칭했다 해서 그의 삶이나 문학의 호흡이 짧은 것만은 아니다. 그가 자신을 단거리 선수라고 한 말 자체가 하나의 조롱이고, 비판이며, 유머라는 점에 주의해야 한다. 특히 케스트너가 히틀러에 대해 통렬하게 비판하고 저항한 작가라는 사실은 우리에게 거의 알려져 있지 않다. 그는 당대의 다른 독일 작가들과 달리 외국으로 망명하지 않고 히틀러 치하의 12년을 독일 안에서 보내면서 시집과 소설을 소각 당하고, 집필과 저작의 발표를 금지 당하고, 두 차례나 체포되고, 저축금을 압류 당해 경제적으로 곤경에 처하고, 끝없이 생명에 위협을 당하면서도 끝내 나치에 대한 협력을 거부했다.

당시 그는 다른 독일 작가들처럼 얼마든지 망명할 수 있었다. 아니 그는 어떤 작가보다도 스위스나 영미에 많은 애독자를 둔 작가였고, 특히 미국 할리우드에서는 그의 작품을 영화로 만들고자 했으니, 맘만 먹었으면 누구보다도 더 쉽게 망명할 수 있었다. 하지만 그는 나치에 저항하는 뜻으로 망명을 거부하면서 죽어간 11년 연상의 친구 오시에츠키(Carl von Ossietzky, 1888~1938)처럼 그 험악한 나치 독일에 머물렀다.

그 12년 동안 공식적으로도 220만 명이 강제수용소로 끌려갔다. 나치에 반대했다는 이유로 처형당한 사람이 나치 사법부의 발표로도 12만 5000명에 이르렀다. 지금은 나치에 의해 학살된 유대인 수가 대체로 600만 명에 달했던 것으로 집계되고 있다. 특히 나치가 1945년 항복하기 직전 4개월간 약 8000명이 처형당했다. 케스트너도 처음에는 그 명단에 포함됐으나, 기적적으로 베를린을 탈출했다.

그의 시 〈제국 선포〉를 읽어보자.

울름에서 킬까지
독일민족에게 고하노니
너희는 너무 자주 먹고 너무 많이 먹는다!
토른에서 트리어까지
독일민족에게 고하노니
너희는 너무 게으르고 너무 말이 많다!

높은 사람들이
너희의 식량을 빼앗아 간다 해도
너희가 잠자는 것을 금지한다 해도
제국의 대들보가 휘었다고
조금 심하게 거짓말을 한다 해도
정중하게 매우 감사하라.

그들은 제국의 운명을 손에 쥔
위대한 사람들이니까.

바지를 기워 입어라!
아이를 만들지 말아라!
밤에도 일을 해라!
똑같이 우로 봐!
너희는 너무 편하게 지내는구나!

너희는 생각을 하지 말아라!
뇌는 오직 그것을 쓸 사람에게만
쓰임새가 있는 것이다.
책 따위를 보지 말아라.
너희는 너무 뻔뻔스럽구나.

만일 너희가 제국의 높은 사람에게 반항해
그들이 너희를 체포하고
너희를 과녁으로 겨누어
그들이 설령 총을 발사한다 해도
공손하게 죽어가며 감사하라!
그들은 제국 그 자체이니까!

케스트너는 보헤미안이었다

나치 시절을 이겨냈다는 점에서 케스트너는 초인적이었다. 그러나 그의 신체적 조건이 뛰어난 것은 아니었다. 어려서부터 체조를 즐겼던 그는 군대 시절 심장병을 잠시 앓은 것 외에는 만년에 병을 얻기까지 평생 건강했으나, 키가 168센티미터로 독일인 치고는 매우 작았다.

그는 만년의 작품《작은 사람》에서 시저, 나폴레옹, 괴테, 아인슈타인 등 위대한 사람들은 모두 작았다고 농담처럼 말했다. 이런 작품까지 쓴 것을 보면 그는 키가 작은 데 대해 조금은 열등감을 갖고 있었을지도 모른다. 그는 신체가 왜소했고 얼굴도 결코 미남이라 할 수 없었으나, 풍부한 지성과 유머를 지녀 멋쟁이로 불릴 만큼 매력적이었다.

젊어서부터 보헤미안처럼 항상 카페나 바에 앉아 쓱쓱 글을 써댔지만, 그의 문장은 많은 나라에서 독일어 학습 교본으로 사용될 정도로 명문이었다. 이런 그의 보헤미안적 버릇은 젊어서는 가난한 탓으로 그랬다지만, 나이 들어 부유하게 된 후에도 좀처럼 고쳐지지 않았다. 자본주의의 속성인 절약이나 저축을 경멸한 탓이었다. 그는 본래 술을 좋아했고, 전후에 다시 인기를 얻어 돈을 벌게 되자 건강을 해칠 정도로 알코올에 탐닉하기도 했다.

또한 그는 당시 작가라면 누구나 갖고 있던 만년필이 아닌

연필로 속기하듯 글을 썼다. 그는 자동차도 없었고, 운전도 못했다. 그의 보헤미안 같은 생활은 낭비하는 습관으로도 나타났다. 특히 그는 카바레나 바에서 일하는 사람이나 자동차 운전수에게 팁을 듬뿍듬뿍 주는 것으로 유명했다.

〈우연히 난 결말(Bilanz per Zufall)〉이라는 제목의 시[6]가 있다.

> 그는 돈이 있다. 호텔에 앉아
> 제일 비싼 술과 최고의 음식을
> 먹고 마셨다.
> 그는 만족하고 먹고 마시며
> 웨이터와 다른 많은 손님에게
> 잔을 높이 들고 축배를 했다.
>
> 옆에 다가선 꽃 파는 소녀에게
> 꽃을 받아든 그는
> **빳빳**한 종이돈을 건넸다.
> 장미꽃은 빨갛고 차디찼다.
> 그는 30마르크를 주었고
> 소녀는 울었다.
>
> 6인조 밴드는

그에게서 200마르크를 받았다.
밴드는 녹초가 되도록 연주했다.
웨이터, 댄서, 견습접대원, 웨이트리스, 춤꾼에게도
그는 돈을 뿌렸다.

계산서는 들여다보지도 않았다.
호주머니에서 종이돈을 꺼내 팽개치고
그는 홀을 떠났다.
놀란 댄서, 웨이터, 악사들이
우르르 배웅을 나와
그에게 감사했다!

그는 기뻐하며 소리쳤다. "너무 좋았소."
그리고서 보관실에 맡겨둔
외투와 모자를 받아들었다.
보관실 아가씨가 손을 내밀었다.
"여기 보관료는 30페니히죠!
계산해 주세요!"

그는 발을 멈추고 웃으며
호주머니를 뒤졌으나 동전 한 푼 없어
계산하지 못했다.

> 꽃 파는 소녀, 춤꾼,
> 악사, 웨이터, 댄서들은
> 모르는 체 서 있었다.
>
> 그는 도움을 청하듯 둘러보았다.
> 모두들 벙어리처럼 서 있었다.
> 마치 그가 그곳에 없다는 듯이.
> 그는 외투를 벗어
> 보관실 아가씨에게 던져주고 호텔을 나왔다.
> 그리고 오직 생각했다. "그래도 좋다."

이 시는 낭비벽을 경계하여 쓰인 것이나, 케스트너 자신의 생활을 보여주는 것이기도 하다. 즉 그가 우리 돈으로 몇십 원에 불과한 보관료가 없을 정도로 낭비벽이 심했다는 것이고, 심지어 돈 대신 외투를 던져주었다는 것이다. 흔히 독일인을 가리켜 "절약이 몸에 배인 사람들", "합리적인, 너무나 합리적인 사람들"이라고 한다. 케스트너는 그런 독일인들의 일반적인 성격에 저항한 것일까? 아니면 어려서부터 겪어야 했던 가난이 너무 싫어 그렇게 행동한 것일까? 그 이유는 정확하게 알 수 없으나, 그는 돈이 생기면 물 쓰듯 함부로 뿌렸다.

    그는 이처럼 대단히 '남성적'(아니 반자본주의적)인 성격이었으나, 개는 큰 소리로 짖고 사람을 문다는 이유에서 매우 싫어하고, 대신 고양이를 좋아했다. 그래서 고양이에 대한 T. S. 엘리엇의 시를 번역했을 정도다. 개는 지금도 독일인들에게는 가장 중요한 애완동물이고, 독일은 개의 천국이라고도 한다. 히틀러는 자살할 때 그의 개를 먼저 죽였다. 케스트너가 개를 싫어한 것도 독일적인 것에 대한 반발 탓이었을까?

케스트너는 짖는 개를 싫어했듯이 말이 많은 사람도 싫어했다. 아무리 미인이라도 말이 많거나 잘난 체하면 케스트너는 도망쳤다. 잘난 체하는 사람들과 유행을 따르는 여인들을 비꼬는 시들이 《서정적 가정약국》에 여러 편 들어 있다. 그러나 마음이 약한 탓인지, 아니면 여성을 좋아한 탓인지 그는 죽기까지 35년간 동거한 조강지처 같은 여인에게 11년이나 비밀로 애인을 두고, 그 애인에게서 아들을 얻기도 했다.

이를 모순이라고 볼 수도 있다. 그의 작품에도 이런 모순이 들어있다고 지적하는 견해가 있기도 하다. 즉 그는 언제나 현실을 직시한 리얼리스트였으나, 기상천외한 상상력의 작품들을 쓴 공상가이기도 했다. 그러나 리얼리즘과 현실을 비판하는 공상이 반드시 모순되는 것은 아니다.

또한 철저한 자유주의자이자 인도주의자인 케스트너가 옳고 이성적인 것을 유머로 표현하고 부정과 불합리를 풍자했다는 점에서도 모순을 느끼는 사람이 있을 수 있다. 그러나 이것도 모순이 아니다. 유머나 풍자를 즐겼다고 해서 자유주의자나 인도주의자가 아니라고 할 수 없다. 도리어 진정한 자유주의자는 유머의 여유를 갖게 마련이다.

그러나 그가 두 여인을 사랑한 것은 분명 두 여인에게는 고통이었을 것이고, 케스트너 자신이 오랫동안 이를 비밀에 붙인 것도 스스로 당당한 행동이라고 생각하지 않았기 때문이리라. 그러나 이를 우리 식으로 축첩이라고 비난할 필요는 없다. 평생토록 오직 한 여인만을 사랑하는 이가 과연 이 세상에 몇이나 되겠는가? 케스트너는 적어도 두 여인 모두 버리지 않았고, 그들과 만나서부터 자신이 죽을 때까지 충실히 사랑했다.

물론 사람들은 이렇게 말하리라. 다른 사람도 아닌 아동문학을 한다는 사람이 그렇게 반도덕적일 수 있냐고? 그러나 케스트너가 일부일처제라는 제도를 인정한 사람이 아니었다면, 그래서 두 여인 중 누구와도 결혼하지 않은 것이었다면, 그리고 두 여인 모두 그런 사실을 받아들였다면 이야기가 달라질 수도 있다. 그는 사랑도 보헤미안처럼 했던 것이다.

보헤미안이란 자유인이다

여기서 우리는 케스트너의 삶을 지배한 '보헤미안'이라는 것에 대해 좀더 살펴볼 필요가 있다. 20세기 초엽 보헤미안의 원조로 일컬어진 사람은 아나키스트 시인인 에리히 뮈잠(Erich Mühsam, 1878~1934)이다. 뮈잠은 약사로 출발했으나, 1901년 이후 자유문필가로 활동했으며, 수많은 아나키즘 신문의 발행인이자 편집인이었다.

그는 아나키스트로서 1918년 11월의 바이에른 혁명에 참가하고 1919년 바이에른 레테공화국의 중앙위원회 및 회원으로 활동한 탓으로 15년형을 선고받고 1919년부터 1924년까지 무려 5년간 감옥에 갇혀 있었다. 그는 그 후에도 혁명 활동에 종사하다가 1933년 집단수용소에 끌려가 죽임을 당했다.

케스트너는 뮈잠보다 20년 정도 어린, 한 세대 차이의 후배였으나, 작가로 등단할 무렵부터 그의 영향을 받아 보헤미안적 태도를 가졌던 것으로 생각된다. 그런데 뮈잠은 보헤미안이란 것이 오해되지 않도록 몇 번이나 그 정의를 내렸다. 그것은 다음과 같다.

"빈곤한 것도, 방랑생활을 한다는 것도 보헤미안을 판단하는 결정적인 기준이 아니다. 그것보다는 사회적인 구속에서 벗어나 스스로의 내면과 조금도 모순되지 않는 생활형태를 만들 용기와 자유에의 충동을 갖는 것이야말로 보헤미안을 판단하는 결정적 기준이다."

"보헤미안은 인습에 갇히기를 거부하고, 도덕이나 공공질서라고 하는 보편적 규범에 대한 순응을 인정하지 않는 예술가 기질의 인간이 사회로부터 벗어나 있는 상태를 말한다."

뮈잠의 이런 보헤미안 정의에 케스트너가 꼭 들어맞는다고 볼 수 있을지에 대해서는, 특히 두 사람의 생애를 비교해볼 경우 의문이 들 수 있지만, 기본적으로 나는 케스트너가 그런 보헤미안 정신을 가졌던 사람이라고 본다. 케스트너의 인생관 가운데 가장 기본적인 것은 '자아에 충실함'이었기 때문이다.

문제는 케스트너가 뮈잠 같은 아나키스트 보헤미안이었는가 하는 점이다. 케스트너를 아나키스트로 이해하는 견해는 없고 그 자신도 그런 주장을 한 적이 없으나, 나는 넓은 의미의 아나키스트에 케스트너를 포함시켜도 무방하다고 생각한다.

물론 그가 전형적인 아나키스트라고 볼 수는 없으나, 그의 시나 소설에서 우리는 국가를 부정하는 그의 정신을 충분히 읽을 수 있다. 특히 그는 철두철미한 반전주의자, 평화주의자, 국제주의자, 평등주의자, 민주주의자, 자유주의자, 개인주의자였다.

우리는 이미 앞에서 케스트너의 반전시와 정치시 두 편을 읽었다. 뒤에서 그런 그의 시와 소설을 또 읽게 되겠지만, 케스트너는 전쟁에 반대하고 옳은 정치를 주장한 사람이기는 했지만 뮈잠처럼 혁명을 촉구한 적은 없고, 도리어 혁명에 반대했다는 점에서 전형적인 아나키스트로 볼 수는 없다. 예컨대 다음과 같은 뮈잠의 시 〈총파업은 우리를 자유케 한다!〉를 케스트너의 시와 비교해 보자.

증기기관일랑 세워두고
길거리로 나가자, 무산자여!
이전에 그 소유자였던 자더러
그 큰 바퀴를 돌리라 하자.
이제 파업하자, 민중이여
예속의 사슬이 두 동강 날 때까지.
총파업은 진행 중이다.
총파업은 우리를 자유케 한다!

케스트너는 겹눈의 인간이었다

케스트너는 항상 자신을 들여다보는 사람이었다. 그래서 그에게는 밖을 내다보는 눈과 안을 들여다보는 눈이라는 겹눈이 있었다.

예전에 의사였고, 지금은 환자인 사람이 있다.
그 둘이 함께인 이는 자신을 다스릴 줄 안다.
스스로 의사이면서도 환자인.

항상 자신을 객관적으로 들여다보는 사람은 결코 병들지 않는다. 자신의 주관에 사로잡히는 순간 마음에 병이 든다. 주관과 객관을 겸하려면 겹눈이 필요하다. 케스트너는 겹눈의 인간이어서 좋다. 그리고 유머가 있어서 더 좋다. 다음 시 〈신사와 숙녀〉를 보자.

> 세상에서 제일 신사라는 남자 역시
> 가끔은 거꾸로 처박혀 아내의 침대 밑을 살펴본다.
>
> 많은 남자들이 숭배하는 숙녀도
> 화장실에 가서 엉덩이를 까고 볼일을 본다.

신사도 숙녀도 모두 그렇고 그렇다. 고상도 야만도 모두 그게 그 것이다. 선생님은 화장실도 안 간다고 생각하는 순간 아이들의 비극은 시작된다. 화장실에서 선생님을 만나 신비의 환상이 깨지면 아이들의 실망이 너무 크다. 신비로 치장된 관념의 비현실 세계는 언제나 위험하다. 이데올로기 병에 젖은 독일은 그래서 나치를 낳았다.

케스트너는 죽기 전에 "독일인이 곤란해지면 선택하는 진로는 막다른 골목길로의 일방통행"이라고 말했다. 독일인들이 나치를 스스로 선택한 탓으로 역사에 씻을 수 없는 죄를 저질렀음을 반성하면서 한 말이다.

아무리 곤란한 경우에 처하더라도 막다른 골목길만 선택하지 않는다면, 극단으로 가지 않고 다른 선택을 할 여유를 갖는다면, 상황은 달라질 수도 있다. 물론 극단으로 내몰릴 수도 있다.

그러나 독일인들이 과연 나치밖에 선택할 수 없을 정도로 절박했는가?

그것은 독일적 기질에 기인한 선택이 아니었을까? 적어도 옆 나라 프랑스인에 비해 독일인은 우직하고 딱딱하며 폐쇄적이다. 프랑스인은 개방적이고 탄력적이며 부드럽다. 무엇보다 독일인은 심각하고 관념적이며 이상이 흘러넘친다. 그래서 극단적이기 쉬운 게 아닐까? 이런 독일인의 특징은 우리나라 사람과 비슷하지 않은가?

케스트너는 독일문학을 '홑눈의 문학(Einägige Literatur)'이라며 비판했다. 같은 제목의 1946년 에세이에서 그는 독일에 비극은 수없이 많으나 희극은 레싱(Getthold Ephraim Lessing, 1729~1781)의 《미나 폰 바른헬름(Minna von Barnhelm)》과 클라이스트(Heinrich von Kleist, 1777~1811)의 민중희극 《깨어진 항아리(Der zerbrochen Krug)》 등 여섯 작품밖에 없다고 말했다. 유머 소설이나 유머 시는 거의 없다는 것이다.

그래서 독일 문학은 홑눈의 문학이다. 케스트너는 이렇게 말했다. "인생을 어렵게 보기는 쉽다. 그러나 인생을 쉽게 보기는 어렵다." 또한 〈비극론의 존재가치〉라는 시에서 그는 이렇게 묻는다. "영웅은 특별한 피를 받고 태어나나?" 독일인은 본래부터 영웅, 그것도 비극적인 영웅을 즐긴다. 그것은 권위주의, 불평등주의, 계급주의와도 통한다. 따라서 서민이나 민중의 삶은 경시된다. 이에 대해 케스트너는 몹시 비판적이었다.

시간은 우리의 신성한 도리를 채색해 준다.
진실을 이야기해 보라!
자기를 주장해 보라!
굴뚝 청소부들만이 병들지 않았다!
그리고 사냥꾼과 우체부만이 병들지 않았다!
흑인, 마부, 간호사, 살인자들만이!

예전엔 길드가 수고했을 뿐이다.

케스트너는 유머를 세상에서 가장 진지한 주제라고 하면서 그 자매인 풍자, 웃음, 농담, 반어 등의 복권을 주장했다. 비극시인인 실러(Johann Christoph Friedrich von Schiller, 1759~1805)도 로마의 시인 오비디우스를 모방해 "인생은 엄숙하나 예술은 쾌활하다"고 말했다. 쾌활의 문학에 눈을 감으면 홑눈의 문학이라고 말하지 않을 수 없다.

아리스토텔레스는 인간과 동물의 차이를 인간만이 웃는다는 점에서 찾았다. 이를 지적한 평론 〈웃음에 대한 고찰〉(1958)에서 케스트너는 웃음의 의미를 다시금 강조했다. 이 글은 그가 편집한 《장조와 단조의 유쾌한 웃음》이라는 시집의 서문으로 쓴 것이었다.

케스트너 스스로가 《파비안》을 비롯한 많은 유머소설을 썼고, 《유쾌한 웃음은 끝을 모른다》 《유쾌한 웃음은 말을 필요로

하지 않는다》 등 유머집을 냈으며, 심지어 히틀러 시절에 옥사한 친구 오저와 망명 중에 죽은 트리어를 위해 그들의 유머집을 출판하기도 했다.

케스트너는 웃음 자체의 회복을 주장하며 〈완전히 쓸데없는 웃음(Ganz vergebliches Gelächter)〉[7]에서 웃음을 잃은 현대인을 노래한다. 기존 번역은 형식과 내용에서 너무 엉망이므로 이를 다시 번역한다.

어느 날 그는 별안간 깨달았다,
자신이 오랫동안 더 이상 웃지 않았음을.
그리고 이제 그동안 웃음을 잃은
자신의 삶을 되돌아보았다.

그는 안다. 더러 많은 죄를 지었고,
더러 돈을 벌기도 하고,
더러 땅을 찾기도 하고,
짐승처럼 일에 쫓기기도 했다.

그러나 이제 그는 웃고 싶다.
옛날에는 호탕하게 잘 웃었다.
그리고 옛날처럼 지금도 웃어보리라고
결심하고 웃었다.

아, 참으로 무시무시한 웃음이다!
그 자신 놀라 황급히 멈추었다.
왜 웃음이 나오지 않는지 스스로 물었다.
그리고 그는 그 이유를 몰랐다.

그는 많은 사람들이 앉아있는 곳에 가,
그들처럼 되기를 희망한다.
그리고 수많은 재치에 즐거워하나
오직 그 자신만은 웃지 못한다.

그는 다시금 허비할 수밖에 없다.
그러나 거기 도시에 직면해 그는 깨닫는다,
기쁨과 즐거움으로 인해
웃음을 잃었음을.

마침내 그는 자동버스에 뛰어올라
목적 없이 늦은 밤에 떠났다.
그리고 아직 더 기다려야
다시 스스로 완전히 웃을 수 있음을 예감한다.

케스트너는 모랄리스트였다

케스트너의 유일한 '본격' 문학작품으로 평가되는 《파비안》은 우리나라에서는 불행히도 대단히 '심각한' 소설로 알려져 있다. 그러나 케스트너는 그것을 하나의 풍자 또는 희화라고 했고, 풍자를 정당한 예술의 수단으로 주장했다.

《파비안》의 신판(1950) 서문에서 케스트너는 "모랄리스트는 자기 시대를, 거울이 아닌 깨어진 거울에 비춰본다. 희화는 정당한 표현방법으로, 모랄리스트가 할 수 있는 가장 극적인 것"이라고 말했다.[8]

우리나라에서도 번역된 정평 있는 책인 마르티니의 《독일문학사》[9]에서도 케스트너가 모랄리스트이자 유머리스트로 소개된다. 그러나 모랄리스트를 전혜린처럼 단순히 도덕가로 번역해서는 안 된다.

일반적인 의미에서 모랄리스트란 그리스, 로마의 전통적 휴머니스트, 특히 회의론의 영향을 받은 17~18세기의 철학적 작가들을 가리키며, 그들은 누구보다 몽테뉴에게 현저하게 나타나는 반합리주의자, 반체계주의자, 반형이상학주의자들이다. 그들에게 공통된 관심은 인간을, 특히 감정이나 정서 측면에서 자기인식으로 이끄는 것이다.

따라서 그들에게 지성이나 이성은 상대적으로 덜 중요시된다. 아니, 과도한 지성이나 정신은 경계된다고 보는 것이 옳으리

라. 제대로 된 지성이라면 풍부한 감성을 당연히 동반한다고 보는 것이 옳으리라. 감성 없는 지성이란 참된 지성이 아니며, 그런 지성만 지닌 사람은 관념주의자나 지식주의자에 불과하다.

그러나 이런 정도의 설명만으로는 불충분하다. 무엇보다도 모랄리스트의 특징은 그 웃음에 있다. 따라서 '웃는 모랄리스트'란 동어반복이다. 즉 케스트너를 모랄리스트이자 유머리스트라고 소개하는 것은 동어반복이다.

그러나 웃지 않는 모랄리스트도 있으므로 꼭 그렇게 볼 수는 없다. 예컨대 파스칼이나 알랭처럼 조금은 고리타분한 도덕 선생 같은 모랄리스트도 있다. 그러나 나는 파스칼의 《명상록》이나 알랭의 《인생론》보다 몽테뉴의 《에세(Essais)》가 더 좋고, 마찬가지로 케스트너의 유머 가득 찬 모럴(moral)이 좋다. 여기서 모랄리스트의 웃음이란 것이 무엇인지 잠시 살펴보자.

모랄리스트의 웃음

"나는 민중을 사랑하고, 압제자를 미워한다. 그러나 민중과 함께 사는 것은 나에게 매 순간 고통이다. 나는 민중을 위해 어떤 일도 할 것이나, 상점 점원과 함께 살기보다는 매달의 반을 감옥에서 사는 쪽을 택하겠다."

민중을 사랑하고 압제자를 증오함은 '모럴'이다. 그러나 그렇다고 해서 자신과는 전혀 다르게 사는 민중과 함께 살 수는 없다. 어쩌면 이는 모순이리라. 언행의 불일치이리라. 그러나 그것이 우리의 모습이기도 하다. 독자들은 어떨지 몰라도 나는 스탕달이 《앙리 브륄라르의 생애》에서 말한 위 구절에 동의한다. 비록 마음 한구석은 쓰라리지만 웃는다. 그게 인간이고 인생이라고 쓴웃음으로 긍정한다.

그러나 독자들은 당장 "그런 인간이 어떻게 모럴을 운운하는가" 하고 반발할 것이다. 언행일치를 초등학교 때부터 배운 우리 독자들이니 당연한 반발이다. 그러나 정직해지자. 과연 언행은 항상 일치하는가? 민중을 사랑한다면서 민중처럼 사는가? 과연 그렇게 살 수 있는가?

나는 그렇지 못하다. 민중 운운하면서도 민중과는 다르게 산다. 이 책만 해도 그렇다. 민중적 시각 운운하면서도 나는 이 글을 민중이 읽지 않는다는 것을 잘 안다. 이 책을 읽는 사람들은 사실 순수한 의미의 민중이 아니다. 나는 최근에 쓴 책에서 '민중적 빈센트 반 고흐'를 운운했지만 대부분의 민중은 빈센트를 모른다. 내가 쓴 책은 많이 팔려야 몇천 권이다. 4000만 중에서 몇천 명만이 읽는다.

더욱 중요한 점은 사실 나는 내가 쓴 내용에 대해서도 자신이 없다는 점이다. 매번 글을 쓸 때마다 나는 무슨 나만의 관점이 있는 양 과장하지만 사실은 자신이 없다. 그래서 나는 몽테뉴의 《에세》를 좋아한다. 특히 맨 앞에 나오는 '독자에게'의 다음 구절을 좋아한다. "그러므로 독자여, 나 자신이 이 책의 내용이다. 이런 시시한 주제에 소중한 시간을 허비하는 것은 정말 바보 같은 짓이다. 그럼 안녕."

그러나 이렇게 끝낼 수는 없다. 그 책 속에 나오는 다음과 같은 구절도 좋다. "키케로가 말했듯이 영광을 공격하는 사람들조차 그 책의 표지에는 자기 이름이 적히기를 희망한다. 그들은 영광을 경멸하는 것을 자신의 영광으로 삼는다." "무능하고 세상에 유익하지 않은 저작자들에게는 게으른 자나 부랑자에게 그러는 것처럼 어떤 법률적 규제가 가해져야 하리라. 사람들은 나를 비롯한 몇몇 저작자들을 우리 민중의 손으로부터 추방하는 것이 좋으리라."

몽테뉴는 인간의 어리석음을 비웃는다. 그러나 그것은 결코 높은 경지에 선 고고한 입장에서가 아니다. 언제나 타인과 같은 눈높이에서 타인의 어리석음을 비웃고, 이어 자신도 동류임을 인정하면서 스스로를 비웃는다. 타인의 어리석음을 비웃는 자신을 비웃는다는 겹눈이 몽테뉴적 웃음의 진수다.

그래서 서글프다. 언제나 쓴웃음이 난다. 그래서 나는 스탕달과 함께 몽테뉴를 읽는다. 사상사나 철학사에는 몽테뉴가 등장하지 않는다. 문학사에서는 그를 에세로 불리는 수필을 시작한 사람으로 다루지만, 그를 수필가라고 부르는 사람은 없다. 그에 대한 가장 흔한 호칭은 모랄리스트다. 모랄리스트를 뭐라고 번역할까? 도덕주의자? 천만의 말씀이다.

몽테뉴처럼 웃는 모랄리스트는 도덕선생이 아니다. 모랄리스트가 도덕선생과 다른 점은 자기동일성이 없고, 언행이 일치되지 않는다는 데 있다. 그래선지 우리가 말하는 모랄리스트는 거꾸로 언행일치를 언제나 전제한다.

그러나 몽테뉴는 그런 달관의 웃음을 보이지 않는다. 그는 인간의 약함, 어리석음, 그리고 천박함을 비웃으면서 스스로도 약하고 천박하며 어리석음을 숨기지 않는다. 머리로는 알고 있으면서도 행동이 따르지 않는 모순을 솔직하게 보여줌으로써 웃음을 자아낸다. 여기서 중요한 것은 그 모순을 숨기지 않는다는 점이고, 그 웃음이 쓴웃음이라는 점이다. 모랄리스트는 모순된 자기 모습을 잘 알고, 그것을 쓴웃음으로 나타낸다.

여러 가지 웃음

모든 웃음이 다 모랄리스트의 웃음이 아님은 두말할 필요가 없다. 베르그송이 《웃음》에서 분석한 것은 몰리에르나 돈키호테의 희극적 웃음이다. 그런 웃음에도 인간의 약함, 어리석음, 천박함에 대한 통찰이 있으나, 자신이 그렇다는 것을 결코 드러내지 않는다. 즉 '안전한 웃음'이다. 이솝우화의 웃음이 그 대표적인 것이다. 그것은 '도덕적 웃음'이다.

정치만화나 시사풍자의 웃음도 그렇다. 그것은 약하고 착한 서민은 악덕 정치인을 비웃을 권리를 갖고 있다는 전제에 서있다. 즉, 그것은 상호간에 역할 교대가 있을 수 없다는 안전성에 의해 지켜지는 만큼 비열하기도 하고, 악덕인은 웃어넘겨야만 그를 능가할 수 있다는 심리적 계산이 깔려있는 것이어서 사실은 서글프다. 채플린의 웃음도 마찬가지다.

웃는 철학자 데모크리토스도 그렇다. 홍소나 발작을 일으키는 라블레의 '인간희극'에 나오는 처절한 웃음도 같다. 중국의 임제를 비롯한 선승들의 폭풍 같은 웃음도 마찬가지다. 그들의 웃음은 높은 경지에서 내려다보는 달관의 웃음이다.

그러나 모럴리스트는 자신 역시 어리석고 추악한 인간임을 잘 안다. 그의 웃음은 쓴웃음이다. 인간의 어리석음과 추악함을 비웃는 것은 바로 자신의 어리석음과 추악함을 비웃는 것이기 때문이다. 높은 경지의 달관이 아니라 낮은 경지의 현실인식, 더 정직하게 말하면 자기 꼴을 알고 웃는 것이다.

그것은 악마적인 웃음과도 다르다. 우리에게도 몇 번이나 영화로 소개되고 최근에는 국내영화 〈스캔들―조선남녀상열지사〉로도 각색된 라클로의 《위험한 관계》는 악마처럼 머리가 좋은(그리고 할 일은 없는) 귀족 남녀들의 간계로 얽히고설키는 인간심리의 변전을 보여주며 웃게 만든다. 그러나 금방 싫증이 난다. 이 소설이나 영화를 보면 진실한 사랑이란 없는 것처럼 보인다. 뿐만 아니라 흔히 여성은 자신을 유혹하는 남성을 거부하면서도 그 유혹에 넘어가는 성욕의 소유자로 묘사된다. 예컨대 모파상의 소설은 그런 묘사로 우리를 웃긴다.

웃음에는 형이상학적인 웃음도 있다. 막스 브로트가 친구인 카프카의 웃음을 그렇게 불렀다. 그러나 그의 웃음은 언제나 죽음을 눈앞에 둔 절박한 웃음이다. 그래서 나는 그의 웃음을 극단의 절망에 이른 웃음으로 본다. 예컨대 병상에서 담당 의사가 모르핀 주사를 놓아주기를 거부하자 카프카는 말한다. "나를 죽이시오, 아니면 당신은 살인자요."

모랄리스트의 웃음은 그렇게 순수하지도 심각하지도 않다. 우아하지도 저속하지도 않다. 고급도 저급도 아니다. 그 모든 것들이 뒤섞여 있다. 그런 웃음이 등장하는 곳은 화려한 사교장이다. 근대 유럽의 무도회나 카페 같은 곳이다. 그곳은 언제나 웃음이 흘러넘친다. 그곳에는 '안전한 웃음'도 없고, '최후에 웃는 자'도 없다.

그런 웃음의 대표선수는 라 로슈푸코와 라 브뤼에르다. 그들은 인간의 자기애를 추악하게 묘사하며 비웃는다. 라 로슈푸코는 예컨대 "연애를 하지 않은 여자는 있으나, 단 한 번밖에 연애를 하지 않은 여자는 없다"느니 "행복하게 되는 것은 그다지 어렵지 않다. 그보다 자신이 행복하다고 사람들로 하여금 믿게 하는 것이 어렵다"고 말한다.

라 브뤼에르는 더욱 비관적이다. 그래서 이렇게 말한다. "인간이 무정하고 배은망덕하며, 부정하고 잔인하며, 자기만을 사랑하고 남을 잊는 것을 보고 그들에게 화를 내지 말라. 그들은 그렇게 만들어져 있다. 그것이 그들의 천성이다. 그에 대해 이러쿵저러쿵 말하는 것은 돌이 떨어진다고, 불이 타오른다고 화를 내는 것과 다름이 없다."

몽테뉴는 그들보다 웃음의 범위가 넓고도 깊다. 그러나 파스칼이 경멸한 천박함도 가득하다. 예컨대 이런 식이다. "피타고라스의 며느리는 말했다. 여자가 남자와 잘 때는 옷과 함께 부끄러움도 벗어야 한다. 그리고 옷을 입을 때 부끄러움도 다시 입어야 한다고." "디오게네스는 남들 앞에서 자위행위를 하면서 말했다. '나처럼 배를 문질러 배가 부르도록 하면 좋지요'라고." 사실은 자위행위를 하면서 자신은 배를 문지른다고 말한 것이다.

감성을 해방하라

케스트너가 몽테뉴의 영향을 받았다고 스스로 밝힌 글은 찾기 어렵다. 그러나 케스트너를 비롯한 1920년대 작가들이 독일적 전통보다는 프랑스적 전통에 더욱 충실했음은 쉽게 짐작할 수 있다.

특히 독일 민족주의로 기운 토마스 만(Thomas Mann, 1875~1955)과 달리 그의 형인 하인리히 만(Heinrich Mann, 1871~1950)은 오랫동안 이탈리아에 머물면서 라틴적 교양을 쌓았고, 스탕달을 비롯한 프랑스 리얼리즘 작가들의 영향을 받았다.

케스트너 역시 하인리히 만처럼 라틴적 교양이 풍부했다.

그러나 케스트너는 하인리히 만이나 프랑스 리얼리즘 작가들보다 오히려 몽테뉴에 가깝다고 나는 생각한다. 몽테뉴처럼 모랄리스트인 케스트너는 무엇보다 감성의 해방을 주장한다. 그래서 〈슬픔에 대한 용기(Mut der Trauer)〉[10]를 다음과 같이 노래한다.

> 슬플 때는 거리낌 없이 울어라.
> 마음을 너무 감시하지 마라!
> 눈물 흐르는 대로 슬퍼해도
> 죽는 일은 없다.

슬픔은 언제나 있지만, 또 언제나 사라진다. 슬픔은 아무 이유도 없이 찾아오기도 한다. 그래서 혼자이고 싶기도 하고, 마구 사람들 속에 섞이고도 싶다. 그래도 혼자다. 그래서 자신을 들여다본다. 너무 못났다. 화가 난다. 그러면서 우리의 영혼은 순치된다.

> 이렇게 되리라는 걸 첨부터 알았다.
> 아무래도 내일 아침까지 유쾌해질 까닭이 없다.
> 아무리 술독에 빠져 보아도
> 목구멍의 쓰디쓴 맛을 씻을 수 없다.

> 아무런 원인도 없이 왔다 가는 슬픔.

맘속은 텅 빈 허공뿐이다.
병은 아니나, 건강한 것도 아니다.
영혼이 매끈하지 못한 느낌.

외톨이가 되고 싶다.
닥치는 대로 사람들과 섞이고 싶다.
별안간 손을 올려 코를 꼬집어본다.
거울을 꼼꼼히 들여다본다.
이게 내 얼굴이야?

하늘의 별들이 돌연 주근깨로 보인다.
어디론가 가버리고 싶고 숨고 싶고 파묻히고 싶다.
누군가를 때려눕히고 싶고 죽여 버리고 싶다.

아무 때나 왔다가 아무 때나 사라지는 슬픔
그러면서 영혼은 차차 순치된다.
고개를 끄덕이고 싶다.
인생이란 그런 것.

이처럼 케스트너는 인생을 그다지 대단한 것이라고 보지 않는다. 인생은 고통이다. "요람과 무덤 사이에는 고통이 있다." "운명은 임신과 장례식 사이에 있는 고통이다." 그러나 우리는 그 고통을 이겨내고 살아가야 한다.

>인간 생활이
>가르치고 깨닫는 일이
>별 것 아니다.
>
>닫혀 있는 유리창에 부딪혀
>머리를 다치는 일도
>그중 하나다.

인생은 법칙대로 움직이지 않는다. 그러나 그런 인생일수록 중요하다.

>한 번도 맞아떨어지지 않았다.
>그러나 언제나 중요하다.

삶은 시행착오를 거듭한다

마찬가지로 우리는 실수를 통해 인생을 배우고 살아간다. 따라서 실패란 누구나 겪게 마련이고, 중요한 것은 그것으로 인해 절망해서는 안 된다는 점이다. 〈따귀 맞기〉라는 시에서 케스트너는 이를 노래한다.

특별히 맞춘 운명이
스스로의 속도와 주기로 찾아온다.
호된 따귀 한 대가 이번에도 찾아왔다.

그러나 괜찮다.
삶은 원래 그런 걸.
얼추 올 때가 된 따귀였고
살짝 피하는 데 실패했을 뿐이다.

운명은 거의 표적을 맞춘다.
으스대던 얼굴이 한 방 먹으니
팡, 하고 큰 소리가 난 것뿐
치명적일 정도는 아니다.
인간은 편리하게 만들어졌으니
자, 추스르고 일어나라.

호수 물결은 잔잔하고 먼 산들은 눈에 덮였다.
햇볕이 따사롭고 새들이 지저귄다.
왜 이리 호된 따귀를 맞아야 했던지
한 번 짚어볼 필요야 있겠지.

운명은 오늘과 마찬가지로

앞으로도 가끔 놀리고 호되게 때리겠지.
그러나 맞으며 조금씩 영리해지지.
아직은 두들겨 맞을 일이 한참 남아 있고
어느 날 결정적인 타격이 날아오리라.
영원히 일어나지 못할.

그렇게 현실은 가혹하다. 케스트너는 참혹한 나치를 12년간 경험하기도 했다. 그러나 모럴리스트인 케스트너는 현실을 긍정한다. 〈천국보다 좋은 곳〉이라는 시를 보자.

여러 사람을 모아놓고 염라대왕이 물었다.
"지옥에 가고 싶은 사람 손들어 보시오."
아무도 손들지 않았다.
"천국에 가고 싶은 사람은?"
모두 다 손들었다.
"지금 천국에 가고 싶은 사람?"
몇 사람이 손들었을까?

지금 천국에 간다는 것은 현실의 고통을 잊기 위해 자살한다는 것이다. 그러나 케스트너는 자살을 거부하고 현실을 인정한다. 따라서 무슨 일이 있어도 "자살은 안 된다"고 〈자살에 대한 경고(Warnung vor Selbstmord)〉[11])에서 노래한다.

이 충고는 자네를 위한 것이야.
만약 자네가 권총에 손을 뻗어
얼굴을 내밀고 방아쇠를 당기면
내 가만 두지 않겠네.

착한 사람은 적고
나쁜 이는 많다던
교수의 훈계를
다시 복습할까?

세상이 재미없다고?
가난한 자와 부자가 있다고?
이봐, 뻔한 소리를 되풀이할 거야?
자네 시체가 관속에 있어도 후려갈길 거야.

주변에서 일어나는 잡스런 일이야 아무래도 좋아.
비 맞은 중처럼 불평하는 건 이제 집어치워.
세상이 그렇고 그렇다는 것은
어린애도 다 알아.

자네 꿈은
인류를 개선한다는 것이 아니었나?

아침이면 자네는 그 꿈을 비웃을 거야.
그러나 인간은 조금씩 나아질 수 있어.

그래, 나쁘고 형편없는 자들이
버글버글하고 강자인 건 사실이야.
그렇다고 개처럼 죽을 수야 없지.
최소한 오래 살아 놈들 약이라도 올려야 하지 않겠어?

그래서 케스트너는 우리에게 기다려야 한다고 말한다. 아무리 어둡고 추워도 겨울은 지나가고 봄이 찾아오기 때문이다. 그래서 〈봄 기다리기〉를 권유한다.

들판은 아직 초록이 아니다.
천 년 전에 생명을 잃은 듯
풀은 빗질 없이 숲 속에 서 있다.
여기 또한, 사람들은,
방울꽃이 정말 필지 걱정한다.

정년퇴직한 잎새들은
버터 빵 포장지처럼
여기저기서 퍼석거린다.
바람이 때로는 낮게 때로는 높게

숲 위를 스친다.

삶을 아는 사람들은 안다.
올해도 반드시 봄이 옴을
그래, 다른 해와 같이
마른 들판 숲 속에 앉아
봄을 기다린다.

[…]

케스트너는 그렇게 일흔다섯 해를 살았다. 나는 나름대로 그의 75년을 다섯 시절로 나눈다. 그 처음은 1899년부터 15세가 된 1914년까지의 '어린 시절'이다. 그리고 1914년부터 1933년까지 15년간에 걸친 바이마르공화국 시대를 둘로 나누어, 1926년까지의 '전쟁과 대학 시절'과 1927년부터 1933년까지의 '베를린의 황금 시절'로 본다. 이어 1934년부터 1945년까지의 '어두운 나치 시절', 1945년부터 1960년까지의 '뮌헨 시절'과 1961년부터 1974년까지의 '만년'으로 묶는다.

이렇게 나누어본 다섯 시절은 묘하게도 그의 삶이 행복과 불행의 반복임을 보여준다. 그는 10대 초반까지 어린 시절은 행복했으나 1차대전으로 불행해졌고, 20대 후반부터 다시 황금시절을 맞았으나 30대에는 나치의 박해를 당했으며, 40대 후반부터 대략 60세까지는 평화를 만끽했으나 그 후 병들어 죽는다. 생로병사가 누구에게나 닥치는 당연한 과정임은 두말할 필요가 없으나, 그의 삶은 이와 동시에 20세기라는 한 시대의 격동적 변화를 함께 보여준다는 점에서 흥미롭다.

케스트너의 어린 시절은 독일제국의 마지막에 해당되고, 20~30대는 바이마르공화국과 나치시대, 40대 이후는 20세기 후반 서독의 시대, 곧 독일의 분단시대에 해당된다. 나는 이런 시대사 속에서 케스트너의 삶을 이해해야 한다고 본다. 따라서 시대사에 대한 설명은 당연히 그의 생애사에 함께 녹아들어야 한다.

1장

어린 시절

독일을 거부한 독일인

나는 작센의 드레스덴에서 태어난 독일인으로
고향은 나를 떠나지 않는다.

케스트너가 49세에 쓴 《간단 명료》에서 읊은 〈우문현답(Notwendige Antwort auf überflüssige Fragen)〉[12]이라는 시의 일부다. 이 시를 보고 케스트너의 고향인 작센, 특히 드레스덴이 그를 만들었다고 설명하는 견해가 있다. 그러나 그 다음 시구를 보면, 그런 견해에 반드시 동의하기는 어렵다.

나는 독일에서만 자라는 나무로

어쩔 수 없이 독일에서 말라죽을 나무다.

인간은 고향의 산물이다. 사람은 고국의 산물이다. 자신이 태어난 고향, 고국은 누구에게나 그리움의 대상이다. 그러나 케스트너는 언제나 그랬듯이 이 시에서도 고향과 고국에 대해 거리를 둔다. 그는 주관에 함몰되지 않는다. 언제나 객관이다.

앞에서도 설명했지만 케스트너는 '독일적'인 작가가 아니다. 여기서 '독일적'이라는 말에는 물론 대단히 많은 문제가 있다. 우리가 '한국적'이라는 말을 사용하는 경우에도 마찬가지다. 도대체 그 구체적인 내용이 무엇이란 말인가?

여기서 '독일적'이라 함은, 앞에서 말했듯이 비극이 주류이고 희극은 거의 예외적으로만 나타나는 독일문학의 전통을 뜻한다. 그러나 케스트너는 유머를 중시한 작가이자 독일문학사에서 보기 드문 모랄리스트였다는 점에서 '독일적'이지 않았다.

케스트너는 비독일적인데다 독일 자체를 싫어했음에도 불구하고 독일을 일부러 떠난 적이 없다. 1945년에 몇 달간 나치의 처형계획을 피해 티롤에 가서 잠깐 체류한 것 외에는 독일을 떠나지 않았다. 나치 시절 12년간 대부분의 독일 지식인들이 망명을 했지만, 그는 독일에 남아 저항했다. 지식인은, 그리고 작가는 마땅히 그곳에 사는 민중의 고통을 직시하고 표현해야 한다고 믿었기 때문이다.

독일인이면서도 독일을 거부한 케스트너. 독일을 거부하면서도 결코 독일을 떠나지 않은 케스트너. 이런 점에서 그는 갖은 고초를 겪으면서도 죽기까지 망명을 거부한 톨스토이나 파스테르나크를 연상하게 한다.

그러나 러시아성에 사로잡힌 톨스토이나 파스테르나크와 달리 케스트너는 독일성에 사로잡히기는커녕 그것을 철저히 거부했다. 그에게는 어떤 독일적인 것도 없다. 그에게 존재하는 것은 독일의 현실뿐이다. 그 가혹한 현실을 직시하기 위해 그는 그곳을 떠나지 않았다.

그리고 그랬기에 케스트너는 독일문학의 주류와 달리 유머가 풍부한 모랄리스트가 됐다. 또한 그는 독일문학에는 그 전통조차 존재하지 않는 아동문학가였다. 그를 세계적 작가로 만든 작품도 아동문학에 속하는 것이었고, 그가 죽기 직전에 마지막으로 쓴 작품도 아동문학이었다. 그에게 아동문학은 가장 순수한 형태의 이상적인 예술이었다. 누가 아동문학을 시시하다고 함부로 말하는가? 어쩌면 아동문학은 문학의 가장 순수한 결정체이고, 문학의 정점일 것이다.

독일이라는 이름

우리가 말하는 '독일'이라는 호칭에는 사실 문제가 있다. 한자로 '獨逸'이라고 쓰면 '혼자 뛰어난'이라는 뜻이다. 그러나 이런 뜻풀이는 무의미하다. 독일이란 나라가 역사에서 '혼자 뛰어난' 적이 없지는 않았겠으나, 그런 해석은 아무 의미가 없다.

독일이란 독일어 'deutsch'를 일본인이 그 발음에 따라 한자로 표기한 것이다. 즉 '獨逸'을 일본에서는 '도이츠'라고 읽는다. 그리고 그 일본인의 발음에 적합한 한자를 고른 게 '獨逸'이다. 우리는 그것을 우리식으로 '독일'이라고 읽고 있는 것이다.

따라서 한국인이 생각이 있다면 지금이라도 '독일'이란 말을 그만 쓰고 '도이치'라고 칭하는 게 옳다. 프랑스를 더 이상 일본식 한자 발음인 '불란서'로 부르지 않듯이 말이다. 물론 아직까지도 고상한 척하는 이들은 굳이 '불란서'라고 말하기도 하나(물론 그것은 고상한 게 아니라 무식한 것이다) 대부분은 '프랑스'라고 말한다.

그러나 이 책에서는 우리말로 굳어진 독일이란 말을 그대로 사용하기로 한다. deutsch의 원형은 '사람들'을 뜻하는 'diot'에서 파생된 'diutisc'이란 말이다. 이처럼 '사람들'을 뜻하는 'deutsch'에 땅이나 나라를 뜻하는 'land'가 붙어 독일 국명이 된 것이다. 독일의 국명이 바로 Deutschland다. 따라서 그 정확한 번역은 독일국일 것이나 여기서는 관례에 따라 그냥 독일이라고 하자는 것이다.

Deutschland란 이처럼 '사람들이 사는 땅'이라는 지극히 평범하고, 지극히 당연한 이름이다. 나라 이름이 모두 이렇다면,

즉 '사람들이 사는 땅'이라는 뜻의 각국어로 나라 이름들이 지어진다면 적어도 말을 통한 세계평화는 보다 쉽게 이루어질 수 있으리라. 우리나라의 이름도 그렇게 짓는다면 '사람들의 나라'라는 '민국'으로 충분하고, '대한'이라는 조금은 터무니없는 말은 없애도 좋을 것이다. 작은 나라라는 현실의 열등감에서 지어진 이름인지는 모르나, 그렇게 작명을 한다고 해서 나라가 커지는 것도 아니지 않은가?

뒤에서 보겠지만 케스트너는《동물회의》에서 세계평화를 위해 국경을 없애자고 주장한다. 이를 공상이라고 비판할 수는 있다. 현실에는 엄연히 국경이 존재하기 때문이다. 국경 없이 넘나드는 것은 돈, 즉 자본뿐이다. 이것이 지금 선진국 중심으로 주장되는 '세계화'의 실체다. 그러나 그런 자본의 세계화가 아닌 세계평화를 위한 세계화는 여전히 인류가 지닌 지상의 염원으로 추구돼야 한다.

역사 속의 독일

독일, 독일인이라고 하는 것은 사실 케스트너가 태어나기 28년 전인 1871년 이후에야 역사와 지도에 등장했다. 그 전에는 '신성로마제국'이라는 이름 아래 존재한 수많은 작은 나라들의 집합에 불과했다. 따라서 독일이란 19세기 초 유럽 외교에서 보수반동의 중심이던 오스트리아의 메테르니히가 말한 "지리적 개념"에 불과했다. 그러나 지리적으로도 그 범위가 수없이 바뀌어서 독일이란 대단히 애매한 개념이었다.

그러나 하나의 국가로 실재하지 않았음에도 독일의 위대함이나 그 국민 또는 문화에 관한 이야기는 존재했다. 예를 들어 괴테는 생전에 독일어권의 20여 대학, 수많은 고등학교, 100개 이상의 공립 도서관과 미술관 및 박물관, 70여 개가 넘는 극장으로 상징되는 하나의 국민문화가 형성돼 있다고 주장했다.

사정이 이러했기에 독일에서는 '문화국민(Kulturnation)'과 '국가국민(Staatsnation)'이라는 두 가지 국민 개념이 오랜 기간 존재했다. 국민을 이렇게 두 가지 개념으로 나누는 사고방식은 일찍이 국가통일을 이룬 프랑스나 영국 같은 데서는 나타나지 않았다. 마찬가지로 이미 천 년도 전에 통일된 우리나라에서도 그런 생각은 불필요했다.

1871년에 22개의 공국과 3개의 한자동맹 자유도시들의 연방으로 통일된 독일은 1945년까지 75년간 그런 상태로 유지되다가 다시 동서독으로 분단됐고, 그 후 1989년에 다시 통일됐음은 주지의 사실이다. 동서독으로 분단된 시기에도 동서독이 하나의 '독일' 국민이라는 관념은 존재했고, 그래서 동서독 각각의 나라 이름에 '독일'이라는 말이 똑같이 붙어 있었다. 이에 반해 우리는 남쪽은 '대한민국', 북쪽은 '조선인민공화국'이라고 해서 공통된 이름을 공유하지 못하고 있다.

유럽 속의 독일

독일은 유럽에서도 특이한 위치를 차지한다. 우리는 보통 유럽을 서유럽과 동유럽으로 나누어 생각하나(이는 과거에는 자본주의권과 사회주의권이라는 구분과 일치했다), 사실 그 사이에 독일을 중심으로 한, 중유럽이라고 부를 만한 또 하나의 지역이 존재한다고 볼 수도 있다. 이는 단순히 지리적인 구분에서만 그런 게 아니다. 중유럽 지역은 그 기후나 자연, 그리고 그로부터 비롯된 문화에서 동서 유럽과는 확연히 구분되는 특징을 지닌다.

지리적 자연조건으로 보면 중유럽은 독일을 중심으로 해서 서쪽으로는 네덜란드와 룩셈부르크 및 벨기에, 남쪽으로는 스위스와 오스트리아, 그리고 동쪽으로는 체코, 폴란드, 헝가리의 서쪽, 유고슬라비아 등을 포함한다. 비행기를 타고 하늘에서 보면 중유럽 지역은 숲이 많은 탓에 어두운 색깔을 띤다. 그리고 기후도 겨울에는 춥고 여름에는 더운 대륙성이다.

이는 프랑스와 대조적임을 당장 알 수 있다. 프랑스의 화가가 그린 자연은 밝고 찬란하나, 독인인 또는 네덜란드인이 그린 자연은 어둡고 단순하다. 흔히 프랑스인은 미술에, 독일인은 음악에 강하다고 한다. 그러나 사실은 어느 곳의 화가들이나 눈에 보이는 대로 그렸을 뿐이다. 즉, 독일인의 그림 실력이 부족해서가 아니라 자연이 그렇기 때문이라는 것을 염두에 두어야 한다.

특히 두 나라의 기후는 확연히 다르다. 대서양과 지중해에

인접한 프랑스는 해양이 상징하는 해방과 자유의 분위기를 풍긴다. 위도가 높은데도 불구하고 프랑스 북부가 온화한 기후를 갖는 것은 그곳이 대서양 변에 위치해 있기 때문이다. 반면 중유럽은 풍토가 대륙적이고 산악 중심이어서 기후가 격렬하고 인간생활이 내면화된다. 중유럽 북쪽에 좁으나마 바다가 있지만 그 기후는 여름에도 매우 춥다.

그래서 일상생활도 당연히 다르다. 예컨대 음식이 그렇다. 신선한 해물 중심의 프랑스식 요리를 독일에서는 볼 수 없다. 대신 독일에서는 오래 보존할 수 있는 소시지 등의 훈제요리가 발달했다. 독일에서는 음식을 통해 신선한 바다 향기를 느낄 수 없는 것이다. 술도 독일은 맥주, 프랑스는 포도주다. 물론 독일에도 포도주가 있으나, 일조량이 많은 곳에서 나는 적포도주는 프랑스산이고, 독일은 백포도주가 중심이다.

문화와 문명

토마스 만은 1차대전 중에 쓴 《비정치적 인간의 고찰》이라는 책에서 독일의 '문화'와 서유럽의 '문명'은 다르다고 주장했다. 그는 1차대전은 로마에서 비롯된 서유럽 문명에 대해 독일문화가 태고 이래로 벌여온 투쟁에 다름 아니며, 독일적인 것인 문화는 영혼이고 자유이며 예술이지 문명이 아니라고 했다. 서유럽 민주주의도 그런 서유럽 문명의 하나로 비판됐다. 독일의 루터가 구현한 반가톨릭의 종교개혁도 그런 반서구 투쟁의 하나라는 것이다.

토마스 만이 독일의 문화에 대립하는 것으로 경멸한 서유럽 문화는 1차대전의 끝에 슈펭글러가 쓴 《서구의 몰락》(1918)에서 사멸 선고를 받았다. 슈펭글러는 독일문화가 그것을 대신해야 한다고 주장했다. 이 책은 우리나라에서 반서양의 교과서인 양 오해되고 있으나, 사실은 독일 중심의 국수주의자들이 반서유럽, 특히 반민주주의의 교과서로 삼아 결국은 나치의 성경이 된 책임을 주의해야 한다.

독일의 반서유럽 사상이 형성된 직접적인 계기는 나폴레옹의 침략이었다. 그 전에는 독일에 민족주의라는 개념 자체가 형성되지 못했고, 각 지방의 왕들은 프랑스 문화를 모방하는 데 젖어 있었다. 예컨대 뒤에서 보겠지만 케스트너가 학위논문으로 다룬 프러시아의 프리드리히 대왕은 당시 독일에서 활약한 괴테, 실러, 레싱 등을 경멸하고, 프랑스에서 볼테르 등을 초대해 그들과 프랑스어로 학문과 예술을 논했다. 또한 그는 베를린 근교 포츠담에 지은 프랑스풍 궁전을 프랑스어로 '상수시(sans souci, 아무 걱정이 없다는 뜻) 궁전'이라고 불렀다.

그 후에 형성된 독일 이상주의 철학도 프랑스 계몽사상으로부터 영향을 받았다. 칸트는 루소로부터 영향을 받았고, 피히테와 함께 프랑스 혁명에 진심으로 공감했다. 그러나 나폴레옹에게서 독일인들은 자유의 상징으로서의 프랑스가 아닌 제국주의

침략자인 프랑스를 보았다. 과거에 프랑스 혁명사상을 찬양했던 피히테는 〈독일 국민에게 고함〉이라는 연설에서 국민의 총궐기를 촉구했다. 베토벤은 나폴레옹에게 바치려 했던 〈에로이카〉의 악보를 찢었다.

여기에다 1701년에 수립되고 1871년 독일 통일의 중심이 된 프로이샤의 군국주의가 반서유럽 분위기를 더욱 강하게 만들었다. 군국주의, 관료주의, 전체에 대한 봉사, 절대복종이라는 프로이샤 군국주의의 특징은 프로이샤를 '군대를 가진 국가'가 아니라 '국가를 가진 군대'가 되게 했고, 왕과 모든 신하들까지 군복 차림을 하게 했다. 독일 청년들의 꿈은 장교가 되는 것이었고, 처녀들의 꿈은 장교의 아내가 되는 것이었다. "사회를 군대화해 국가를 통치한다"는 것이 당시 독일 정치의 기본이었다.

이러한 반서유럽 사상은 당연히 동유럽과의 연대를 낳았다. 그래서 히틀러가 나중에 나치의 국명으로 삼은 '제3제국'이란 제목의 책을 쓴 반 덴 부르크(Arthur Moeller van den Bruck, 1876~1925)는 슬라브주의자인 도스토예프스키에 열광하여 그의 작품 대부분을 번역했고, 1917년 러시아 혁명도 반서유럽 슬라브인들의 위대한 업적이라고 찬양했다. 이처럼 반서유럽이라는 점에서 독일과 러시아는 공통성을 갖는다. 그러나 그런 반서유럽이라는 의미의 독일과 러시아 시대는 끝났다. 서독일의 경우는 이미 1945년에, 동독과 러시아는 1989년에 끝났다. 물론 그 잔재는 여전히 남아 있지만.

케스트너의 출생

케스트너는 1899년 2월 23일 드레스덴에서 태어나 1974년 7월 29일 뮌헨에서 죽었다. 드레스덴은 '엘베 강변의 피렌체'라고 불릴 정도로 아름다운 도시이며, 이런 점을 케스트너도 평생 자랑했다. 그러나 전후에 그곳은 동독에 속하게 되어 케스트너는 그곳에 살지 못했다.

그는 "내가 무엇이 나쁘고 무엇이 추한지, 또 무엇이 아름다운지를 아는 재능을 내가 가졌다면, 그건 운 좋게도 드레스덴에서 자라날 수 있었던 덕분"이라고 말했다. 학교나 책을 통해 아름다움을 배운 것이 아니라 "산지기 자식들이 숲의 공기를 들이마시듯 이 도시의 아름다움을 들이마셨다"는 것이다.

그러나 이런 그의 회상을 그리 대단하게 평가할 필요는 없다. 누구에게나 고향은 아름답게 추억되기 때문이다. 물론 드레스덴이 특별히 아름다운 도시이기는 하지만, 그 아름다움이란 것도 상대적인 것에 불과하다.

케스트너는 1919년 스무 살의 나이로 고등학교를 졸업할 때까지 드레스덴에서 살았다. 그가 스무 살이 되어서야 고등학교를 졸업한 것은, 1차대전으로 인해 1917년부터 1918년까지 병역을 마쳐야 했기 때문이다.

드레스덴, 조부모와 부모, 그리고 19세기 말부터 20세기 초엽의 상황을 케스트너는 자전적 소설인 《내가 어렸을 적》(1957)

에서 상세히 묘사했다. 이 작품으로 그는 1960년에 아동문학의 노벨상으로 불리는 안데르센 상을 받았다.

우리나라에서는 이 책이 1988년에 케스트너의 '자전적 소설'로서 《내가 만나는 나》[13]라는 제목으로 번역 출간됐다. 당시 일반인용 책으로 출간된 이 책은, 1996년에 5학년 이상 초등학생에게 권장되는 도서로 재출간됐다. 10년 만에 5학년 이상 초등학생이 성인 수준이 된 것이 아니겠으니 기이한 일임에 틀림없다.

그러나 사실 기이할 것도 없다. 이 책은 케스트너가 모든 나이의 독자들을 염두에 두고 썼기 때문이다. 1988년 번역본의 머리말에는 '사랑하는 어린이 여러분, 그리고 어린이가 아닌 여러분!'이라는 말이 들어있어 그런 사실을 증명해주고 있으나, 1996년 번역본에는 이 말이 들어있지 않다. 어쨌든 이 책은 결코 성인을 위한 것만은 아니다. 어린 시절이 지난 지 오십 년이 더 된 시점에 어린 시절의 이야기를 쓰는 이유를 케스트너는 이렇게 말했다.

> 우리가 잊어버리는 것들은 나이를 먹는다. 그러나 어제는 잊혀지지 않는다. 그 잣대는 시계가 아니라 가치다. 행복했건 불행했건 어린 시절은 가장 가치가 있다. 그 소중한 시절을 절대로 잊어선 안 된다!

이처럼 이 작품은 결코 아동문학에 그치는 게 아니다. 아니 케스트너의 작품 모두가 그렇다. 그래서 나도 쉰이 넘은 지금까지도 그의 작품을 읽는다. 이런 점이 케스트너 문학의 가장 큰 특징임은 이미 앞에서도 설명했다.

드레스덴

《내가 어렸을 적》에도 설명된 것처럼 드레스덴은 16세기 후반부터 신성로마제국의 황제를 선출하는 선거권을 가진 귀족인 선제후(選帝候)들의 지배를 받았고, 19세기 초부터는 작센 왕국의 수도였으며, 지금은 작센 주의 수도다. 케스트너가 태어난 19세기 말에 40만 명 정도였던 인구는 지금 60만 명 정도가 됐다. 이처럼 최근 1세기 사이에 드레스덴의 인구변동은 그다지 크지 않았으나, 18세기 말에는 인구가 6만 명에 불과했다. 여기서 우리는 19세기에 얼마나 놀라운 도시화가 이루어졌는지를 짐작할 수 있다.

여하튼 300년에 걸쳐 형성된 이 도시의 여러 건축물들은 도시 전체를 하나의 미술관으로 착각하게 할 정도로 아름다웠다. 그 예술적인 건축물들이 2차대전으로 모두 불탔으나, 지금은 그 대부분이 중건돼 있다.

도시의 중심인 포스트 광장에는 케스트너가 자주 다니던 국립극장과 츠빙거 성이 있다. 성 북쪽에 있는 미술관은 고전 미술관과 현대 미술관으로 나뉘어져 있다. 고전 미술관에는 15~18세기의 이탈리아, 네덜란드, 독일, 프랑스의 미술품이 전시돼 있다. 특히 렘브란트의 작품 〈마노의 제물〉이 유명하다.

그러나 압권은 역시 현대 미술관이다. 이곳에는 로댕의 걸작들이 소장돼 있다. 그러나 그보다 더욱 소중한 것은 벨기에의 노동자 조각가인 뫼니에(Constantin Meunier, 1831~1905)의 작품들이다. 고국인 벨기에를 제외하고는 이곳에 그의 작품이 가장 많이 모여 있다.

그리고 남쪽에 있는 도자기 박물관에는 중국을 비롯한 동양의 옛 도자기와 함께 마이센 도자기 작품이 있다. 그 밖에 수학 및 물리학 박물관, 역사박물관, 동물학 박물관도 있다.

오른쪽으로는 옛 시장광장인 알트마르크트가 있다. 시청사 옆에는 시커멓게 그슬린 성십자가 교회가 전쟁 반대의 기념물로서, 복구되지 않고 폭격된 당시의 모습 그대로 서 있다가 최근에 상당부분 복구됐다.

나치의 패배가 이미 결정적이었던 1945년 2월 13일 연합군 폭격기 800대가 300년 걸려 건설된 도시를 단지 몇 시간 만에 잿더미로 만들었다. 케스트너는 그것을 인류역사에 가해진 씻을 수 없는 만행이라고 비판했으나, 당시 연합군으로서는 독일의 역사를 파괴함으로써 항복을 앞당겨 받아내겠다는 의도가 있었다. 그 자리에서 3만 5000명이 즉사했고, 그 후에도 당시의 폭격을 원인으로 해서 20만 명이 죽었다. 다행히 케스트너의 부모는 무사했다.

할아버지와 아버지

케스트너는 "조상 중 남자들은 수공업자였고 자녀를 여럿 두었으며, 여자들이 대개 아기를 낳다가 죽어 부인보다는 오래 살다 갔다. 엄마가 죽으면 갓 태어난 아기들도 대개는 함께 죽었다"고 말했다. 엄마와 아기가 일찍 죽어간 것은 케스트너 집안이 가난해서가 아니라 19세기까지는 세계의 일반적인 현상이었다.

케스트너의 할아버지는 가구를 만드는 노동자였다. 할머니는 아이를 열한 명이나 낳았으나, 그중 다섯은 걸음마를 배우기도 전에 죽었다. 그리고 둘은 가구장이, 하나는 대장장이가 됐다. 케스트너의 아버지는 마구를 만드는 기술과 도배하는 기술을 익혔고, 시골에서 말안장과 가죽제품을 만들었다.

마차가 교통수단이고 말이 군사에 매우 중요했던 19세기에 아버지의 직업은 처음엔 수입이 괜찮았다. 그러나 19세기 말에 이르면 그의 직업으로는 거의 수입을 올리지 못하게 됐고, 그는 도시인 드레스덴으로 가서 가방공장에 취직했다. 케스트너는 "아버지의 꿈은 사라졌다. 돈도 떨어졌다. 빚도 갚아야 했다. 기계들이 승리했다"고 썼다. 그로부터 4년 뒤에 케스트너가 태어났다.

독일인 기술자들은 엄격한 제작 태도로 유명하다. 아버지가 만든 책가방도 자신과 친척 아이들이 9년간이나 사용할 정도로 완벽했다고 케스트너는 자랑했다. 그리고 좋은 물건을 조금씩 꼼꼼하게 양심적으로 만드는 아버지의 피가 예술가인 자신에게도 전해졌다고 했다. 사실 시사평론을 제외하고 케스트너의 창작은 그 수가 아주 적다. 한 권으로 묶여질 정도로 적은 편수의 시들,《파비안》이라는 단 한 권의 소설, 그리고 열 권도 안 되는 소년소설들이 그 작품의 전부다.

한편 케스트너는 집안사람들이 여행을 싫어한 점도 자신이 물려받았다고 말했다. "먼 것에 대해 동경하기보다는 오히려 향수병을 앓곤 했다." 케스트너가 나치 치하의 독일을 떠나지 않은 데는 그런 혈통도 이유로 작용했으리라. 케스트너의 아버지는 평생 단 한 번밖에 여행을 하지 않았다. 그것도 수공업자 단체인 길드에서 요구한, 수련을 위한 도보여행이었다.

그리고 무슨 일에나 결코 지루해하지 않고 열심히 파고드는 조상의 덕성도 물려받았다고 케스트너는 회상했다. 그러나 여행을 싫어한다거나 부지런하다는 점은 어쩌면 가난한 사람들에게는 일반적인 모습일지도 모른다.

외할아버지와 어머니

케스트너에게 아버지란 그다지 중요한 존재가 아니었다. 외아들인 케스트너는 어머니의 극진한 사랑을 받았고, 어려서부터 어머니를 위해 헌신했다. 마치 홀어머니와 외아들 같았다. 그래서인지《에밀과 탐정들》을 보면 외아들인 에밀이 홀어머니와 사는 것으로 나오고, 그의 다른 작품들에도 이와 비슷한 설정이 자주 나타난다.

아버지는 어머니보다 오래 살았다. 그러나 어머니와 케스트너에게 그는 무의미한 존재였다. 케스트너의 어린 시절 회상에는 거의 어머니만 등장했다. 그가 시로 그리워한 대상도 어머니였다. 케스트너의 부모는 부부이긴 했지만 사랑이 없었다. 그래서 어머니는 더욱 아들에게만 매달렸다.

그런 탓인지 《내가 어렸을 적》을 보면 어머니의 집안이 오랜 내력과 함께 상세히 소개돼 있다. 어머니는 16세기부터 아우구스틴으로 불린 가문 출신이었다. 그녀의 조상들은 빵을 굽는 직업에 종사했는데, 빵을 너무 작게 구웠다는 이유로 처벌을 받아 시의 장부에 이름이 오르기도 했다.

이에 대해 케스트너는 당시 영국의 엘리자베스 여왕이 감옥에 가둔 메리 스튜어트 등과 같이 '역사의 장에 끼인' 것으로 익살맞게 말했다. "유명해지고 싶으면 일부러 빵을 아주 작게 구워서 적발되면 된다. 아니면 반대로 아주 큰 빵을 굽든지!" 이는 가난한 사람들을 고통스럽게 한 역사를 풍자한 것이기도 하다.

이어 집안의 역사를 통해 유럽의 역사가 재미있게 소개된다. 1618년부터 30년이나 이어진 전쟁 기간에 페스트로 많은 사람들이 죽었고, 약탈이 계속됐다. 케스트너는 19세기에 와서 조상들이 운송업을 하게 됐다고 소개하면서 "나의 조상 탓에 그 멋진 동물인 말이 멸종위기에 처하고, 운송업과 말 장수라는 직업이 서로 관계를 맺게 된 것은 아니다"라고 익살을 떨었다.

케스트너의 어머니가 태어난 1871년에 전쟁이 터져 프랑스 황제가 독일 성에 갇히고 프랑스 궁전에서 독일 황제가 즉위했다. 이에 대해 케스트너는 이렇게 말했다. "그 반대였다면 더 간단하고 돈도 훨씬 적게 들었을 텐데! 하지만 역사는 늘 대가를 치르게 한다. 커다란 국가의 정치인과 장군들처럼 작은 가게 주인이 어리석은 짓을 하고 실수를 저질렀다가는 한 달 안에 파산하고 만다. 그리고 화려한 역사의 장에 끼어드는 대신 감옥신세를 지게 될 것이다."

어머니는 학교에도 다녔다. 그러나 학교에서는 읽기, 쓰기, 셈하기 외의 다른 과목은 가르치지 않았다. 이에 대해 케스트너는 "영리한 아이들은 엄청나게 지루했다. 4년이나 한 반에서, 그것도 같은 학년에 머물러 있으니 당연히 지루할 수밖에!"라면서 어머니가 조숙했음을 자랑스럽게 말했다.

어머니는 오빠들이 토끼 장사를 한 것을 외할아버지에게 말했고, 이 때문에 오빠들에게 맞았다. 이 일을 케스트너는 '국제회의'에 비유했다. 어머니는 진실을 이야기했으나 고자질꾼으로 몰려 구타를 당했다는 것이다. 할아버지와 오빠들과 달리 어머니는 그날의 구타사건을 쉽게 잊지 못했다. 어머니는 여든 살까지도 그 일로 괴로워했다.

어머니는 초등학교를 졸업하고 하녀생활을 했다. 당시에는 여성이 대학에 진학한다는 것은 상상도 못할 일이었다. 특히 노동자의 딸은 대개 하녀가 되거나 결혼을 해야 했다. 당시 독일에서는 돈벌이를 하는 여성들 가운데 23퍼센트가 남의 집 하녀였다. 이는 과거 우리나라에 있었던 식모에 해당된다.

하녀는 주인의 엄격한 감독을 받으면서 열악한 조건에서 일해야 했다. 노동시간이 정해진 것도 아니었고, 휴가는 당연히 보장받지 못했으며, 사소한 이유로도 해고당하기 일쑤였다. 때문에 하녀 일을 오래 하는 여성은 거의 없었고, 젊은 처녀들은 차라리 공장노동을 선호했다. 우리나라에서는 그런 현상이 1970년대에 비로소 생겨났으니, 독일보다 한 세기나 늦은 셈이다.

바로 그런 이유에서 케스트너의 어머니는 아버지를 만나 1892년에 결혼했다. 그러나 처음부터 사랑은 없었다고 케스트너는 말했다. 우리나라에서는 유명한 사람이 자신의 어린 시절을 회상할 경우 그런 사실을 있는 그대로 밝히지 않으리라. 케스트너는 자신이 태어난 것에 대해 이렇게 말했다.

> 나는 내가 이 세상에 존재한다는 사실에 너무도 행복하다. 사람은 살아있다는 것만으로도 행복하다. 물론 살다보면 화나는 일도 많다. 하지만 사람이 살아있지 않다면 무엇을 느낄 수 있겠는가? 기쁨은 물론이고 분노도 없을 것이다. 아무것도 느끼지 못한다! 그러므로 나는 차라리 화나는 일이 있는 쪽을 택하겠다.

케스트너의 집안은 가난했다. 그는 어릴 적에 집에서 미용 일을 하던 어머니를 위해 끓는 물을 수천 번이나 날랐고, 어머니를 기쁘게 하기 위해 학교에서 항상 1등을 했다. 그녀는 그야말로 무식한 노동자 주부였으나, 학문을 하고 싶어 하는 케스트너를 충분히 이해하고 도왔다. 케스트너는 1926년 잡지에 기고한 대가로 받은 자신의 첫 수입을 어머니와 함께 이탈리아와 스위스를 여행하는 경비로 썼고, 그 밖의 다른 여행을 가거나 연극을 구경할 때도 언제나 어머니와 함께 했다.

그런 어머니가 1945년 동서독이 분단된 뒤에는 아들을 오랫동안 만나지 못했고, 게다가 기억상실증에까지 걸렸다. 6년 만인 1951년에 케스트너를 만난 그녀는 눈앞에 있는 아들에게 아들의 소식을 물었다. 그 해에 어머니는 80세의 나이로 죽었다.

아버지는 그로부터 6년 뒤인 1957년에 90세로 죽었다. 케스트너는 아버지와 오랫동안 격조하게 지냈으나, 아버지의 만년에는 그를 존경했다. 아니, 이미 1928년에 케스트너가 쓴 《에밀과 탐정들》의 주인공 이름 에밀은 사실 그의 아버지 이름을 딴 것이었다. 그러나 이 소설에 아버지는 등장하지 않고, 미망인인 어머니는 이발사로 나온다. 그것은 어린 시절 자신의 어머니 모습 그대로였다.

가족의 가모장적 특징

케스트너가 태어난 당시의 독일 농촌에는 대가족 제도가 여전히 존재했으나, 자본주의의 전개와 더불어 소가족 및 핵가족으로의 변화가 급속히 나타나고 있었다. 물론 대가족이든 소가족이든 가부장의 결정권은 절대적이었고, 소가족의 경우에도 어머니는 아버지에게 법적으로 종속돼 있었으며, 자녀는 성인이 될 때까지 부모에게 종속됐다.

케스트너 부모의 경우도 이런 점에서는 마찬가지였겠으나, 케스트너의 경우는 앞에서 보았듯이 아버지란 권위를 갖는 존재가 아니었고 도리어 어머니가 중요한 역할을 했다. 이런 가부장적 특징이 아닌 가모장적 특징이 집안에 있었던 것이 케스트너의 심성에 반독일적인 반가부장성을 형성했다고 볼 여지가 있다.

물론 이는 대단히 조심스럽게 판단해야 할 문제다. 그러나 가부장적인 가정에서 성장한 사람은 권위주의적인 인격과 성향을 보여준다는 일반적인 가정에 근거할 때, 가모장적인 가정에서 자란 사람은 비권위주의적인 인격과 성향을 보여준다고 가정하는 게 가능하다.

그러나 가부장적 가족 출신의 전형인 카프카가 권위주의적이었다고 할 수는 없다. 케스트너와 달리 자서전인 《시와 진실》에서 어머니에 대해 거의 쓰지 않은 괴테도 마찬가지다. 카프카도 많은 여성을 사랑했지만, 특히 괴테는 "영원히 여성적인 것이 우리를 이끈다"고 말하면서 평생 수많은 여성을 사랑했다.

따라서 이런 문제를 프로이트식으로 너무 과장할 필요는 없으리라. 물론 가부장적인 집안에서 자란 사람은 사랑에 굶주린 탓에 많은 여인과 사랑한다는 이야기가 가능할 수는 있다. 그러나 케스트너의 경우는 그런 측면보다는 당시 케스트너 집안의 사회적 배경에 주목하는 게 훨씬 낫다.

노동자 집안

케스트너의 아버지와 어머니는 노동자였다. 그들이 노동자로 산 19세기 4분기의 독일은 1871년에 성립된 독일제국에 의해 산업이 급속히 발전해 영국을 능가했고, 케스트너가 태어난 1900년경에는 미국 다음가는 세계 2위의 경제대국으로 떠올랐다. 그러나 그 결과 많은 농촌 인구가 도시로 이전해 프롤레타리아로 변함에 따라 수많은 사회문제가 발생했다. 케스트너의 부모는 바로 그러한 전형적인 도시이주 노동자였다.

그 몇 년 전만 해도 독일 인구의 대부분은 농촌에 살았고, 도시는 규모가 작아 농촌으로부터 급격히 유입되는 사람들을 다 받아들일 여력이 없었다. 예컨대 당시의 독일 수도인 베를린은 그 전 40여 년 동안 인구가 50만 명 정도에서 150만 명 이상으로 늘어난 상태였다.

케스트너는 《내가 어렸을 적》에서 밝혔듯이 가난한 임대아파트 5층에서 태어나 그곳에서 어린 시절을 보냈다. 그 임대아파트는 앞뜰도 없는 삭막한 건물이었으나 그는 언제나 웃으며 자랐다. 당시 사람들은 말이 끄는 전차를 타고 다녔다. 케스트너는 그곳의 당시 모습에 대해 "거의 모든 것이 달라졌지만 여전히 거의 모든 것이 그대로다"라고 썼다.

케스트너는 그을음이 나는 석유램프 불빛 아래에서 산수 숙제를 했다(케스트너는 1910년대에 그랬다는 것이지만, 한국에서 산 나는 1960년대에도 그랬다). "물론 전깃불은 예전의 램프 불빛보다 밝아졌다. 그전보다 많은 것들이 훨씬 편리해졌다. 그렇다고 더욱 아름다워졌을까? 글쎄, 아니 글쎄라고도 할 수 없다." 케스트너는 빵과 석유, 순대, 버터, 감자를 사서 양손에 들고 집으로 돌아가곤 했다.

당시 케스트너의 집 근처에는 아버지가 '높으신 따님들'이라고 부른 여자아이들, 즉 귀족이나 돈 많은 사람의 딸들이 다니는 학교와 그들의 호화로운 저택이 있었다. 그들의 생활에 대해 케스트너는 유머를 섞어가며 이렇게 회상했다.

> 그 당시 사람들은 별로 겸손하지 않았다. 고상한 대문 앞에는 '주인 전용'이라는 팻말이, 그리고 뒷문에는 '짐꾼과 하인 전용'이라는 팻말이 서 있었다. 주인 나리들은 부드러운 양탄자가 깔린 주인 전용 계단을 이용했다. 하인과 짐꾼들은 뒤 계단을 이용해야 했다. 그렇게 하지 않았다가는 주인에게 욕을 먹고 쫓겨났다. 그 우아한 문짝에 달린, 역시 우아한 도자기 표지판에는 단호하고 매서운 말이 쓰여 있었다. '거지와 잡상인 절대 출입금지!' 다른 팻말은 이보다는 공손한 표현이 적혀 있었다. '발을 비벼 털기

바람!' 나는 어떻게 발을 비벼 털어야 하는지 아직도 모른다.

케스트너가 노동자의 집안에서 태어났다고 하는 점은 그의 삶과 작품을 이해하는 데 매우 중요하다. 왜냐하면 당시 부르주아 집안에서 태어나 자란 청소년들과 그는 너무나도 달랐기 때문이다. 물론 그들과 같은 세대를 산 케스트너가 부르주아 문화의 영향을 전혀 받지 않은 것은 아니었겠지만, 그 강도는 전혀 달랐다.

제국의 성립을 체험하고 정치적, 물질적 성공을 이룬 부모 세대와 달리 그 자녀들은 성장하면서 제국의 공허함과 위선에 반발했다. 이를 두고 제들마이어(Hans Sedlmayr, 1896~1984)는 '중심의 상실'이라고 표현했다.[14] 그들은 부모들의 가치였던 자유주의, 절제, 사회적 관습, 이성, 인간의 선의, 시민문화의 규범을 거부하고 민족주의, 사회주의, 허무주의 등에 빠졌다.

그들이 참가한 새로운 움직임인 반더포겔(Wandervogel) 운동은 1895년에 시작되어 전국으로 퍼졌다. 그들은 '방랑하는 새'라는 그 이름처럼 도시를 떠나 도보나 자전거로 여행을 하거나 등산을 하면서 자연을 체험하고자 했다. 이는 정치와 정치를 둘러싼 문화현상에 대한 거부이기도 했다. 이는 문명을 거부하는 공동체 운동으로 발전했고, 청년들이 1차대전에 열광적으로 참여하게 만드는 터전이 되기도 했다.

케스트너는 반더포겔 운동에 참여하지 않았다. 그러나 그 영향 속에서 성장한 것은 분명하다. 즉 그는 모범생이었고 효성이 지극했음에도 불구하고, 독실한 가톨릭 신자였던 부모가 심어준 가치규범에서 벗어났다. 특히 정치나 문화에 대한 거부는 그가 같은 세대의 젊은이들과 공유한 점이다. 그러나 그는 공동체 운동에 참여하지도 않았고, 특히 1차대전에 열렬히 참가하지도 않았다.

황제와 왕의 정치 및 종교

케스트너가 어렸던 시절의 정치 지배자는 끝이 위로 말린 콧수염인 카이저(황제) 수염을 길렀던 황제 빌헬름 2세였다. 《내가 어렸을 적》에는 베를린의 황제 전속 이발사가 신문과 잡지에 그 콧수염을 매는 끈을 광고해서 독일 신사들이 아침마다 면도 후에 폭이 넓은 콧수염 끈을 묶고 30분간 입도 뻥끗하지 않았다는 이야기가 유머러스하게 소개돼 있다.

당시 독일 연방제국은 연방에 황제가 있고, 연방을 구성하는 각 나라들에 왕이 있는 구조였다. 드레스덴이 속한 작센에도 왕이 있었다. 매년 황제를 위한 사열식과 왕을 위한 생일축하 퍼레이드가 벌어졌고, 그런 행사에는 항상 화려한 제복의 군인들이 참여했다.

당시 작센의 왕은 프리드리히 아우구스트(1797~1854)였다. 케스트너는 그가 자신이 마지막 왕이 되는 줄도 모르고 화려한 생일잔치를 벌였다고 말했다. 그리고 당시 그의 아내가 이탈리아인 바이올리니스트와 눈이 맞아 도망쳤기에 그가 불쌍하게 여겨졌다고 약간은 빈정거리는 투로 회상했다.

앞에서도 말했듯이 케스트너의 부모는 가톨릭 신자였다. 당시의 가톨릭은 자유주의나 근대과학은 물론 사회주의에 대해서도 엄격하게 반대하는 대단히 보수적인 입장을 취했다. 당시 가톨릭은 소수였고, 도리어 루터파 신교가 국가교회로서 지배적인 위치를 차지하고 있었다. 그러나 루터파 신교 역시 반자유주의적이기는 마찬가지였다.

이러한 보수적인 종교가 독일의 보수주의를 형성하고, 그것이 1, 2차 세계대전으로 독일을 이끄는 터전이 됐다. 마르크스가 종교를 가리켜 "인민의 아편"이라고 비판한 것은 그런 독일적 현상에서 비롯된 것이기도 했다. 마르크스의 영향 탓이었는지, 케스트너는 성인이 된 뒤 가톨릭을 더 이상 믿지 않은 것으로 보인다.

케스트너의 어린 시절

케스트너는 왜소했다. 다 자란 뒤에도 키가 168센티미터에 지나지 않았다. 그래서인지 그는 어려서부터 체조를 즐겼다. 후에 그의 작품에 체조기구가 자주 등장하게 된 것도 그 때문이다. 여하튼 체조로 몸을 연마한 그는 만년에 병을 얻기 전까지는 건강했다.

케스트너는 7살에 초등학교에 입학하여 7년을 다녔다. 남학생과 여학생의 출입구가 달랐던 당시의 학교 분위기는 매우 음침했다. 당시 독일의 학교는 제국에 대한 애국심과 충성심을 함양하는 것을 교육의 최고 목표로 삼았다. 그런 학교와 교육에 대해 케스트너는 어려서부터 싫증을 냈다. 그래서 케스트너는 학교 공부보다 독서에 열중했다. 그는 집에 세 들어 살던 프랑스어 교사로부터 얼마든지 책을 빌려 읽을 수 있었다.

케스트너가 초등학교에 입학한 소감은 그가 1952년에 낸 《조그만 자유(Die kleine Freiheit)》에 실린 〈입학식 축사(Ansprache zum Schulbeginn)〉에 나타나 있다. 이 축사가 실제로 행해졌는지 여부는 의문이나, 우리는 아동문학의 세계적 대가인 그가 그런 축사를 충분히 할 수 있었으리라고 상상할 수 있다. 놀라운 점은 그가 학교, 특히 선생을 비판하고 있다는 점이다.

> 이제 학급 대항과 시험이라는 지옥의 계절이 다가올 것이다. […] 살아있는 과일나무에서 문명이라는 통조림 공장에 이르게 되는 것이다. […] 어른이 되어서도 어린이일 수 있는 사람만이 오직 참 사람이다! […]
>
> 선생의 교탁을 결코 왕좌나 설교단쯤으로 여기지 말라! 선생이란 그들을 향해 기도하라고 여러분보다 높은 자리에 앉아 있는 것이 아니다. 단지 여러분 모두가 선생을 공평하게 바라볼 수 있도록

하기 위해 높은 자리에 앉아 있는 것이다. 선생은 만물박사도 아니고 하나님도 아니다. 선생이라고 해서 모든 것을 다 알고 있지 않다. 그런데도 만일 그가 모든 것을 다 아는 것처럼 행동한다면, 그건 다만 여러분에게 그렇게 보이려고 하는 것일 따름이다. 절대 여러분은 그의 전지전능함을 믿어서는 안 된다. 만일 그가 모든 것을 다 알지 못한다고 시인한다면 그를 존경하고 사랑하라! 그렇게 하는 선생만이 여러분의 사랑을 받을 자격이 있다. 그리고 선생은 사실 어떠한 큰 보수를 받는 것도 아니기 때문에 여러분의 사랑을 진심으로 기뻐할 것이다. 또 한 가지 중요한 사실은 선생이란 마법사가 아니라 정원사라는 점이다. 그는 다만 여러분을 품어주고 보살펴 줄 뿐이다. 자라나는 것은 여러분 스스로의 몫이다! […]

이따금 여러분의 교과서를 의심해 보라! 교과서란 저 시나이 산에서 생겨난 것이 아니다. 게다가 쉽게 이해할 수 있도록 씌어 있지 않은 것도 많다. 이는 오래된 학교 교과서의 내용이 시대에 따라 바뀌거나 검증되지 않고 습관적으로 그대로 이어져왔기 때문이다. […]

인간은 처음부터 끝까지 착하고 용감무쌍하며, 영웅은 24시간 내내 정직하고 용감하다는 식의 내용으로 채워진 역사책을 믿지 말라! […]

그리고 그 골치 아픈, 이자의 이자를 계산하는 복리법 같은 것은 더 이상 배울 필요가 없다.

문학에 대한 관심

케스트너는 어려서부터 어머니와 함께 연극 구경을 즐겼다. 극장이 제2의 집이었다고 회상할 정도였다. 그가 무대감독이 되기 위해 대학에서 연극을 공부했던 것이나, 처음으로 돈을 받고 쓴 글이 연극평론이었던 것도 그런 경험과 무관하지 않을 것이다. 그러나 어린 시절 케스트너의 집안은 몹시 가난했으므로 좋아하는 연극을 그렇게 자주 볼 수는 없었을 것이다.

케스트너가 당시에 어떤 책을 주로 읽었고 어머니와 어떤 연극을 즐겨 보았는지는 알 수 없다. 다만 당시에 가장 인기가 있었던 괴테의 《파우스트》나 바그너의 《뉘른베르크의 마이스터징거》와 같은 연극과 오페라는 당연히 보았을 것으로 짐작된다. 그러나 바그너의 오페라에 매료된 토마스 만[15]이나 히틀러와 달리 케스트너는 바그너에 대해서 어떤 애착도 가지지 않은 것 같다.

우리는 당시의 문학과 연극 분위기가 케스트너에 미친 영향에 주목할 필요가 있다. 1890년에 '사회주의자 탄압법'이 폐지됨에 따라 사회현실을 비판적으로 묘사한 문학 작품과 연극 공연이 급격히 늘어났다. 드레스덴에서도 그런 문학 작품이 읽히고 연극이 공연되었을 게 분명하지만, 어린 케스트너가 그런 것들을 얼마나 보았는지는 알 수 없다.

그중 대표작이라고 할 수 있는 것은 자연주의 작가인 하우프트만(Gerhart Hauptmann, 1862~1946)의 《직조공들(Die

Weber)》이다. 이 작품은 '사회주의자 탄압법'이 없어진 1892년에 처음 발표되었다. 하지만 직조공들의 폭동을 다룬 내용이 자칫 시위를 유발할 수 있다고 판단한 경찰에 의해 상연이 금지됐다가 1894년에야 다시 무대에 올려졌다. 이 작품은 독일 프롤레타리아 서정시 문학의 효시로 알려진 작자 미상의 직조공 노래 〈피의 재판(Das Blutgericht)〉을 모티브로 삼아 창작된 것이다.

그러나 그런 작품들이 당시 독일문학의 중심이었다고 말할 수는 없다. 우리나라도 최근 그런 시대를 겪었고 그 와중에 노동자 문학도 등장했지만 그것이 문학의 중심을 형성하지는 못했고, 특히 노동자들에게 많이 읽히지 않았다. 그때나 지금이나, 독일에서나 한국에서나 나날이 계속되는 노동에 지친 노동자일수록 도리어 더욱 달콤한 오락문화에 심취하기 십상이다.

여하튼 우리에게는 하우프트만이 일반적으로 소개된 적이 거의 없으니(사실 독일에서도 그의 작품은 별로 상연되지 않고 있다) 우리 독자들이 그 분위기를 짐작하기는 어려울 것이다. 반면, 우리는 그 시대에 등장한 토마스 만이나 라이너 마리아 릴케(Rainer Maria Rilke, 1875~1926)는 익히 안다. 그들의 작품은 케스트너가 태어날 무렵에 이미 간행되고 있었으니 문학을 좋아한 어린 케스트너도 그것들을 읽었을 것으로 짐작된다.

릴케는 우리에게 대중적으로 잘 알려져 있다. 나도 《신의 이야기(Vom Lieben Gott und Anderes)》(1900)나 《말테의 수기(Die Aufzeichnungen des Malte Laurids Brigge)》(1910)를 비롯한

그의 소설과 시를 중학 시절부터 읽었다. 내용은 얼른 이해되지 않았으나, 언제나 인간은 고독하다는 이야기를 한 듯했다.

그러나 릴케의 고독이라는 것도 인간의 본성을 말하는 것이 아니라 자본주의의 전개에 따라 위협받게 된 당시 사회의 어두운 면을 보여주는 것임에 주의할 필요가 있다. 그동안 우리에게 그런 점이 전혀 소개되지 않은 것을 보면, 우리나라의 외국문학 소개나 문학 수업이 얼마나 잘못된 것인지를 알 수 있다.

더욱 문제인 것은 도대체 릴케가 무엇이냐 하는 점이다. 뒤에 케스트너의 친구가 되는 투홀스키(Kurt Tucholsky, 1890~1935)는 "당신은 다락방에서 추위에 떨어 본 적이 있는가?"라고 물으며 릴케의 감상주의를 조롱했고, 무시크(Walter Muschg, 1898~1965)는 릴케의 시를 '청년운동 신비주의'로서 나치의 선구라고 비판하기도 했다.

교원양성소

13세의 케스트너는 교원양성소의 예비시험에 합격했다. 당시로서는 가난한 집안 아들이 공부를 계속하려면 교원양성소에 가는 게 유일한 길이었다. 김나지움이나 대학에 가려면 학비가 너무 많이 들기 때문이었다.

1890년에는 전체 대학생 1000명 가운데 노동자 자녀는 한 명 정도에 불과했다. 1885년에는 초등학생 750만 명 가운데 24

만 명 정도만이 상급학교로 진학했다. 따라서 케스트너처럼 교원양성소에 진학한 것도 당시로서는 선택받은 행운이었다. 케스트너는 14세였던 1913년부터 4년간 그곳에 다녔다. 교원양성소는 기숙사 학교였기 때문에 케스트너는 집을 떠나야 했다. 어머니의 극진한 사랑 속에서 지내던 그가 어머니와 이별하는 장면이 눈에 선하다.

게다가 교원양성소의 교육은 지극히 엄격했기에 소년 케스트너는 그곳 생활에 적응하기가 매우 힘들었을 것으로 짐작된다. 그래서인지 그는 그곳 규율에 반항하다가 처벌을 받기도 했다. 그러나 성적은 계속 상위를 유지했다.

당시의 체험은 그의 여러 작품들에 나타난다. 예컨대 《하늘을 나는 교실》에는 사감이 무단 외출한 학생을 가볍게 처벌하고 자신도 학생 시절에 병든 어머니를 보기 위해 탈출했다는 이야기를 들려주는 장면이 있는데, 이는 케스트너 자신의 경험을 쓴 것이었다.

단편 〈아이들의 병영〉에도 역시 병든 어머니를 만나기 위해 탈출한 하급생이 자신을 괴롭힌 상급생을 죽이는 이야기가 나온다. 다른 단편 〈길 위의 소년〉에는 병든 어머니에게 친절하게 대해주는 차장과 간호부의 이야기가 나온다.

2장

전쟁과 대학 시절

1차대전

1914년 7월 오스트리아—헝가리 제국이 세르비아에 선전포고를 함으로써 1차대전이 터졌다. 독일은 전쟁이 확대되지 않도록 오스트리아에 압력을 가하기도 했으나, 결국 8월 들어 러시아에 선전포고를 했다. 독일은 범국민적으로 전쟁에 참여했다. 토마스 만은 나중에 민주주의자가 됐지만, 1차대전 당시에는 전쟁을 "독일과 독일민족을 정화하는 연옥의 불꽃"이라고 찬양했다.

전쟁이 터지기 직전에 케스트너는 《에밀과 탐정들》에 나오는 보니, 그리고 《푕크트헨과 안톤》에 나오는 푕크트헨의 모델이 된 친척 소녀와 함께 400킬로미터나 떨어진 발트해에서 해수욕을 즐기고 있었다. 그러나 그 즐거움은 전쟁으로 인해 중단됐다.

전쟁 초기에는 상황이 그다지 심각하지 않았다. 참전국들은 그해 크리스마스 전까지는 전쟁이 끝나리라고 쉽게 생각했다. 그 누구도 그것이 인류역사에 그렇게 엄청난 손해를 끼치리라고는 꿈에도 생각하지 못했다.

1915년 케스트너가 16세가 됐을 때까지만 해도 전쟁은 쉽게 끝날 것 같았다. 그러나 그 후 전쟁이 확대되면서 케스트너의 소년기는 전쟁 속에서 끝났다. 그는 《서정적 가정약국》에 실은 시 〈인생을 되풀이할 수 있다면(Existenz im Wiederholungsfalle)〉에서 자신의 16세 시절을 회상한다. 이를 국내의 번역시집은 '감정이 메말라 수혈이 필요할 때' 읽으라고 했으나, 글쎄다. 시인은 전쟁으로 상실된 어린 시절을 회상했을 뿐이다.

다시 한 번 열여섯이 되고
그리고 그 후의 일들은 모두 잊고 싶다.
예쁜 꽃들을 따서 책갈피에 끼워 말리고 싶다.
문설주 뒤에 서서 키를 재어보고 싶다.
학교 가는 길 대문에서 동무를 부르고 싶다.

다시 밤의 창가에 서서
지나가는 사람들이 그윽한 거리의 잠을
깨뜨리는 소리를 듣고 싶다.

거짓말하는 상대에게 화를 내고 토라져
닷새 동안 얼굴을 맞대지 않고 싶다.

다시 한 번 밤늦은 공원에서
키스하고 싶어도 얼굴을 돌리는
볼이 붉은 소녀와 산보하고 싶다.
문을 닫으려는 상점에 들어가 소녀와 나를 위해
2마르크 50페니히로 쌍가락지를 사고 싶다.

그러나 동시에 《서정적 가정약국》에 실린 시 〈약력(Kurzgefaßter Lebenslauf)〉에서는 자신의 어린 시절을 고통스럽게 회상하고 있다.

학교에서는 많은 것을 잊어버리고
나는 거기부터 시간의 대부분을 부셨다.
나는 특별히 모범생이었다.
도대체 어떻게 그랬을까? 지금도 유감이다.

그리고 휴가 대신 세계전쟁이 왔다.
나는 도보포병이 되었다.
지구의 동맥에서 피가 흘렀다.
나는 살아남았다. 어떻게 되지는 묻지 마시라.

전쟁의 상처

전쟁 통에 많은 교사들이 전선에서 죽어갔다. 케스트너도 1916년에 교사 보충을 위한 교생실습을 받게 됐다. 그러나 그때 케스트너는 자신이 교사직에는 맞지 않는다는 것을 자각했다. 학생들이 그의 말을 제대로 듣지 않았기 때문이다. 그러나 새로운 선택을 하기도 전에 그는 군대에 끌려갔다.

1917년에 18세의 케스트너는 군인이 됐다. 군대에서 그는 바우리히 중사로부터 잔혹하게 학대받았고, 그로 인해 뒤에 심장병에 걸렸다. 이런 경험은 그의 작품들에도 나타난다. 그는 단편 〈드레스덴의 결투〉에서 자신을 학대하는 상관에게 결투를 신청했다가 심장마비로 죽은 사람의 비극을 그리기도 했다. 그러나 역시 압권은 시집 《거울 속의 소동》에 실린 〈바우리히 중사〉라는 시다.

> 그가 우리 중대로 배속된 것은
> 그 일로부터 여섯 달 전이었다.
> 우리는 그에게서 많은 것을 배웠다.
> "받들어 총" "엎드려 쏴" "거총" "발사"
> […]
> 누군가 몸의 균형을 잃고 넘어지면
> 중사는 이를 갈며 메마른 땅에 침을 뱉는다.

"이런 병신 같은 원숭이 새끼" "대가리 박아!"
그는 황무지로 우리를 끌고 가
무릎과 팔꿈치에 피가 배어 나오도록
엉금엉금 기어 다니게 했다.

우리는 무엇보다 인간에 대한 증오를 그에게 배웠다.

어느 날 나는 그에게 잘못 걸려들었다.
"멍청한 놈 같으니라고." "거기, 벌벌 떨고 있는 원숭이 새끼!"
그는 나에게 쪼그려 뛰기 천 번을 시키며
뒤에 앉아 한가로이 물었다.
"네 손에 지금 총이 있다면 즉시 나를 쏘겠지?"
"네." 나는 헐떡이며 답했고
그는 하늘을 향해 **뻐꾸기**처럼 웃었다.

그를 알던 사람은 그를 잊지 않는다.
그는 침을 뱉고 고함치며 욕했다.
중사 바우리히를 우리는 짐승이라고 불렀다.

그를 생각하면 지금도 내 마음은 찌르는 듯 아파오고
내 심장은 놀란 듯 두두둥거린다.
견디기 힘들 만큼 어려운 일, 힘겨운 일이 생기면

나는 언제나 바우리히 중사를 생각한다.
참호 속으로 날아온 수류탄을
몸으로 덮어 우리를 살리고
그는 산산이 부서졌다.

남자라면 누구나 군대를 경험하는 우리는 이 시를 잘 이해한다. 나도 군대에서 상관에게 얻어맞아 고막이 날아갔다. '인간에 대한 증오', 우리도 그렇게 청춘을 증오로 보냈다. 그러나 무엇보다도 우리가 이 시에 공감하는 것은 마지막 구절 때문이다.

케스트너는 1년도 안 되어 심장병으로 육군병원에 호송됐다가 다시 포병으로 사격장에 파견됐다. 이미 1917년에 레닌의 러시아 혁명이 터져 러시아 황제 니콜라이 2세가 물러나고 처형당함으로써 러시아 제국이 무너졌다. 이어 미국이 독일에 선전포고를 했고, 독일의 동맹국인 오스트리아-헝가리 제국도 붕괴됐다.

그럼에도 불구하고 1918년까지도 독일은 승리를 믿고 있었다. 미국의 참전은 큰 부담이었으나, 러시아 혁명이 '100만 배의 은혜'였기 때문이다. 사실 러시아 혁명으로 인해 독일은 동부전선에서는 확고한 승리를 약속받은 듯했다. 러시아 혁명 자체가 독일군에 의한 음모라고 볼 여지조차 있었다.

그러나 돌연 독일의 패배가 결정적이라고 할 정도로 전세가 변했고, 독일에서 혁명이 터졌다. 그 후 빌헬름 2세가 물러나 망명함으로써 독일제국은 붕괴됐다. 11월에 휴전조약이 체결돼 4년간의 전쟁이 끝났고, 케스트너도 전선에서 집으로 돌아왔다. 1차대전으로 1000만 명이 죽었고 그중 200만 명이 독일인이었으나, 케스트너는 용케도 살아남았다.

1919~1929년

1919년 1월 파리 강화회의에 참석한 각국 대표들이 해야 할 일은 유럽의 지도를 다시 그리는 것이었다. 그런데 소련은 이 회의에 참석하지 않았다. 막 태어난 볼셰비키 정권이 1918년 3월에 독일과 단독강화를 했기 때문이었다. 이로 인해 그 후 10년간 소련은 국제적으로 소외당했다.

그러나 전후에 소련의 적화 위협에 대한 공포가 전 세계로 퍼져 나갔고, 이로 인해 1922년 이탈리아에서 파시즘 정권이 수립됐다. 그리고 다시 10년 뒤 독일에서 히틀러가 집권했다. 공산주의에 대한 공포는 1945년 이후 냉전시대에만 있었던 게 아니었다. 그것은 출발부터 자본주의에 가장 위협적인 공포의 대상이었다. 우리가 경험한 일제도 예외가 아니었다.

그런데 소련이 전후에 예측불허의 세력으로 등장했던 것과 마찬가지로, 자본주의의 맹주인 미국도 그런 행동을 취했다. 연합국을 도와 1차대전을 승리로 이끈 미국이 별안간 국제연맹에 불참하고 유럽 문제에 개입하지 않겠다고 선언했다. 말하자면 풍요로운 미국은 비참한 세계 현실에 눈을 감고 혼자만 잘 먹고 잘 살겠다고 돌아선 것이다. 이런 미국의 태도는 그 후 다시 세계적인 불행을 초래했다.

미국이 불참한 국제연맹은 그야말로 종이 위에 그린 호랑이에 불과했다. 특히 전쟁의 상처로 피폐해질 대로 피폐해진 유럽은 희망을 잃었다. 자본이 절대로 부족한 유럽의 산업은 미국인 부자들의 개인적인 투자와 은행들의 융자에 의존할 수밖에 없었다.

그런 체제도 호경기에는 그런 대로 굴러갔다. 그러나 1929년 미국 증권시장에서 주가가 폭락하면서 미국인 투자자들이 유럽에 투자한 돈을 모조리 회수하자 유럽의 경제는 완전히 끝났다. 이와 똑같은 상황이 우리나라에서도 IMF 사태 전후에 벌어졌다.

우리 국민 대부분이 IMF 사태를 예상하지 못했듯이 1929년 미국의 공황도 아무도 예상하지 못한 가운데 닥쳤다. 누구도 예측할 수 없을 정도로, 공황 발생 직전까지 경기는 호황이었다. 그러나 사실 1929년 공황은 전혀 예상할 수 없었던 게 아니었다. 그 직전까지의 호황은 자동차, 라디오, 영화, 가정용품 등 신종 산업들에 국한됐고 농업, 광업, 섬유업, 임업 등 기존의 기간산업들의 제품 판매가격은 계속 떨어졌다. 이런 추세가 마침내 미국의 경제구조를 약화시켰던 것이다.

그러나 사람들은 눈앞의 번영에 흥분하여 끝없이 흥청댔고,

재즈시대로 불리기도 하는 경박한 광란의 시대가 펼쳐졌다. 그런 분위기는 유행병처럼 전 세계로 번졌고, 전쟁의 상처가 가장 컸던 독일에서도 1920년대의 광란이 초래됐다. 독일은 전쟁의 상처, 빈곤, 공산주의에 대한 공포, 사회불안 등이 겹쳐 그 광란의 정도가 미국보다 더 클 수밖에 없었다.

당시의 재즈란 바람난 여자, 왈가닥 여성, 독주 밀매, 그리고 벼락경기로 손쉽게 번 돈을 맘껏 써보자는 들뜬 분위기 등을 상징했다. 그런 분위기는 특히 당시에 가장 첨단의 대중예술로 떠오른 영화에서 유감없이 표현됐다.

그러나 그런 분별없는 쾌락의 현상은 일면적인 것에 불과했다. 세상은 그렇게 한꺼번에 변하는 게 아니다. 오랜 기독교 전통에 뿌리박은 본능억제 세력은 그런 쾌락에 반대하면서 더욱 공고해져, 마침내 분열이 시작됐다.

1차대전의 종식은 민주주의의 승리로 구가됐고, 전후 얼마간은 범세계적으로 민주주의 바람이 불었다. 소련과 이탈리아를 제외한 대부분의 유럽 나라들에서 특히 그랬다. 그중에서도 독일에서 가장 진보적인 정치 바람이 불었다. 그 바람이 얼마나 세었는지는 일본의 식민지였던 한반도에서도 소위 '문화정치'의 시대가 표방된 것을 보면 알 수 있다.

그러나 당시의 민주주의란 결국은 동시에 찾아온 경제 붐만큼이나 취약했다는 사실이 곧 드러났다. 특히 민주주의의 그늘 아래 온존하던 독일의 보수반동 세력과 군국주의는 대공황의 내습과 함께 즉각 그 마각을 드러냈다.

물론 이런 현상은 독일에서만 나타난 게 아니었다. 민주주의의 모범 국가라고 하던 미국에서도 케이케이케이(KKK)단이 기승을 부리는 등 반공주의가 확산됐고, '순수 미국인'이 아니라는 이유로 유대인과 흑인 등에 대한 탄압이 퍼져갔다.

교원양성소 졸업과 대학 입학

1918년에 케스트너는 교원양성소를 졸업했다. 그러나 그는 교사가 되고 싶지 않았다. 스스로 교사가 될 능력을 갖고 있는지도 의심스러웠지만, 판에 박은 낡은 지식을 가르치는 교사라는 직업의 소시민적 생활이 싫어졌기 때문이었다.

케스트너의 아버지는 이런 그의 생각에 반대했으나, 아들을 무조건 사랑하는 어머니의 찬성으로 그는 대학에 진학하게 됐다. 그는 당시의 심정을, 일흔이 넘어서야 비로소 자기 공부를 하게 됐다고 기뻐하는 어느 노교수의 이야기를 통해 말한 적이 있다.

교원양성소 수료자는 일정 기간 교사로 근무해야 했으나, 작센의 교육부는 대학 졸업 후 상급 교직에 취직하는 것을 조건으로 그의 대학 입학을 허가했다. 물론 케스트너는 그런 상급 교직에 취직하기를 희망하지 않았지만 진학을 위해 그런 조건을 우선은 받아들여야 했다.

대학 입학을 위해 그는 고등학교(김나지움)의 청강생이 됐다. 1834년부터 독일의 대학들은 입학 조건으로 김나지움 졸업 증명서인 아비투어를 요구했기 때문이다. 물론 아비투어를 획득한다고 해서 모두가 대학에 진학하는 것은 아니었다. 1885년의 경우 대학 재학생 수는 고등학교 학생의 10분의 1에 불과했다.

김나지움은 군대와 같은 교원양성소에 비해 천국처럼 자유로운 분위기였다. 케스트너는 처음으로 시를 써서 학교신문과 연극잡지에 발표했다. 그는 몇 달 만에 시험을 거쳐 고등학교의 최상급생이 됐고, 다시 6개월 뒤에 고등학교 졸업 자격인 아비투어를 땄다. 대단히 빠른 성취였다.

그런데 그가 당시에 사귄 한 유대인 친구가 졸업자격 시험에 합격했음에도 불구하고, 동급생들이 그에게 낙제했다고 거짓말을 하는 바람에 절망해 자살하는 일이 일어났다. 이 사건은 케스트너에게 충격을 주었고, 그는 뒤에 소설 《파비안》에 나오는 주인공의 친구 라브데로 그를 형상화했다.

이 소설에서 라브데는 교수자격 논문을 거부당하고 애인에게도 배신당해 자살하는 것으로 그려진다. 그런데 파비안에게 보낸 유서에서 라브데는 "나는 초등학교 선생이 됐어야 했어. 어린애들만이 이상을 받아들이기에 충분히 원숙하네"라고 한다. 이런 소설 내용을 볼 때 케스트너 역시 교사가 되지 못한 것을 후회한 게 아니냐는 짐작도 할 수 있다.

김나지움의 졸업 성적이 뛰어났던 케스트너는 드레스덴 시의 장학금을 받았다. 그 조건은 작센 주에 있는 대학에서 공부하라는 것이었다. 드레스덴에도 공업, 미술, 음악 대학이 있었으나, 유일한 종합대학은 라이프치히에 있었다. 그는 라이프치히 대학에 입학했다.

라이프치히는 드레스덴에서 120킬로미터나 떨어진 곳이었다. 부모를 떠나 그곳에서 살려면 많은 돈이 필요했다. 장학금이 지급되긴 했으나, 당시의 엄청난 물가고로 인해 장학금으로는 담배 한 개비를 사기도 어려웠다. 따라서 그는 이곳저곳에서 아르바이트를 해야 했다. 이때도 어머니의 극성은 여전했다. 아들에게 보낸 엄마의 편지를 시로 쓴 〈그로스헤니히 부인이 아들에게 쓰다(Frau Großhennig schreibt an ihren Sohn)〉[16]를 읽어보자. 역시 번역시는 엉망이니, 그 앞부분을 새로 번역한다.

> 사랑하는 아들아! 당연히 너무 섭섭했다,
> 네가 엄마 생일날 오지 못해. 오직 편지뿐이었지.
> 카네이션은 너무 아름다웠다, 우리는 소시지를 준비했는데.
> 네가 당연히 올 줄 알았고, 너는 소시지를 좋아했으니.
>
> 이졸데 아줌마는 에나멜 칠한 가죽가방을 선물했다.
> 아버지만 생일을 완전히 잊으셨어.
> 나는 무척 슬펐다, 좀처럼 그럴 분이 아니신데.

그러나 커피를 마시고 저녁을 준비하면서 마음이 돌아섰단다.

기침은 어떠니? 엄마는 걱정이 된단다.
기침 같은 건 오래 두면 좋지 않아.
속에 받쳐 입을 네 조끼를 떴는데 너무 작지 않을지 몰라.
네가 있었으면 재어보고 맞출 텐데.

라이프치히 대학

라이프치히도 드레스덴처럼 인구 60만 명 정도의 작은 도시였다. 그 인구는 케스트너가 대학을 다닐 무렵이나 지금이나 그다지 변화가 없다. 그러나 2차대전 이전까지는 독일 출판물의 절반 정도가 출판될 정도로 인쇄와 출판으로 유명한 도시였다. 또한 음악의 도시이기도 하다. 바흐가 단장을 지낸 토마스 교회의 합창단은 널리 알려져 있다. 바흐는 평생의 절반을 이곳에서 보냈고, 바그너는 이곳에서 태어났다.

케스트너처럼 라이프치히 대학에서 공부한 사람 중 문필가는 괴테, 라이프니츠, 레싱, 니체 등 수없이 많다. 시내 중심에 위치한 라이프치히 대학의 이름은 지금 칼 마르크스 대학으로 바뀌었다. 이 이름은 동독 시절에 새로 붙여진 이름인데, 통일이 된 뒤에도 그대로 유지되고 있어 학문과 정치가 분리돼 있다는 느낌을 준다.

그러나 케스트너가 다닌 20세기 초엽 당시의 독일 대학은 군국주의의 온상인 동시에 새로운 예술이나 학문에 대한 저항의 중심지였다. 유대인, 민주주의자, 사회주의자와 같은 당시의 아웃사이더들은 대학에 발도 붙이지 못했다.

특히 그 권한이 가장 막강했던 철학부에서는 국가숭배를 기본으로 삼았고, 경제학부에서도 국가와 기업의 이익을 가장 중시했으며, 공무원에게 복종하는 훈련을 했고, 강단 사회주의자조차 국가주의적이었다. 특히 법학부는 기존 질서에 대한 편협하고 완고한 심성을 길러주는 보수적인 법실증주의에 빠졌고, 신학부나 의학부에서도 건설적인 비판이 부정됐다. 케스트너가 다닌 문학부도 예외가 아니었다.

독일이 통일된 1871년의 대학생 수는 지금 우리의 작은 대학 규모인 1만 3000명에 불과했다. 당시 독일의 인구가 4000만 명을 넘었으니, 인구 100만 명 가운데 300명 정도가 대학생이었던 셈이다. 30년 뒤에는 대학생 수가 3만 명이 넘어 3배 이상으로 증가했으나, 여전히 매우 계급적인 엘리트 교육임에는 변함이 없었다. 케스트너가 대학에 가기 몇 년 전인 1914년에는 대학생 수가 6만 명으로 늘어났다.

케스트너와 같은 노동자 계급의 자녀가 대학에 간다는 것은 당시로서는 대단히 예외적인 일이었다. 대학교수가 되는 것은 더욱 더 그랬다. 1860년부터 1890년까지 독일에서 대학교수 자격을 취득한 자의 65퍼센트는 공무원이나 대학교수의 자녀였다.

당시의 대학생활이 사교나 맥주를 상징으로 낭만화 되는 경향이 있다. 예컨대 우리나라에도 일찍이 소개된 《황태자의 첫사랑》같은 소설을 통해서 그런 경향이 강해졌다. 그러나 그것은 부르주아의 자제인 대학생이 추구한 귀족적인 명예와 그런 명예를 과시하는 행동을 보여주는 에피소드에 불과했다. 당시 대학생들 사이에서 유행한 결투는 영국의 경우 식민지인 아프리카에서도 금지시킨 것이었다. 하지만 독일에서는 괴상하게도 학문적 소양을 갖춘 대학생들이 결투를 일삼았다.

학생단체는 관리가 되는 길을 제한하는 엽관주의의 창구 구실을 했다. 그것은 반유대적, 민족주의적이었고, 군주의 흉내를 냈다. 특히 예비역 장교 제도(우리나라의 ROTC는 직접적으로는 미국 제도를 모방한 것이나 그 뿌리는 독일에 있다)는 그러한 국가주의를 정착시키는 결정적인 제도로 기능했다.

바이마르 공화국의 성립

케스트너가 인생의 진로를 바꾸었듯이 전후 세상도 근본적으로 변했다. 독일 역사상 최초의 의회민주주의 체제인 바이마르 공화국이 1918년 말엽에 성립됐다. 그때부터 1933년 나치에 정권을 넘겨줄 때까지 15년간의 바이마르 공화국에 대해 피터 게이(Peter Gay)는 이렇게 말했다. "바이마르 공화국은 패전 속에서 태어나, 광란 속에서 살고, 비참 속에서 죽었다."[17]

공화국의 이름이 바이마르인 것은, 새로운 공화국 헌법을 제정한 의회가 바이마르에서 열렸기 때문이다. 국회가 있는 수도 베를린은 매일같이 시가전을 방불케 하는 투쟁적인 분위기였기 때문에 그곳에서 의회를 개최할 수 없었다. 이렇게 성립된 공화국은 그 이름부터 벌써 안정성을 결여한 것이었다. 바이마르 체제는 국민들의 명백한 의지 형성과정을 기초로 한 것이 아니라, 군사적인 좌절의 결과로 등장한 것에 불과했다. 또한 낡은 군주제 질서와의 단절도 헌법에 성문화된 것처럼 그렇게 급진적으로 이루어지지도 못했다.

바이마르는 괴테의 도시였다. 1918년 괴테의 바이마르는 희망의 상징이었다. 그러나 당연한 것이지만, 그런 곳에 새로운 나라를 세운다고 해서 새 나라가 괴테의 바이마르가 되는 것은 아니었다. 로젠베르크(Rosenberg)의 말처럼 "역사란 임의적으로 선택된 상징의 불신을 즐긴다."[18]

그 말처럼, 그리고 피터 게이가 '광란'이라고 표현했을 만큼 좌우의 대립으로 인해 정치는 불안했고, 내각은 단명하여 끝없이 바뀌었으며, 우익에 의한 암살사건이 계속됐다. 카프 폭동(1920), 루르 반란(1920), 히틀러-루덴도르프 폭동(1923) 등이 이어졌다. 게다가 초기와 말기에는 엄청난 인플레이션으로 인해 사람들이 살기가 아주 어려웠고, 파업이 끝없이 일어났다. 1923년 마르크화 안정화 정책이 결행됐을 때 금본위 1마르크는 지폐 1조 마르크와 교환될 정도였고, 우표 한 장 값이 100억 마르크에 이르렀다.

그 시절을 읊은 케스트너의 시가 있다. 자신과의 동년배들을 노래한 〈1899년생들〉[19]이라는 시다. 기존의 번역시에는 오류가 있으니, 다시 번역해 보자. 가령 번역시는 "그리고 약간의 혁명이 있었고/으깬 감자가 생겼다"를 "포연이 자욱한 전선 근처로"로 번역했고, 특히 멋대로 상당 부분을 생략했다. 더욱 받아들이기 힘든 것은, 이 시를 '진정한 친구의 의미가 궁금할 때' 읽으라고 써놨다는 점이다.

남편들이 프랑스 전선에 머물고 있을 때
우린 그 여인들을 다독거려 재워주었다.
그렇게 하는 것이 훌륭한 애국이라 생각했으니까.
우린 막 학교에 들어간 소년들이었다.

그 다음에 우린 군인이 되어야 했다
그것도 단지 육탄병으로.
학교는 텅텅 비고
집에서는 엄마들이 흑흑 흐느꼈다.

그리고 약간의 혁명이 있었고
으깬 감자가 생겼다.

그러자 낯모를 여인들이 모여들고
임질도 함께 왔다.

그 사이 노인들은 그들의 돈을 잃고
우리는 야간학생이 되었다.
낮에는 공장에서 일하고
이율을 계산했다.

그녀가 아기라도 갖는다면 골치 아프지.
그놈이 누구 아이인지 누가 알겠어!
차라리 우리 친구들 중 누군가를 닮아주면 좋으련만.
그리고 우리는 서른 살이 된다.

더욱이 우리는 시험을 치고
그리고 다시금 말끔히 잊었다.
우린 밤낮으로 깨어 있어
옳지 못한 일들을 몰아내야 한다!

우리는 세상을 똑바로 바라봐야 한다,
인형을 가지고 노는 대신.
우리는 세상을 가슴에 안아야 한다,
더 이상 여인네의 노리개가 되는 대신.

이르긴 하지만 우리의 육체와 정신은
너무 많은 일을 겪고 무기력해졌다.
우리는 너무 오래, 너무 빨리, 대체로
세계 역사에 종사했다.

노인들은 그게 다 씨 뿌린 대로
거두는 것이라고 말한다.
잠깐만 기다려 달라. 곧 우리는 준비하리라.
잠깐만 기다려 달라. 곧이란 너무 멀다.
그리고 우리에게 가르쳐달라, 우리가 배워야 할 것을!

케스트너가 노래했듯이 전쟁으로 황폐해진 땅에서 "밤낮으로 깨어 있어 옳지 못한 일들을 몰아내야" 했다. 케스트너의 고향인 작센도 왕국에서 공화국으로, 그 다음에는 독일연방의 하나로 바뀌었다. 이제 새로운 시대가 시작됐다. 그러나 시대는, 특히 그 정치는 순조롭지 못했다. 현대 국가의 가장 이상적인 헌법의 하나라고 평가되는 바이마르 헌법을 제외하고는 당시의 정치란 정말로 열등한 것이었다.

사실 바이마르 공화국 자체가 국민의 의지가 모아져 형성된 것이 아니라 1차대전에서의 군사적 좌절에 기인한 것이었으므로, 그러한 과정과 결말은 어쩌면 당연한 것이었다. 또한 낡은 질서와의 단절도 헌법에 규정된 것처럼 급진적으로 이루어지지 않았기에 정치적 민주화는 그 미래가 너무나 불투명했다. 그래서 독일에서 최초로 성립된 공화국은 엄청난 정치적 혼란의 소용돌이 속으로 빠져들었다.

당시의 독일 민중 사이에서는 하나의 민주적 기본질서에 대한 합의가 결여돼 있었다. 노동운동은 물론 좌익도 분열되어, 파쇼 세력이 단결해 등장하는 데 대해 아무런 대책도 세우지 못했다. 따라서 공화국은 우익과 좌익, 즉 파시스트들과 공산주의자들 사이의 투쟁 때문에 무너진 것이 아니라, 민주적 입장을 가진 측이 행동통일을 이루지 못했기 때문에 몰락한 것이었다.

정치의 혼란

1914년 이전부터 의회의 제1당은 사회민주당(이하 사민당으로 약칭)이었고, 이 정당이 바이마르 공화국에서 최초의 집권당이 됐다. 그러나 사민당은 전쟁 말기에 이미 분열돼 온건한 점진적 개혁주의 세력인 다수파 사민당과, 소수인 급진주의자들이 창립한 독립사민당으로 나누어졌다. 또한 독립사민당은 스파르타쿠스단 등으로 분열됐다. 이러한 분열에도 불구하고 정치의 주도권은 분명히 좌익에 있었다. 즉 황제나 토지귀족(융커) 또는 왕당파의 지배는 이미 끝났다.

1918년 11월 9일 패전과 황제의 퇴위가 공식 보도됐다. 그러자 노동자, 시민, 그리고 혁명을 지지하는 병사들의 행동이 시작됐다. 베를린에서는 왕궁 가까이에 있는 브란덴부르크 문에 적기가 게양됐고, 시민들은 제국의 군복을 입은 군인들의 견장을 뜯어내며 그들을 야유했으며, 혁명을 지지하는 병사들은 붉은 리본을 달았다.

그날 오후 다수파 사민당의 샤이데만(Philipp Scheidemann)은 '독일공화국'의 성립을 선언했다. 그러나 그 내용이 너무나 빈약했다. 그 선언은 그날 스파르타쿠스단의 리프크네히트가 왕궁 앞에서 '독일사회주의공화국'을 선언한다는 소식을 듣고 몇 시간 만에 급조된 것이었기 때문이다.

2시간 뒤에 나온 리프크네히트의 선언은 마르크스주의의 이념을 분명히 밝힌 것이었으나, 샤이데만의 선언은 마르크스주의를 부정하는 데 그쳤다. 말하자면 우리의 '반공'과 같은 것이었다. 이처럼 다수파 사민당은 아무런 비전을 갖고 있지 못했고, 러시아 혁명의 파급을 막고 연합국이 요구한 민주화에 따르는 타협을 하는 데 급급했다.

11월 10일 다수파 사민당과 독립사민당 각각 3명으로 구성된 임시정부가 수립됐다. 따라서 그것이 앞으로 어떤 성격의 정부가 될지 불투명했다. 그러나 같은 날 독립사민당이 '베를린 노동자병사평의회(이하 노병평의회로 약칭. 러시아의 소비에트와 같은 것으로, 독일어로 '레테'라고 불리기도 한다)'를 결성했을 때 그 집행위원이 다수파 사민당 3에 대해 독립사민당 1의 비율로 구성됨에 따라 정부의 성격은 마르크스주의의 노병평의

독일사회주의공화국의 성립을 선언하는 리프크네히트, 1918년

회가 아닌 의회제 민주화로 가닥이 잡혔다.

1919년 1월의 총선도 온건파의 압승으로 끝났다. 그러나 내각은 바이마르 공화국 15년 동안 19회나 교체될 정도로 그 지위가 불안했다. 게다가 3개월 뒤의 노·병평의회 전국대회에서는 다수파 사민당이 더욱 많아졌다.

그러나 인플레로 인한 불만으로 파업이 끊이지 않았다. 1919년 새해에는 전차, 수도, 가스, 전화 등이 마비됐고, 스파르타쿠스단의 1월 봉기로 인해 시가전까지 벌어졌다. 전쟁은 끝났으나 총성은 그치지 않았다. 대중을 지배한 것은 바이마르 공화국 정부가 아니라 좌절과 불안이었다.

그 결과 1920년 6월의 두 번째 총선에서는 다수파 사민당이 163석에서 120석으로 줄어드는 등 온건파 정당들은 모두 의석이 감소했으나, 좌우 양극의 진출이 두드러져 독립사민당은 의석이 4배나 늘어 제2당이 됐고 우익의 의석수도 늘어났다. 이러한 양극의 진출은 정치를 더욱 혼란에 빠뜨렸다. 그래서 바이마르 공화국 15년간에는 1924년부터 약 5년간만 제외하고는 안정이란 찾아보기 어려웠다.

스파르타쿠스단, 오프로이테, 그리고 공산당

로마 시대의 혁명 노예의 이름을 딴 스파르타쿠스단은 로자 룩셈부르크와 칼 리프크네히트와 같은 혁명가들의 집단으로, 급격한 혁명을 주장하여 중산계급 지식인들의 지지를 받았다. 반면 오프로이테(대표라는 뜻)는 베를린 금속노동자를 중심으로 한 노동운동을 기반으로 신중한 혁명을 주장하여 스파르타쿠스단과 대립했다.

1919년 1월 다수파 사민당이 집권한 프로이센 정부가 독립사민당에 속한 경찰국장을 파면하자 20만 명이 항의데모에 나섰다. 그러나 스파르타쿠스단과 오프로이테의 노선대립으로 데모대가 행동을 멈춘 사이에 국방부 장관인 노스케(Gustav Noske)가 우익 의용군을 편성하고 무차별 사살 명령을 내려 10일간 피비린내 나는 시가전이 벌어졌다.

결과는 더욱 비참했다. 봉기를 진압한 의용군은 룩셈부르크와 리프크네히트를 체포하고 연행 도중 그들을 학살했다. 좌익 최초의 혁명은 그 지도자를 상실하는 치명적인 결과로 끝났고, 연이어 좌익에 대한 학살이 이어졌다. 그리하여 좌익은 그 출현과 동시에 쇠퇴했다.

1919년 3월 세계혁명의 실현을 목표로 한 코민테른이 모스크바에 설치돼, 각국 좌익들에게 '공격적 전략'이라는 지령을 내렸다. 고압적이고, 어지러울 정도로 자주 변경된 지령으로 혼란이 야기되어 각국 좌익들이 반발했으나 지령은 절대적이었다. 독일의 경우도 마찬가지였다.

1921년 좌익 최후의 반란인 '만스펠트의 3월 행동'은 최초에는 공산당계 노동자들과 경찰 사이의 지역적 충돌이었으나, 공산당은 전국적 파업이라는 모험주의적 지령을 내렸다. 1923년 코민테른이 좌익의 통합을 종용하여 독립사민당이 공산당에 흡수 통합됨으로써 공산당원이 50만 명에 이르렀으나 경찰의 진압에 의해 20만 명으로 격감했고, 무력혁명 노선은 타협노선으로 변했다.

리프크네히트와 룩셈부르크와 같은 지도자를 잃은 공산당은 그 후 코민테른의 하수 조직으로 변질되어 혁명은 물론 당 자체도 퇴조의 길을 걸었다. 당세가 회복된 것은 1928년 총선에서 공산당이 54석을 차지하고 다수파 사민당과의 연대 및 사민당계 노동조합과의 통합이 이루어졌을 때였다.

그러나 코민테른은 다수파 사민당을 거짓 사회주의로 공격했다. 이로 인해 공산당은 다수파 사민당과 적대하게 됐고, 노동조합도 다시 분열됐으며, 좌익 자체도 분열됐다. 좌우 양극화가 진행된 바이마르 공화국 말기인 1930년 이후 공산당은 다시 당세를 회복했으나, 그나마 나치에 의해 곧 궤멸됐다. 1933년 3월 나치 정권 하에 치러진 총선에서도 사민당은 120석, 공산당은 81석을 얻었으나, 그 몇 달 뒤 공산당, 노동조합, 그리고 사민당의 순서로 비합법 조직으로 금지 당했다.

이처럼 독일에서는 당시 민중에게 민주적인 기본적 합의가 없었다. 노동운동은 사회민주주의와 공산주의로 분열됐고, 그 정치지도층은 더욱 분열되어 히틀러를 위시한 파쇼 세력이 단결하여 등장하는 데 아무런 대항력도 갖지 못했다. 다시 한 번 말하지만, 공화국은 우익과 좌익의 투쟁으로 무너진 것이 아니라 민주주의 세력의 분열로 인해 무너진 것이었다.

대학생활, 작가생활

케스트너는 그 어려운 정치적 혼란을 목도하면서도 1919년 겨울 학기부터 라이프치히 대학에서 독일문학과 연극사를 공부했다. 무대감독이 되고 싶었기 때문이다. 따라서 정치에는 그다지 관심이 없었다고 볼 수 있다.

이듬해 그는 《라이프치히 학생시집》에 세 편의 시를 싣고 지방신문의 호평을 받았다. 처녀작에 해당되는 작품들에 대한 호의적 평가에 케스트너가 기뻐했을 모습이 상상된다. 생활이 어려웠던 그는 당시 문인들처럼 카페에서 글을 썼다. 카페에서 글을 쓰는 버릇은 죽을 때까지 이어졌다. 나중에 생활이 풍요해 졌어도 그의 이런 보헤미안 버릇은 끝내 고쳐지지 않았다.

우리와 달리 독일에서는 대학생이 학기마다 다른 대학으로 옮겨 다닐 수 있다. 케스트너도 1년 반을 라이프치히 대학에서 보냈지만, 그 뒤에는 학기마다 북독일의 로스토크 대학, 그리고 베를린 대학으로 옮겼다. 이어 지도교수가 조수를 구하자 라이프치히 대학으로 돌아왔다. 그러나 교수의 조수 일을 하는 것만으로는 생활이 불가능했으므로 회사의 부기 등 여러 아르바이트를 해야 했다.

그는 신문연구소에서 아르바이트를 하면서, 연극 비평가인 모르겐슈테른의 지도를 받아 연극평론을 쓰기도 했다. 그리고 당시 생활의 어려움을 풍자한 글을 라이프치히 신문에 기고한 것을 계기로 1923년 그 신문사에 편집자로 입사했다. 그곳에서 그는 1939년부터 평생의 반려자가 된 여기자 루이제로테 엔덜레(Louiselotte Enderle)를 만났다.

이 시기에 케스트너는 마르크화가 안정된데다 신문사에서 고정급을 받아서 생활의 여유를 찾게 됐다. 그는 신문만 아니라 잡지에도 시, 경구, 연극평론, 르포, 이야기 등 모든 장르의 글을 썼다.

레싱 연구

그러는 사이 대학에서 케스트너는 계몽사상가이자 독일 연극의 선구자인 레싱에 대한 논문을 쓰고자 준비했다. 레싱은 이미 사회민주주의의 가장 중요한 이론가였던 메링(Franz Mehring)의 《레싱 전설(Lessinglegende)》(1893)에서 근대문학의 민주주의 전통을 잇는 중요한 작가로 규명됐다. 케스트너는 메링의 이런 저작에서 자극을 받았던 게 틀림없다.

케스트너가 유머문학의 선구자로서 높이 평가한 레싱은 독일 계몽주의를 완성시켰을 뿐만 아니라 독일문학을 세계적인 문학으로 끌어올린 사람이기도 했다.

레싱은 평론집 《최근 문학에 대한 편지(Brief, die neueste Literatur betreffend)》(1759~1765)에서 당시 독일에 유행한 프랑스 고전극 모방을 비판하고, 그리스극에 가까운 셰익스피어극

레싱

을 모범으로 삼아야 한다고 주장했다. 셰익스피어극이 그리스극에 가깝다는 레싱의 주장은 문제가 있는 것이었으나, 이런 그의 주장은 뒤에도 되풀이됐다.

레싱은 케스트너가 유머문학의 선구라고 본 《민나 폰 바른헬름》을 비롯한 많은 작품을 썼다. 내가 보기에 케스트너에게 가장 큰 영향을 미친 작품은 레싱의 대표작인 《현자 나탄(Nathan der Weise)》(1779)이었다. 이 작품은 기독교, 유대교, 이슬람교의 대립을 관용과 이해, 사랑으로 해소하고 서로 융화해야 한다는 것을 주제로 삼아, 종교에서는 교리보다 실천이 중요하다면서 인류애와 덕성을 강조한 운문 사상극이다. 관용과 인류애는 케스트너의 작품들에서도 중심을 이루는 사상이라는 점에서 레싱의 영향이 컸다고 말할 수 있다.

헤르더, 괴테, 하이네의 영향

여기서 케스트너의 사상적 아버지로서 주목해야 할 또 한 사람은 헤르더(Johann Gottfried von Herder, 1744~1802)다. 그는 레싱으로부터 많은 영향을 받았으나, 이성에 바탕을 둔 레싱과 달리 감각과 감정에 뿌리를 두었다. 레싱의 언어가 명료하고 투명한 데 비해 헤르더의 언어는 활기에 차고 공상적이기도 하다. 물론 헤르더가 주장한 민족문학은 시대적인 것으로서 케스트너에게 그다지 중요하지 않았지만, 감성을 중시한 모랄리스트로서

헤르더　　　　　　　괴테　　　　　　　하이네

그의 모습은 케스트너에게 중요했다.

레싱, 헤르더와 함께 케스트너에 영향을 미친 작가로 빼놓을 수 없는 사람은 괴테(Johann Wolfgang von Goethe, 1749~1832)다. 독일 문학가 중 괴테의 영향을 받지 않은 이는 없다고 할 정도로 그가 미친 영향은 실로 대단한 것이고, 케스트너 역시 괴테 전집을 서재에 두고 항상 읽었다.

괴테의 《젊은 베르테르의 슬픔(Die Leiden des jungen Werthers)》(1744)은 우리에게도 잘 알려져 있지만, 이 작품이 독일 시민소설의 선구라는 점은 그다지 알려져 있지 않다. 특히 이 작품이 위계질서가 엄격했던 당시의 신분제 사회에 통합되지 못해 좌절하는, 불만에 찬 젊은 지식인의 전형을 보여준 것이라는 점은 우리가 제대로 이해하지 못하고 있는 부분이다.

자신의 유일한 성인소설인 《파비안》을 쓸 때 케스트너는 어쩌면 현대의 베르테르를 형상화하고자 했던 것인지도 모른다.

물론 케스트너의 시대는 봉건시대가 아닌 자본주의 시대였다. 하지만 그 시대는 과거의 봉건시대 이상으로 사회개혁의 이상에 불타는 수많은 젊은이를 좌절시켜 죽게 만들었다.

케스트너가 괴테로부터 받은 가장 중요한 영향은, 괴테의 작품이 모두 자기체험의 고백이고 추억이고 참회이고 비판인 생활문학이라는 점과 관련이 있다. 괴테에게 예술은 단순한 말의 유희가 아니라 필연적인 운명으로서 절실한 것이었다. 그러나 그래야 하는 것이 문학의 당연한 본질이라고 보아서는 안 된다. 왜냐하면 셰익스피어처럼 자신의 그림자를 작품에 전혀 남기지 않고도 뛰어난 작가가 너무도 많기 때문이다.

또 하나 주목해야 할 점은 괴테가 《빌헬름 마이스터의 편력시대(Wilhelm Meisters Lehrjahre)》(1830)에서 묘사한 다음과 같은 인문주의 교육의 이상이다. 이는 케스트너의 아동관에도 그 기본을 형성하게 된다.

> 고귀하고 건강한 아이들은 많은 것을 가지고 태어난다. 자연은 모든 아이들에게 앞으로 필요한 모든 것을 주었다. 바로 그 모든 것을 발전시키는 것이 우리의 임무다. 그리고 가끔은 그것이 저절로 더 잘 발전되는 경우도 있다.

따라서 괴테는 교사가 끊임없이 아동을 교정할 필요는 없다고 보았다. 이에 비추면 부모와 교사는 흔히 아이들을 근본적으로 잘못 다루고 있다는 말이 된다.

마지막으로 케스트너에게 영향을 미친 독일 시인 하이네(Heinrich Heine, 1797~1856)도 언급할 필요가 있다. 뒤에서 케스트너의 《동물회의》가 하이네의 《아타 트롤》로부터 직접적인 영향을 받았다는 점을 살펴보겠지만, 케스트너는 이미 어린 시절부터 하이네를 읽었을 것으로 짐작된다.

사실 열정과 정의감으로 시, 산문, 심지어 신문기사까지 쓴 케스트너와 마찬가지로 하이네도 다양한 장르의 글을 썼다. 물론 하이네처럼 무려 160개의 곡이 붙여진 〈너는 한 송이 꽃과 같이(Du bist eine Blume)〉와 같은 감미로운 연애시를 케스트너가 쓴 것은 아니다. 케스트너 시와 비교될 수 있는 하이네의 시는 정치시다.

아래 두 시를 비교해 보라. 앞의 것은 하이네의 대표적인 시 〈슐레지엔의 방직공들〉 중 일부이고, 뒤의 것은 케스트너의 시 〈인간은 착하다〉 중 일부다. 왕의 시대와 빌딩의 시대라는 시대의 차이가 있을 뿐 내용은 다르지 않다.

"또 하나의 저주는 왕에게, 부자들의 왕인
그는 우리들의 궁핍을 못 본 체했고
마지막 한 푼마저 강탈해갔고,
우리를 개처럼 쏘아 죽게 했다."
"신의 질서는 위대하기에

사악한 자들이여

저임금으로 마구 부려먹어라.

횡령하고 탈세하며

권력을 휘두르고 높은 빌딩을 쌓아 올려

구름 위에 앉아라."

그러나 더욱 중요한 점은 사상의 영향이다. 하이네는 마르크스보다 일찍 자본주의를 부정했으나 그렇다고 공산주의를 찬양하지는 않았고, 프롤레타리아 계급도 인간적인 삶을 누릴 수 있는 사회를 꿈꾸었다. 이런 점은 케스트너에게 그대로 전해졌다.

학위 논문

학위논문의 주제로 케스트너는 레싱을 다루고자 했으나 그 주제가 너무 방대했다. 그래서 그는 레싱과 같은 시대를 산 프리드리히 대왕(1712~1786)과 그의 저서인 《독일문학에 대하여 비난해야 할 결점, 그 원인, 그것을 수정할 수 있는 방법》(1780)에 대한 연구로 주제를 바꾸었다. 이에 따라 그는 《프리드리히 대왕과 독일문학(Friedrich der Große und die deutsche Literatur)》을 1925년 라이프치히 대학에 제출해 박사학위를 받았다.

프리드리히 대왕은 프로이센의 왕으로 독일제국의 기초를 쌓은 명장이자 계몽군주로서 음악과 문학에도 조예가 깊었다.

프랑스의 계몽철학자 볼테르를 포츠담 궁전에 초대해 그의 지도를 받은 것으로도 유명하다.

그러나 프랑스 로코코 문화의 애호자인 대왕은 당시의 독일 문학을 이해하지 못하고 괴테의 《괴츠 폰 베를리힝겐(Götz von Berlichingen)》(1773)을 셰익스피어의 졸렬한 모방이라고 비판해 레싱을 비롯한 많은 문인들의 반박을 초래하기도 했다. 케스트너는 그 논쟁을 정리하면서, 프리드리히 대왕이 언어와 문명 및 외국 예술과의 관련성에 대해 중요한 문제제기를 했다고 지적했다.

다시 말해 케스트너는 민족문학이 아닌 세계문학의 가능성을 탐구했던 것이다. 케스트너는 레싱이나 괴테 또는 셰익스피어를 부정한 것이 아니라 문화의 세계성을 발견하고자 했고, 프리드리히 대왕이 촉발한 논의에서 그 가능성을 찾고자 했던 것이다. 뒤에 케스트너가 반전 평화주의를 주장하고 작가들의 세계적 연대를 목표로 한 국제 펜클럽 활동에 참가하게 되는 계기를 우리는 여기서 발견할 수 있다.

이 학위논문은 40여 년 뒤 동독의 대학에서 발견되어 서독의 케스트너에게 보내졌다. 이 논문은 이어 1969년 《어른을 위한 케스트너 전집》에 그 일부가 수록됐고, 1972년에는 전문이 다 실린 완전판이 간행됐다. 반세기 전에 대학생이 쓴 논문이 이렇게 인쇄된 것은 그 유례를 찾기 어렵다. 이는 그 논문이 문화의 보편성에 대한 중요한 연구였기 때문일 것이다.

최초의 외국여행과 해고

학위를 받은 26세의 케스트너는 라이프치히뿐만 아니라 베를린, 드레스덴, 프라하 등의 신문과 잡지에도 글이 실리는 작가로 차차 이름을 떨치게 됐다. 명성도 얻었고 수입도 생겼다. 그런 그가 어릴 때처럼 어머니와 함께 하는 여행을 계획한 것은 당연한 일이었으리라. 그는 어머니를 모시고 최초의 외국여행에 나서 베니스와 스위스를 방문했다. 그 경험을 뒤에 그는 시 〈여행의 어린 동무(Junggesellen sind auf Reisen)〉로 쓴다.[20]

> 나는 엄마와 함께 여행한다. […]
> 우리는 프랑크푸르트, 바젤, 베른을 거쳐
> 제네바 호로 갔다.
> 엄마는 가끔 차비와 물건값에 대해 불평한다.
> 우리는 이제 루체른에 왔다. […]
> 엄마와 함께 여행할 수 있어 행복하다!
> 엄마란 언제나 가장 훌륭한 여성이기 때문이다.
> 어릴 적 엄마는 우리를 데리고 여행했고
> 이제 세월이 흘러 엄마가 어린 아이가 된 듯
> 우리를 따라 여행한다.

그런데 이듬해인 1926년 초에 케스트너는 신문사로부터 별안간 해고를 당했다. 베토벤을 모독한 시를 썼다는 이유에서다. 여인을 첼로처럼 안고 애무하는 오저(Erich Ohser)의 삽화가 곁들여진 〈실내악 명수의 밤노래(Abendlied des Kammervirtuo-fen)〉가 그것이다.[21]

> 그대 나의 제9교향곡이여!
> 장밋빛 레이스 잠옷을 입는다면
> 첼로처럼 내 무릎 사이에 놓고
> 네 부드러운 허리를 부여잡으리라!

여기서 '제9교향곡'이란 여인을 찬양하는 비유에 불과했다. 사실 사람들을 분노하게 한 것은 시가 아니라 오저의 삽화였다. 그러나 이 시가 발표된 해는 공교롭게도 베토벤이 죽은 지 100주년이 되는 해여서 대중은 그 진의를 제대로 이해하지도 못하고 분노로만 치달았다.

케스트너로서는 나이 들어 작가로서는 처음으로 맞은 위기였다. 한창 잘 나가는 시절에, 그것도 연초에 위기를 맞은 그는 아마도 엄청난 충격을 받았을 것이다. 그러나 그는 절망에 빠지지 않았다. 그는 삶은 언제나 위험하고, 따라서 언제나 낙관해서는 안 된다는 교훈으로 위기를 받아들였다.

따라서 삶은 언제나 조심스러워야 한다. 그리고 언제나 주의해야 한다. 한때 그의 작품에 열광하던 대중은 언제나 돌아설 수 있는 존재였다. 명성은 언제나 사라질 수 있는 것이었다.

최상의 삶은
이미 정확하게 아는 것에도 주외하는 것이다.
사람은 열려있는 문에도
머리를 부딪칠 수 있으니까.

케스트너는 대중의 태도와 그에 영합하는 신문사의 태도에 분노했던 게 틀림없다. 그러나 그는 분노가 치밀 때 오히려 침묵할 필요가 있다는 교훈도 배웠다.

사람들은 가슴에 분노가 일 때
고요히 있는 법을 배워야 한다.
하고 싶은 말이 많아도
절대 입을 열어서는 안 된다.

3장

베를린의 황금 시절

베를린

1927년 일자리를 잃은 케스트너는 베를린으로 상경했다. 그러나 그는 조금도 풀이 죽거나 실망하지 않았다. 베를린에 도착하자마자 케스트너는 삽화가인 오저와 함께 베를린을 묘사한 글과 그림을 지방신문에 팔아 상당한 돈을 벌었다.

뒤에 케스트너는 "당시 베를린은 세계에서 가장 재미있는 대도시였다"고 회상했다. '민주주의의 독재'로 일컬어진 바이마르 체제의 자유를 문화인들은 만끽했다. 그야말로 황금시절이었다. 그래서 '황금의 20년대'라고도 한다. 케스트너도 1927년부터 나치에 의해 집필을 금지당하는 1933년까지, 즉 28세부터 34세까지 6년간에 걸쳐 그의 일생을 결정지은 걸작들을 쏟아

냈다.

사실 베를린은 새로운 독일 '바이마르 공화국'의 중심이었다. 행정수도이기만 했던 게 아니라 정치, 경제, 사회, 문화의 중심이기도 했다. 루드비히 마르쿠제(Ludwig Marcuse)는 《우리 20세기》에서 "바이마르 공화국은 베를린에서 시작되어 베를린에서 끝났다. 따라서 베를린 공화국이라고 해야 한다"고 말했다.

베를린은 1차대전 전까지는 유럽의 다른 대도시들에 비하면 미술적 가치가 있는 건물이 적은 시골풍의 대도시에 불과했다. 그곳이 러시아 망명자들을 받아들이면서 중부 유럽의 중심으로 발전하고 마침내 세계적인 환락도시로 변한 것은 1차대전 이후였다.

베를린은 브란덴부르크 문을 경계로 하여 동서 양구로 구분됐다. 동구는 과거 프로이센 왕국의 수도로서 역사를 갖고 있었지만, 서구는 숲과 들판이었던 곳이 20세기부터 발전한 신흥지역이었다. 1945년 이후 동서 양구는 각각 동서독에 귀속됐다.

도시의 팽창은 도시대중을 낳았다. 제정시대의 사회계층은 크게 둘로 나누어졌다. 하나는 귀족과 군인, 그리고 그 지지기반인 부르주아와 관료였고, 다른 하나는 노동자계급이었다. 그러나 19세기부터 20세기에 걸쳐 농촌인구가 도시로 대거 유입되고 상공업이 발전하면서 그 중간에 화이트칼라 샐러리맨 계층이 새로이 등장했다. 특히 1923년 말부터 마르크화가 안정되면서 샐러리맨들이 대중문화의 주체가 되기 시작했고, 베를린은 그들 문화의 도시로 변했다. 케스트너가 베를린에 간 것은 그로부터 4년 뒤였다.

피지배자 의식이 강한 블루칼라와 달리 화이트칼라는 정치적으로 뿌리가 없는 존재다. 그래서 그들은 블루칼라와 함께 대중을 형성해 대중문화의 향유자로 등장했다. 그들은 사회의식이나 계층의식에서 블루칼라와 달랐음에도 불구하고 대공황으로 인해 프롤레타리아로 변하면서 나치즘에 이용당했다.

베를린 르네상스인가

흔히 1920년대 베를린에서는 세계 문화사에서 16세기 피렌체의 르네상스에 비견될 정도로 폭발적인 문화 창조가 있었다고 평가된다. 그러나 이런 평가에 대해서는 주의가 필요하다. 그것은 사실 1920년대에 활약한 문화인들이 그 후 나치에 쫓겨 해외로 망명하고 난 뒤에 만든 신화에 불과하기 때문이다.

사실 새로운 것은 없었다. 왜냐하면 그 뿌리가 이미 19세기 말에 생겨난 것이었기 때문이다. 그러나 1920년대에 와서 새로운 민주화와 함께 이전의 아카데미즘이 쇠퇴하고 새로운 문화적 아웃사이더들이 문화의 주도권을 쥐게 된 것은 명백한 사실이었다.

그런 변화도 대단한 것이라고 평가할 수는 있다. 왜냐하면

보수적인 문화계에서 변화가 일어나기란 매우 어려운 일이기 때문이다. 예컨대 민주화가 일정 정도 이룩됐다는 1990년대 이후의 한국 문화계를 보라.

지금의 한국과 달리 80년 전 독일에서는 그런 변화가 가능했다는 것인데, 그 이유는 무엇이었을까? 우선 정부 당국의 노력이 있었다. 패전으로 인한 고통 속에서 정치 지도자들은 의도적으로 문화 르네상스를 이루고자 했다. 그래서 그들은 교육과 예술 부문에 대해 과거 제국시대를 크게 넘어서는 예산을 지출했고, 그 예산은 특히 새로운 전위예술의 실험에도 제공됐다.

그러나 이것만으로는 충분한 설명이 될 수 없다. 나는 무엇보다도 당시 베를린에서 정치적, 경제적, 사회적 변혁이 모색되고 있었다는 점이 가장 중요한 요인이었다고 본다. 당시 베를린에서는 새로운 모험들이 끊임없이 실험됐고, 새로운 것에 대한 강렬한 열광과 혐오감이 동시에 표출됐다. 특히 국제적 감각을 지닌 유태인들에게서 과감하게 나타난 그러한 실험정신은 자신에 대한 격렬한 저항에 더욱 격렬하게 대립하면서 강화됐다.

또한 당시 베를린은 주민 수에서 런던과 뉴욕에 이어 세계 3위의 도시였으나, 상대적으로 교양의 수준이 더 높고 감수성이 풍부했다는 평가도 있다. 그러나 이런 평가에 대해서는 당시의 런던이나 뉴욕의 시민들이 좋아하지 않았으리라. 또한 그렇게 평가할 객관적인 근거도 없다.

그렇지만 당시 베를린은 세계 최고의 문화시설들이 있고 가장 많은 종류의 신문이 발행되는 도시였다. 게다가 이미 50만 대의 전화기를 통해 매일 125만 건의 통화가 이루어져 세계에서 가장 전화 걸기를 좋아하는 도시였고, 가장 빠른 도시철도가 운행되고 있었던 게 사실이다. 말하자면 베를린은 최첨단의 현대 도시였다.

이런 당시의 베를린은 독일인들의 일반적인 보수성에 비추어볼 때 매우 예외적인 현상이었다. 지금도 컴퓨터가 아닌 타자기를 그대로 사용하는 독일인의 모습을 볼 수 있다. 그럴 때면 그들이 우리보다 훨씬 후진적이라는 느낌이 들기도 한다. 그러나 당시의 독일, 특히 그 수도인 베를린은 달랐다. 80년 전 그곳은 지금의 우리처럼 신흥공업국이었기 때문이다.

그렇지만 1920년대 베를린에서 생긴 '새로운' 문화가 대중적이었다고는 결코 말할 수 없다는 데 주목하자. 예컨대 1918년부터 1933년 사이에 50만 부 이상 팔린 베스트셀러 34권 가운데 '새로운' 작가가 쓴 책은 단 두 권뿐이었다. 바로 케스트너의 《에밀과 탐정들》과 레마르크(Erich Maria Remarque, 1898~1970)의 《서부전선 이상 없다(Im Westen nichts Neues)》가 그것이다.

그 34권 가운데 그나마 바이마르 공화국의 정신을 담고 있다고 할 수 있는 것은 위 두 권과 함께 토마스 만의 《부덴브로크 일가(Buddenbrooks)》 정도였다. 그러나 토마스 만의 이 책은 1901년에 처음 출간됐으므로 결코 당시의 '새로운' 것이 아니었다. 게다가 예술가와 시민의 대립을 주제로 한 이 작품의 내용은 당시의 문학사조에서 봤을 때 '새로운' 것이 더더욱 아니었다.

따라서 당시 대중이 즐겨 읽은 베스트셀러 작가는 전혀 바이마르적이지 않은 작가들이었고, 그중에서 우리가 아는 사람은 한스 카로사(Hans Carossa, 1878~1956) 정도에 불과하다. 나머지는 대부분 통속소설이거나 모험소설로서 지금은 누구도 기억하지 못하는 것들이다.

그러므로 '베를린 르네상스'란 사실 대단히 한정적인 것이었다. 즉 아주 예외적인 몇몇 예술가들 사이에서 일어난 현상이었고, 대중은 그것에 대해 거의 무관심하거나 오히려 반발했다.

만과 카로사

우리나라에서 가장 널리 알려진 독일문학 작가는 단연 토마스 만이다. 이에 비해 한스 카로사는 과거 그가 소개되던 열기에 비해 지금은 한물간 듯한 느낌을 주기도 한다. 하지만 나와 같은 세대는 카로사의 작품을 상당히 많이 읽었다.

만의 작품들은 예술가의 입장에서 시민시대를 비판적으로 묘사했다는 점에서 특징적이다. 즉 그의 초기 작품에 나타나는 대부분의 주인공들은 시민시대 사회와의 긴장 때문에 괴로워하거나 파멸하는 예술가다.

그런데 만은 그런 갈등을 사회적인 관점이 아니라 개인적인 관점에서 묘사했다. 그런 갈등이 가장 명료하게 나타난 《토니오

토마스 만   한스 카로사

크뢰거(Tonio Kröger)》(1903)에서 주인공은 자신이 "예술 안에서 길을 잃은 시민이며, 훌륭한 예의범절을 그리워하는 보헤미안이며, 양심의 가책을 느끼는 예술가"라고 고백한다. 그래서 그는 바쁜 시민사회에서 탈출하고자 하나 그것은 불가능하고, 어느 쪽에도 안주하지 못한다.

이러한 개인적인 관점은, 사회적인 관점이 중시되던 1920년대에는 당연히 이미 한물간 것으로 여겨졌을 것이다. 따라서 그런 개인적인 관점의 작품들이 한국에서 독일문학의 가장 중요한 부분으로 논의된다는 점에는 문제가 있다고 하지 않을 수 없다.

이 점은 카로사의 경우 더욱 뚜렷하다. 최근 독일에서 나온 독일문학사 책에는 그의 이름이 아예 등장하지 않을 정도로 무시되고 있다. 이런 그의 작품들이 대부분 번역될 정도로 우리나라에서 그가 인기를 끌었다는 점이 나로서는 도저히 이해가 되지 않는다. 도대체 왜 카로사였던가?

나치의 대두

문화의 르네상스가 꽃핀 당시의 독일은 서서히 파시즘에 물들고 있었다. 나치의 양대 지주인 국가주의와 반유대주의는 이미 1차대전 중에 시작됐다. 그 중심은 뮌헨에 설립된 '토레 협회'와 '독일민족지상주의 공수(攻守)동맹'이었다. 토레 협회는 1912년 라이프치히에서 설립된 '게르만 기사단'의 바바리아 지부로서, 나치의 전신인 독일노동자당도 그 산하에 있었다. 토레 협회는 처음에는 극우 민족주의자들의 사교단체였으나, 1920년 '국가사회주의 독일노동자당(NSDAP, 나치)'으로 바뀌었다.

한편 독일민족지상주의 공수동맹은 1919년 독일제국을 지지하는 단체인 '범독일 연맹'에 의해 설립된 반유대주의 민족주의 단체로서, 1921년 말에는 회원 수가 14만 명에 이르렀다. 그러나 1922년 외무부 장관 라테나우의 암살 이후 프로이센에서 활동을 금지 당해 대부분의 회원들이 나치에 입당했다.

베르사유 조약에 의해 독일의 정규 국방군은 40만 명에서 10만 명으로 축소됐고, 해고된 장교와 병사들로 구성된 '향토방위 지원병 부대'도 1921년 연합군의 강요와 중앙정부의 압력에 의해 해산당했다. 그러나 스파르타쿠스단의 봉기가 실패로 끝난 뒤에도 계속 봉기가 이어졌다. 이에 따라 국방부 장관 노스케가 의용군의 결성을 호소했고, 각 지방의 사설 준군사단체와 지방 주민들로 조직된 '지원 향토군'이 각 지방의 봉기를 진압했다. 그리고 의용군과 지원 향토군은 극우 민간 국방단체로 유지됐다.

당시의 우익활동을 뒷받침하는 저술들도 나타났다. 슈펭글러의 《서구의 몰락》과 《프로이센주의와 사회주의》(1919), 브루크의 《제3제국》(1939) 등이다. 《서구의 몰락》은 대단히 난해한 책임에도 불구하고 1922년경에 베스트셀러가 됐다. 이것은 근대 시민사회의 산물인 합리주의와 그 정치적 산물인 의회제 민주주의를 부정하는 책이다. 《제3제국》은 6월에 체결된 베르사유 조약에 반대한다는 뜻으로 결성된 '6월회'의 활동 산물로서 베르사유 체제와 함께 바이마르 체제, 자유주의, 마르크스주의에 반대하고 민족주의를 주장한 책이다. 당시 무리한 배상을 청구한 연합국과 그것에 강력하게 대처하지 못한 바이마르 체제를 혐오하던 대중에게 이 책은 급속하게 인기를 얻었다.

'제3제국'은 뒤에 나치의 국명으로도 사용됐으나, 브루크의 《제3제국》에서 제3제국이란 '새로운 최후의 나라'라는 형이상학적 의미를 갖는 것으로, 국가라고 하는 구체적 정치개념을 나타낸 것이 아니었다. 게다가 6월회는 정신적 귀족을 자처하여 나치의 반유대 사상이나 대중운동을 경멸했다.

이러한 우익사상은 독일민족을 순수한 민족으로 보는 국수주의적 세계관에 근거했다. 그들에게는 민족이 국민보다 우월

한 것으로 인정됐다. 왜냐하면 국가에는 이민족도 포함될 수 있기 때문이었다.

나치의 퇴조와 부활

1922년 이탈리아에서 무솔리니가 집권하면서 파시즘이 전 유럽에 나타났으나, 독일에서는 1923년 성립된 슈트레제만 내각이 배상금 지불방법을 합리화한 도스안(Dawes Plan)의 실시를 통해 미국 등의 외국 자본을 유입시키고 경제상황을 호전시켜 5년간의 안정기를 맞았다.

1923년 11월 히틀러가 뮌헨에서 폭동을 일으켰다. 폭동은 하루 만에 진압되고 히틀러는 체포됐다. 그러나 우경적이었던 바이마르 법조계에 의해 히틀러는 9개월 만에 보석으로 출옥했다. 폭동이라는 수단이 효과가 없음을 알게 된 히틀러와 나치는 당을 정비하여 1924년 5월 총선에서 32석을 얻었다. 그러나 같은 해 12월 총선에서는 14석, 1928년 총선에서는 12석을 얻는 데 그쳤다.

이렇게 퇴조하던 나치를 부활로 이끈 것은 1929년의 대공황이었다. 외국 자본이 급격히 빠져나가 독일 경제는 다시 파탄 상태에 빠졌고, 배상금의 연차적 지불도 그 액수가 줄여졌음에도 불구하고 불가능하게 됐다. 히틀러는 이 배상금 지불에 반대하는 운동을 주도함으로써 지도자로서 주목받게 됐다. 나치가 주도한 지불반대 국민투표는 부결됐으나, 이 국민투표에서 얻은 580만이라는 득표수는 그 뒤의 활동에 원동력이 됐다.

1925년 힌덴부르크가 대통령에 취임함으로써 바이마르 민주정치가 끝나고 대통령 정치 시대가 시작됐다. 그 특징은 바이마르 헌법 48조에 규정된 대통령 긴급령의 행사였다. 그러나 그것을 국회에서 사민당이 투표로 파기하자 의회가 해산됐고 1930년 총선이 실시됐다. 나치는 1928년 의석의 9배인 107석을 획득하고 제2당에 올랐다.

그 후 경제공황은 더욱 악화되어 생산지수는 계속 떨어졌고, 실업자가 전체 노동자의 절반에 이르렀으며, 정부는 배상 거부와 재군비라는 강경책으로 치달았다. 그런 가운데 1932년 힌덴부르크 대통령의 임기가 끝났다. 그는 84세의 고령이었으므로 히틀러가 대통령이 될 가능성이 있었다. 1925년 선거에서는 힌덴부르크에 반대한 사민당까지 힌덴부르크를 지지하여 그가 재선됐으나 사실상 정치활동은 불가능했다.

신즉물주의

케스트너를 비롯한 1920년대 독일문학의 한 경향을 흔히 신즉물주의라고 부른다. 이는 그 원어인 '노이에 자할리히카이트(Neue Sachlichkeit)'를 일본인이 번역한 말이다. '즉물주의'를 '사실주의'로 이해할 수도 있다. 즉, 이전의 표현주의가 극단적인 정열에 사로잡혀 관념적으로 흘러감으로써 예술작품을 내용이 없는 것으로 만들었다고 비판하고, 현실을 냉정하게 관찰하고 사회현상을 객관적으로 정확히 파악하는 것을 통해 사실적인 묘사를 추구한 것이 신즉물주의라고 이해할 수 있다. 따라서 그 구체적인 내용은 전쟁 체험, 시민적 사회질서의 붕괴, 전후 사회 속에서의 개인의 위기 등이다.

신즉물주의의 대표적인 작가로는 에른스트 윙거(Ernst Jünger, 1895~1998), 루드비히 렌(Ludwig Renn, 1889~1979) 등이 있으나, 우리에게 가장 잘 알려진 작가는 반전소설 《서부전선 이상 없다》(1929)를 쓴 레마르크다.

케스트너도 소설 《파비안》으로 이 계열에 속하는 작가로 분류되기도 하나, 주의할 점은 그의 작품들 모두가 그렇다고 볼 수는 없다는 점이다. 예컨대 그의 소년소설을 이런 계열에 집어넣을 수 없음은 너무나도 분명하다. 그러나 《에밀과 탐정들》을 비롯한 그의 작품에 그런 요소가 전혀 없는 것도 아니다.

베르톨트 브레히트(Bertolt Brecht, 1898~1956)도 초기에는 표현주의나 추상주의에 대한 반발에서 신즉물주의 입장에 속했으나 곧 사회주의 작가로 넘어가, 케스트너처럼 한때 몸담은 데 그쳤다. 칼 추크마이어(Carl Zuckmayer, 1896~1977) 역시 그랬다.

베를린과 친구들

케스트너는 라이프치히 시절부터 베를린에서 간행되던 〈세계무대(Weltbühne)〉라는 잡지에 기고했다. 이 잡지는 무당파 좌익 지식인층에 절대적인 영향력을 행사했다. 1차대전에 패배하기 전에 야콥손(Siegfried Jacobson)을 중심으로 미술잡지 〈무대〉로 출발한 이 잡지는 한때는 발행부수가 2만 부에 이르렀다.

이 잡지는 야콥손이 죽은 해인 1926년에 평화운동의 선구자인 오시에츠키(Carl von Ossietzky, 1889~1938)와 투홀스키(Kurt Tucholsky, 1890~1935)가 편집을 맡으면서 진보적 잡지로 유명해졌고, 두 사람의 존재는 잡지의 부수를 훨씬 뛰어넘는 영향력을 발휘했다.

권두언을 담당한 오시에츠키는 정치비평가로서, 1929년에 헌법상 금지된 국방군 공군전투력 분야의 재군비 사실을 폭로

투홀스키   오시에츠키

한 것으로 1931년에 재판을 받고 18개월간 금고형을 받기도 했다. 헌법에 위반되는 국방부의 활동에 대한 책임을 형법에 따라 추궁하는 게 법원의 임무였으나, 도리어 법원은 그 위법 사실을 폭로한 오시에츠키를 처벌했던 것이다. 나치 집권 후에도 그는 케스트너와 같이 망명하지 않다가 1933년 강제수용소로 끌려갔고, 1938년에 고문으로 병사했다. 그는 강제수용소에 갇혀 있던 1936년에 노벨평화상을 받았다.

케스트너는 〈독일의 기념편력 1938〉에서 다음과 같이 노래했다.

여기 인간을 믿었던 사람이 죽어 있다.
그는 앞뒤가 꽉 막힌 경찰관들보다
더 둔한 사람이었다.

오시에츠키와 투홀스키의 죽음에 대해서는 그들과 케스트너의 친구였던 발터 메링(Walter Mehring, 1896~1981)의 노래가 남아 있다. 제목은 〈마르세유, 1940년 섣달 그믐날, 일기〉다. 이 시에서 그는 두 사람의 죽음과 함께, 앞에서 보헤미안의 원조로 소개한 뮈잠의 죽음도 추도한다.

가장 좋은 해의 독일 포도는
수확 전에 그 삶을 버렸네…

뮈잠, 시인이자 반항적 거인,

마치 비루먹은 개처럼 목 졸려 죽었지.

오시에츠키, 사람들이 그리도 괴롭힌

그래서 그는 볼테르처럼 미소 지으며 떠났네.

그에게 평화상이 주어졌을 때

방금 죽음과 화해했노라…

가장 좋은 해의 독일 포도는

수확 전에 그 삶을 버렸네…

쪽지 하나가 나부낀다 — 거의 읽을 수 없다.

"우리가 조롱한 우둔함…

그것이 역사를 만든다. 그것이 지배한다…

투홀스키는 쓴다… 나를 개입시키지 말라!"

스웨덴에서 병이 났지만, 개심하지 않고

그는 독병을 비웠노라…

투홀스키는 베를린 특유의 유머를 구사하면서 공격적인 사회적 풍자시를 썼다는 점에서 케스트너와 통했고, 케스트너보다 더욱 단호했다. 두 사람의 저서는 모두 나치에 의해 불탔으나, 투홀스키는 국내에 머문 케스트너와 달리 1929년 스웨덴으로 망명했고, 1935년 자살했다.

투홀스키는 베를린 사람들의 투철한 정의감, 대중, 국가의 파토스, 사법 비리, 단체 조직원, 시대 순응자, 지방의 어리석음, 보복하기 좋아하는 속물성과 광신적 국수주의 등을 관찰하고 비판했다.

그는 기도집 《독일, 세계에 군림하는 독일(Deutschland, Deutschland über alles)》(1929)에서 정치적 시대시(Zeitgedicht)로 바이마르의 법률, 사회적 억압 및 착취, 새로이 등장한 파시즘에 맞섰다. 그는 〈합창과 독백〉이라는 시에서 순수문학을 추구하는 시인과 그것에 대항하는 민중의 대립을 보여준다. 먼저 시인이 독백한다.

> 나는 조용하고 평온하게 유유자적하면서 시를 쓴다.
> 내가 영혼의 끈들을 얼마나 세련되게 분석하였는가,
> 그 한 가닥 한 가닥을 심리적으로 묘사하며
> 그 뉘앙스 속에 궁극적인 의미를 부여한다.

이에 실업자들과 프롤레타리아 어머니들이 다음과 같이 합창한다.

> 우리에겐 뉘앙스를 따질 시간이 없어!
> 우리는 곰팡내 나는 굴속 같은 집과 가스관 속에서 밤을 지내야 해!

기다리고 또 언제까지고 기다릴 마음은 없어!

우리의 궁핍 때문에 비로소 그대의 고독과 그대의 평온과 그대의 정원이 생겨나지!

이어 노동자들은 '인터내셔널'을 합창한다. 그러나 투홀스키 역시 케스트너와 마찬가지로, 혁명에 대해 확신을 가진 프롤레타리아 작가는 아니었다. 그는 파쇼화의 진전에 따라 더욱 커진 체념과 우울을 서정시로 풀어냈다. 특히 그는 〈10년간의 독일혁명〉에서 빗나간 바이마르 체제를 슬퍼했다.

그대는 더 편한가? 감옥 속 사내여?
그대들 모두에게 공화국은 무얼 가져다주었나?
우린 공화국이다.
검정, 하양, 빨강 띠를 가진…
우린 노력하고 있다, 엄격히 설립자의 뜻에 따라 상점을 운영하려.
여기 재판관들이 있다, 그들은 황제 치하 재판관들보다 더 나쁘다.
여기 산업이 지배한다, 전쟁 전보다 더욱 미친 듯이.
여기 융커들이 있다, 황제 치하에서 언제나 있었듯이.
여기 교회는 승리에 승리를 거듭한다.
우린 공화국이다.
우린 사회민주주의자들의 도움으로 옛 군대를 유지하고 있다.
혁명은 실내 홀에서 거행되고 있다, 궂은 날씨 탓으로.

축복 받을지어다, 그런 공화국을 가진 자는!

어서 오십쇼! 입장료는 생각해서 주시구려!

우린 회사를 바꾸었다. 그러나 가게는 옛날 그대로다.

그러나 여기서 우리는 당시 베를린, 그리고 독일에만 《세계무대》와 같은 잡지가 있었다고 생각해서는 안 된다. 오스트리아 빈에서는 칼 크라우스(Karl Kraus)가 개인적으로 《햇불(Fackel)》이라는 잡지를 발행했다. 그 외에 비판적 지식인들 사이에 유명했던 몇몇 잡지들은 야당지로서 일정한 정치적 영향력은 발휘했지만, 발행 부수가 적어 대중출판에 대응하지 못했다.

당시의 대중출판은 국수주의적 입장의 큰 출판사들이 반유대주의, 반민주주의, 반지성주의의 작가들에게만 지면을 제공했다. 그들은 싸구려 소책자 통속문학을 수백만 부씩 독서시장에 쏟아냈다.

첫 시집 《허리 위의 심장》의 성공

1928년에 케스트너의 처녀 시집인 《허리 위의 심장(Herz auf Taille)》이 간행됐다. 그는 이 시집으로 최초의 성공을 거두었다. 시집은 금세 1만 5000부가 팔렸고, 케스트너는 일약 독일을 대표하는 시인으로 떠올랐다. 한국에서 《마주보기》가 100만 부나 팔린 것과는 비교될 수도 없는 것이었지만.

'허리 위의 심장'이란 심장을 신성시하지 않는다는 뜻[22]으로, 이 시집은 대도시의 적나라한 관능적 모습을 보여준 풍속 풍자시들로 구성된 것이다. 즉 서정적인 서경이나 감상적인 연애 찬가와는 전혀 다른 것이라고 할 수 있다.

이 시집에서 가장 유명한 시 〈그대는 아는가, 대포가 꽃피는 나라를?〉은 괴테가 노래한 〈미뇽(Mignon)〉을 패러디한 것이다. 괴테의 시가 정치로부터 벗어나고자 한 것이었던 반면, 케스트너의 시는 나치가 대두하고 재군비를 서두르는 반동적 풍조를 풍자한 것이었다는 점에서 대조적이다. 이런 설명은 괴테를 비판하는 것으로도 읽힐 수 있으나, 우리에게는 그런 점이 그리 중요하지 않다. 케스트너의 이 시는 앞에서도 읽었지만, 여기서 다시 한 번 읽어볼 만한 가치가 충분히 있다.

그대는 아는가, 대포가 꽃피는 나라를?
그걸 모르는가? 알게 되리라!
그곳에선 모든 일터가 병영 같고
지배인들이 거만하게 버티고 있다.

그곳 사람들 넥타이 밑엔 병장 단추가 있다.
그리고 눈에 보이지 않는 철모를 쓰고 있다.
그곳 사람들은 얼굴은 있으나 머리가 없다.
그리고 잠자리에 들면 바로 자손을 번식한다!

그곳에선 상관이 무엇을 원하면
— 뭔가를 원하는 게 그의 직업이다 —
정신 차리고 우선 차렷 자세, 그 다음엔 부동자세다.
우로 봐! 그리고 누운 자세로 굴러!

그곳에선 아이들이 작은 박차를 달고
머리엔 가르마를 타고 태어난다.
그곳에선 민간인으로 태어나지 않는다.
그곳에선 주둥이를 다무는 자만이 승진한다.

그대는 그런 나라를 아는가? 그 나라는 행복할 수 있으리라.
행복할 수 있고 행복해질 수 있으리라!
그곳에는 농토, 석탄, 철과 돌이 있고
근면과 능력, 그리고 다른 아름다운 것도 있으니까.

가끔 그곳에는 정신과 선도 있다!
그리고 참된 의협심도, 그러나 정말 드물게.
그곳에는 아이가 두 번째 남편에게서 태어나
장난감 병정과 놀려 한다.

그곳에선 평화가 익지 않는다. 평화는 초록색에 머물러 있다.
사람들은 무엇을 지어도 언제나 병영이 된다.

그대는 아는가, 대포가 꽃피는 나라를?
그대는 그걸 모른단 말인가? 그대는 그 나라를 알게 되리라!

이 시가 쓰인 지 5년 뒤 독일 전체는 군대처럼 변해 모든 것이 통제되고 언론의 자유가 일체 인정되지 않는 상황에 이르렀다. 그러나 이 시는 앞으로 올 그런 상황을 미리 예언한 게 아니다. 그런 군대화, 병영화는 시가 쓰일 당시에 이미 현실로 나타나고 있었기 때문이다.

우리가 앞에서 본 〈공동묘지로부터의 소리〉에서 케스트너는 1차대전에 의해 희생된 죽음은 무의미하게 될 것이라고 노래했다. 전사들은 "우리는 무의미하게 죽었다. 어제 우리가 도살당했듯이, 너희도 내일 그렇게 되려고 하는가?"라고 묘 속에서 울부짖는다.

또 케스트너는 〈인간은 착하다〉에서 "도덕에도 중력의 법칙이 있다. 악인은 높아지고, 선인은 떨어진다"고 노래했다.

인간은 착하다. 그래서 고난에 빠진다.
좋은 세상은 사악한 자들의 것.
그리하여 고난에 빠진 자들은 기도하지.
주여! 우리에게 고통을 주옵소서.
신의 질서는 위대하기에 사악한 자들이여
저임금으로 마구 부려먹어라.

횡령하고 탈세하며

권력을 휘두르고 높은 빌딩을 쌓아 올려

구름 위에 앉아라.

그래도 인간은 착하기만 하다.

이 시에 대해서도 시의 내용 그대로 나치가 대두하고 선인들이 죽음에 처해지는 상황을 예언한 것이라는 분석이 있으나, 이는 잘못이다. 이 시는 권력과 자본에 의한 민중 노동의 착취가 이미 극단에 이르렀던 바이마르 공화국 시대를 그린 것이다.

《허리 위의 심장》에는 〈세상은 둥글다(Die Weld ist rund)〉라는 시도 들어있다. 번역된 《마주보기 2》에는 '착한 사람과 나쁜 사람의 차이를 알 수 없게 되었을 때' 이 시를 읽으라는 처방전이 붙어있고, 번역도 그런 식으로 돼 있다. 마치 "세상은 그렇고 그러하니 둥글둥글 살라"고 하듯이. 그러나 원래 이 시는 《서정적 가정약국》에는 없는 것이며 그런 처방시로 쓰인 것도 아니다. 도리어 배반당한 바이마르 민주주의에 대한 애가라고 할 수 있는 것이니, 그런 번역은 터무니없다.

세상은 둥글다. 원래 그렇기에.

정해진 앞도 뒤도 없다.

세상을 뒤에서 보는 자는,

그것을 똑바로 본다!

게다가 꿈과 달빛이 있고
어딘가에도 작은 마을이 있다.
다른 게 아니다. 그래야 하기 때문이다.
그대가 죽으면 싫증이 나리라.

인간은 둥글게 되어 지배자로 편협해진다.
일요일이면 연미복을 입고 포식한다.
아무도 그대를 존경하지 않으면
주둥이를 후려친다.

어리석어라. 그리고 그것을 이해하라.
어리석은 만큼 현명하다.
내일은 방호부대에서
그대를 원님과 주막주인과 함께 부르리라.

그대 여인과 가끔은 밤을 지새워라.
관습이 그렇다. 거리의 거래라고 한다.
인간을 업신여김은 쓸데없는 짓이다.
세상은 흐리기에 공허하다.

남쪽 정원에는 측백나무가 있다.
허파가 없는 사람은 그곳에서 건강하다.
벌지 못한 사람은 먹을 필요도 없다.
보통 아이들은 새로이 8파운드나 나간다.

[…]

그래, 세상이 정방형이라면!
모든 어리석은 자가 수세식 변소에 빠진다면!
더 이상 인간은 존재하지 않으리.
인생은 깨끗하리.

지빠귀와 오랑캐꽃이 웃는다!
세상은 둥글게 남는다. 그리고 그대는 바보로 남는다.
인간을 업신여김은 쓸데없는 짓이다.
밧줄을 가져오라. 그리고 그것으로 죽어라.

공산주의 비판

앞에서 케스트너가 하이네의 영향을 받았음에 주목했듯이 케스트너가 공산주의에 대해 비판적이었다는 점에 주의할 필요가 있다. 공산주의에 대한 그의 부정은 전후에도 지속됐다. 그가 기고한 〈세계무대〉는 무당파 잡지였고, 그는 평생 자유주의자였다. 〈공산주의의 실체〉라는 시에서 그는 이렇게 말했다.

똑같이 잘 살자는 이야기는
다같이 거지가 되자는 이야기일지 모른다.

또한 〈유물사관〉에서는 다음과 같이 노래했다.

유물론의 절대 원칙은
지구상의 모든 것에
맹종하는 것이다. 모든 것에!

그는 사장과 직공의 공존을 주장했다.

직공은 가슴을 쑥 내밀고
사장은 배를 꼭 집어넣어라.

사장은 품이 넉넉한 윗도리 속에
두터운 뱃가죽을 한 겹 더 가지고 있다.
멍청한 시선으로 복종을 강요한다.
포동포동한 손가락에 여송연을 꼬나들고
공원들의 궁핍을 이해한답시고

근엄하게 고개를 끄덕인다.

바싹 마른 직공은 상대적으로 키가 커 보인다.

딱딱한 빵에 걸쭉한 죽을 묻혀 먹는다.

숨쉬는 건 비용이 들지 않으니

그들로서는 여간 다행스러운 게 아니다.

사장은 기름 낀 배나마 집어넣어라.

직공은 헛바람만 잔뜩 마신 가슴을 쑥 내밀어라.

달라지려고, 이해하려고 애써 보라.

당시 독일에는 베르톨트 브레히트, 에른스트 톨러(Ernst Toller, 1893~1939), 안나 제거스(Anna Seghers, 1900~1983), 프리드리히 볼프(Friedrich Wolf, 1888~1953) 등이 대표하는 공산주의 계열의 문학가들이 있었다. 그들은 1928년 '프롤레타리아혁명작가동맹(BPRS; Bund Proletarische Revolutionärer Schriftsteller)'을 결성했고, 이 단체는 1927년에 조직된 범국제적인 펜클럽에 맞서 결성된 '국제혁명작가협회(IVRS; Internationale Vereinigung Revolutionärer Schriftsteller)'의 독일지부가 됐다. 뒤에 자세히 살펴보겠지만, 케스트너는 1931년 펜클럽에 가입했다. 이에서 알 수 있듯이 그는 프롤레타리아혁명작가동맹 등과는 무관했다.

물론 당시 독일에 공산주의 계열의 작가들만 있었던 것은 아니다. 오히려 그들은 소수자의 위치에 있었다. 우리가 아는 독일 작가들 중 당시 가장 유명했던 베스트셀러 작가는 헤세(Herman Hesse, 1877~1962)였다. 우리에게 헤세는 지극히 비정치적인 작가로 알려져 있으나, 그가 다룬 주제는 릴케나 만과 마찬가지로 자본주의 사회의 인간소외라는 문제였다. 헤세의 작품 중 예컨대 1919년의 《데미안(Demian)》, 1922년의 《싯다르타(Siddhartha)》, 1927년의 《황야의 이리(Steppenwolf)》는 모두 인간소외의 문제를 다룬 것이었다. 하지만 그 해결책은 어느 작품에서나 내면에의 길이다. 내면으로 향하는 그의 첫 작품인 《데미안》의 첫머리에서 헤세는 "모든 인간의 삶은 자기 자신으로 향하는 길이며, 그 길의 실험이다"라고 말한다.

《황야의 이리》는 스스로 황야의 이리라고 느끼는 주인공 하리 할러의 내면에서 일어나는 인간적 본성과 동물적 본성 사이의 인격분열을 통해 소외를 형상화한 작품이다. 헤세는 소외의 문제를 심리적인 것으로 축소시키고, 정신성과 충동성 사이의 형이상학적 이원론으로 양식화했다. 따라서 소외의 사회적 원인과 구조는 배제된다.

그래도 《황야의 이리》는 개인의 불구화와 기형화, 그리고 문화적 붕괴를 직접 테마로 삼아 추구한 반면, 《싯다르타》는 먼 동양으로 도피하여 독자들로 하여금 불교적 관념을 통해 고통스러운 삶을 정신적으로 극복하게 한다. 이러한 정신주의적 작가와 공산주의적 작가 사이에 케스트너가 있었다고 볼 수 있다.

동화를 쓰다

케스트너가 아동문학을 시작한 계기는 정말 우연이었다. 〈세계무대〉를 창간한 야콥손의 미망인으로부터 권유를 받은 게 그 계기였다. 야콥손의 미망인은 아동물 출판사를 차리고 《두리틀 선생》 시리즈와 카렐 차페크의 작품을 독일어로 펴내고 있었는데, 독일에는 아동문학 작품이 없다면서 케스트너에게 아동물을 쓰도록 권유했다. 당시 케스트너는 장르를 가리지 않고 무엇이나 쓰는 입장이었으나, 그래도 아동물은 생각해본 적도 없었기에 적이 당황했다.

그러나 그녀는 케스트너의 작품 속에 아동이 자주 등장하니 그가 아동에 대해 잘 알 것이고, 한 발자국만 더 다가서면 아동물을 충분히 쓸 수 있을 것이라고 격려했다. 이를 계기로 케스트너가 어린 시절을 회상하며 단숨에 쓴 것이 바로 1928년에 나온 《에밀과 탐정들(Emil und die Detektive)》이다.

그 이야기는 간단하다. 케스트너의 어머니처럼 가난한 미용사인 홀어머니와 함께 사는 외아들 에밀은 방학 때 베를린에 사는 아저씨에게 어머니의 돈 심부름을 하러 갔다가 도둑을 맞는다. 정차한 역에서 도둑을 따라간 에밀은 어느 매점 뒤에 숨어 감시를 하는데 호루라기를 가진 소년이 나타나 협력을 자청한다.

에밀과 그 아이는 소년들을 모아 탐정단을 조직하고, 도둑이 머물고 있는 호텔에 쳐들어가서 그를 붙잡아 경찰에 넘긴다. 경찰에서 그는 한 달 전에 은행을 털었던 수배자임이 드러난다. 에밀은 경찰서장으로부터 칭찬을, 은행으로부터는 사례를 받게 되고, 신문들은 그를 소년탐정으로 대서특필한다. 이 책에서 어른들은 아이들보다 못하여 그들로부터 배운다. '어른이 아이로부터 배운다'는 구조는 케스트너 동화의 공통된 특색이다.

그러나 이런 요약만으로는 충분하지 못하다. 우선 그 머리말부터 읽어볼 필요가 있다. '절대로 이야기의 시작이 아니다'라는 익살맞은 제목의 머리말에서 케스트너는 이 작품을 쓰게 된 과정을 설명한다. 그것은 그의 아동문학론, 아니 문학론이라고도 볼 수 있다.

그 내용에 따르면 케스트너는 원래 당시 아동문학의 정석대로 남태평양을 무대로 한 황당한 식인종 이야기를 쓰려고 했다. 그러나 어느 웨이터가 "작가는 눈으로 보아 알게 된 것만을 써야 한다"며 "우리 코앞에 있는 아이들의 이야기를 써보라"고 충고한다. 케스트너는 그 충고를 받아들여 《에밀과 탐정들》을 썼다는 것이다.

그 웨이터는 거위를 어떻게 구워야 하는지 모르는 어느 가정부가 거위 요리를 엉망으로 만들었다는 이야기를 하면서, 케스트너가 쓰려는 식인종 이야기도 그 거위 요리와 같다고 말한다. 작자인 케스트너는 대부분의 작가들은 그렇게 한다고 반박한다. 그러자 웨이터는 "맛있게 드세요"라는 둥 짧은 대답을 하며 무시하다가 자기 집 아이들 이야기를 해준다.

> 일을 쉬는 날에는 내 아이들에게 식당에서 일어난 일들을 이야기해준다. 음식을 먹고 줄행랑을 친 손님 얘기며, 곤죽이 되도록 취한 손님이 담배팔이의 뺨을 치려다가 마침 앞을 지나던 멋진 귀부인의 뺨을 명중한 얘기들을 들려주면, 우리 아이들은 지하실에서 천둥이 칠 때처럼 숨죽이고 듣는다.

사회적 아동문학으로서의 《에밀과 탐정들》

《에밀과 탐정들》의 머리말 다음에 나오는 '이야기를 만드는 그림 열 점'이라는 부분도 그 글을 쓰게 된 동기만큼이나 특이하다. 이 부분은 등장인물들과 배경을 설명하는 곳이다. 여기서 케스트너는 이 책을 집어든 아이들에게 그 열 점의 그림으로 이야기를 짐작해보라고, 아니 스스로 이야기를 만들어 보라고 권하는 것 같다. 적어도 호기심을 불러일으키는 구성임에 틀림없다. 주인공 에밀을 비롯한 등장인물들이 소개된 뒤 마지막으로 신문에 대한 설명이 나온다.

> 신문에는 무엇이든 실린다. 늘 일어나는 일들과 그저 조금만 다르면 된다. 송아지한테 다리가 네 개 달려 있으면 아무도 재미있다고 하지 않는다. 그렇지만 송아지에게 다리가 다섯 개나 여섯

개 달려 있다고 하자. 정말 있을 수 있는 일이다! 그런데 어른들은 그런 이야기를 아침을 먹으면서 읽고 싶어 한다.

그 다음에는 '이제 드디어 이야기가 시작된다'는 한 쪽짜리 설명이 나오고, 이어 18개 장으로 나누어진 스토리가 전개된다. 1장은 '난 외출복이 싫어!'다. 정장이라고 할 만한 외출복을 에밀은 싫어한다. 이는 자유로운 아이들의 자연스러운 심정이자 보헤미안인 케스트너의 자기표현이기도 하다. 에밀이 심부름하는 돈은 140마르크라는 소액인데도 어머니는 법석을 떤다. 이에 대한 케스트너의 설명이 나온다. 빈부격차에 대한 쉽고도 자연스러운 설명이다.

> 한 달에 2000마르크나 2만 마르크, 아니면 10만 마르크쯤 버는 사람이라면 물론 그렇게 소란을 떨 필요가 없다.
> 그러나 여러분은 이걸 꼭 알고 있어야 한다. 대개는 그보다 훨씬 조금밖에 벌지 못한다. 일주일에 겨우 35마르크를 버는 사람에게는, 여러분이 그렇게 생각하든 않든, 아껴 모은 140마르크란 엄청난 거액이다. 100마르크를 100만 마르크처럼 생각하는 이들도 셀 수 없을 만큼 많다. 그런 사람들은 100마르크를 쓰면서 0이 여섯 개쯤 붙어있는 듯이 쓴다. 100만 마르크가 얼마만큼이나 되는 돈인지는 꿈에서조차 상상할 수 없을지도 모른다.

에밀은 모범생이다. 그러나 케스트너는 보통 말하는 모범생이 아니라고 토를 단다. "그렇지만 뻔뻔하고 욕심 많고 애늙은이 같아서 딴 일은 아무것도 제대로 못하는 아이들과는 전혀 다르다." 에밀은 예의도 바르다. 기차간에서 처음 만난 부인에게 인사를 하자 부인은 칭찬하며, 옛날에는 아이들이 마음가짐부터 달랐다고 말한다. 옛날에는 뭐든지 좋았다고 말하는 것은 "대개 터무니없고, 잔소리할 게 없어 핑계삼아 하는 말"이라고 케스트너는 덧붙인다.

돈을 잃어버린 에밀은 도둑을 쫓다가 아이들을 만난다. 아이들이 도둑 잡을 생각은 하지 않고 쓸데없는 소리들만 하자 한 아이가 말한다. "너희들은 꼭 학교 선생님 같아!" 도둑을 잡은 에밀은 영웅 대접을 받으나, 자신을 그렇게 대접하는 어른들을 두고 "모두들 우리를 둘러싸고 와글와글 떠들어대는 게 우스워 죽겠어"라고 말한다. 아이들은 어른들이 자신들을 광고에 이용하려는 것을 거부한다.

케스트너가 이 소설을 통해 당시 대두한 히틀러와 나치를 비판하려고 했다고 보는 견해는 없다. 케스트너 자신도 그런 이야기를 한 적이 없다. 그러나 위에서도 인용한 빈부갈등과 언론 및 지식인에 대한 이야기는 당시 사회에 대한 비판으로 읽힐 수 있고, 중산모를 쓰고 거짓말을 일삼는 도둑은 히틀러를 상징한다고 봐도 무방할 것이다. 중산모는 군복이 아닌 평복을 입었을 때의 히틀러를 상징하는 트레이드마크다. 게다가 히틀러를 직접적으로 비유한 대목도 있다. 턱이 삐뚤어진 칼 대공의 동상에 하루아침에 콧수염이 붙는 이야기가 나온다.

물론 이 작품을 당시의 정치상황에 대한 비유였다고 꼭 꿰맞출 필요는 없다. 보다 일반적으로는 당시의 독일 사회에 대한 비판을 담고 있다고 봐도 무방하리라. 케스트너는 애초에는 아동문학을 쓰는 데 별 관심이 없었지만 일단 아동문학 작품을 쓰겠다고 마음먹고 나서는 당시 아동문학의 일반적 경향이던 '황당한 동화'적 글쓰기를 당연히 배척했다. 대신 자신의 문학정신에 따라 사회비판적인 요소가 포함된 글을 썼다.

이처럼 케스트너는 자발적으로 아동문학을 시작하지는 않았으나 《에밀과 탐정들》을 쓰면서부터 아동문학이야말로 자신의 문학 정신을 가장 잘 표현할 수 있는 장르라고 인식했던 게 틀림없다. 그래서 당시까지 존재하지 않았던 새로운

'사회적 아동문학'으로서《에밀과 탐정들》이 탄생할 수 있었다.

'사회적 아동문학'이라는 말은 이 책에서 내가 처음으로 사용하는 말이다. 이는 케스트너의 아동문학을 여타의 다른 아동문학과 구별하기 위해서 내 나름대로 의미를 부여해 사용하는 말이다. 우리나라에서도 권정생의《몽실 언니》같은 작품이 그 비근한 예로 이해될 수 있겠다. 나는 앞으로 사회현실을 직접 다루고 아동에게도 사회비판적 심성을 길러줄 수 있는 '사회적 아동문학'이 많이 저술되기를 기대한다.

《에밀과 탐정들》은 출간되자마자 베스트셀러가 되어 50만 부 이상 팔렸고, 1930년에 베를린과 브레슬라우에서 연극으로 상연됐으며, 영화로도 만들어졌다. 브레슬라우에서 이 작품을 무대에 올린 막스 오퓔스 감독은 같은 해에 케스트너와 함께 단편영화도 만들었다. 이 작품은 빈에서도 영화화되어 엄청난 인기를 끌었다.

케스트너가 집필을 금지당한 나치 시대에도 '경찰의 날'이면 영화화된《에밀과 탐정들》이 반드시 상영됐다. 케스트너로서는 이에 쓴웃음을 날렸겠지만, 그만큼 인기를 누렸던 것이다. 영화의 시나리오는 케스트너와 함께, 훗날 할리우드에서 〈선셋 대로(Sunset Boulevard)〉(1950)를 만드는 빌리 와일더, 그리고 영국에서 영화 제작자로 활약한 에머릭 프레스버거가 만들었다.

이 소설은 이미 일제시대에 일본어로 번역되었으니, 당시 일본어 동화책을 살 수 있었던 아이들은 읽었으리라. 우리말로 처음 번역된 것이 언제였는지는 알 수 없으나, 내가 읽은 것은 1960년대 후반이었다. 그 후 판권을 받아 정식으로 번역된 것은 1995년이었는데, 이 번역본은 초등학교 5학년 이상에게 권장하는 도서로 돼 있다.

왜 5학년 이상일까? 소설에 에밀의 나이는 나오지 않는다. 나이를 존중하는 우리나라 동화라면 나이가 나왔을 것이고, 소설 속에서 에밀이 만난 사람들 중에 한국인이 있었다면 나이부터 물었을지도 모른다. 그러나 그런 묘사는 없다.

따라서 에밀은 5학년 이하일 수도 있고 그 이상일 수도 있다. 즉 12세가 아니라 7세일 수도 15세일 수도 있다. 그러므로 5학년 이상이란 제한은 사실 무의미하다. 나처럼 나이 50이 넘어서도 읽는 사람을 고려한다면, 5학년 이상이 아니라 50세 이상이라고 한들 어떻겠는가?

두 번째 시집 《거울 속의 소동》

1929년에 발간된 두 번째 시집 《거울 속의 소동(Lärm im Spiegel)》[23] 역시 금세 10쇄를 찍을 정도로 큰 성공을 거두었다. 이는 첫 번째 시집 이상으로 많이 읽힌, 아니 하이네 이래 가장 많이 읽힌 시집이 됐다. 그러나 《거울 속의 소동》은 첫 번째 시집에서와 마찬가지로, 그리고 하이네와는 반대로, 아름다운 서정시가 아니라 도시인의 자서전이라고 할 정도의 현실폭로 시들로 구성돼 있다. 케스트너는 이 시집에서 거울과 같은 무풍지대에서 타성적으로 사는 것을 경멸하며 풍자로 소동을 일으킨다.

이 시집에는 〈산문적 여담〉이라는 글이 맨 처음에 나오는데, 여기에 케스트너의 시론이 담겨있다. 우리는 이미 앞에서 그 일부를 읽었으나, 다시 읽어볼 만한 가치가 충분히 있다. 그는 시인들을 비꼬고 있다. 아니 실제로 그들과 그는 달랐다.

우리나라에도 엄청난 수의 시인들이 있고, 그들 대부분은 케스트너가 이미 70여 년 전에 비난한 종류의 시를 여전히 쓰고 있다. 케스트너는 그러한 '말의 유희'가 아닌, 서투르고 거친 '생활의 노래'가 시의 본령이라고 본다.

> 시 속에 무언가 자신의 마음과 더불어 다른 사람들의 마음을 우울하게 만들거나 충격을 주는 표현이 있다면 그것은 매우 유용한 것이다. […] 시인이 시를 쓰는 일은 빵 굽는 사람의 일이나 치과의사의 일처럼 사람 사는 세상에 필요한 것은 아닐지 모른다. 인간의 위장에서 꼬르륵 소리가 나거나 이가 쑤시고 아픈 현상에 대해서라면 분명한 처치방법이 있다. 그런데 사람의 마음이 아픈 것, 사람의 정신이 비뚤어진 것에는 어떤 처치방법이 있을까? 마음의 병에 이렇다 할 만한 치료방법이 달리 없으므로 실용적 시인의 역할은 더욱 중요하다.

이 시집은 자전적인 요소를 담은 시들을 주로 담고 있지만, 그 모두가 당시의 사람이면 누구나 공감할 수 있던 것이라는 점에서 그 자체로 시대의 기록이기도 하다. 예컨대 앞에서 이미 보았지만, 군대 경험을 읊은 〈중사 바우리히〉는 단순히 개인적인 체험에 그치지 않고 군대 전체의 비인간성을 고발하고 있다.

또한 대학시절 하숙생활을 회상하며 당시 외롭게 고향에 남아있었던 어머니를 그린 시 〈엄마의 넋두리〉는 모든 어머니들의 넋두리다.

> 내 아들 얼굴을 본 지
> 정확하게 18개월과 3일이 지났다.
> 그 아이는 베를린에 산다.
> 나는 가끔씩 베를린으로 향하는 기찻길 옆에
> 우두커니 서 있곤 한다.
> 언젠가 나는 시장바구니를 든 채
> 베를린으로 가는 기차를 탈 뻔했다.
> […]
> 지금 내 아들은 많이많이 자라
> 나는 이렇게 혼자 산다.
> 재주 있는 과학자들은 모두 무엇을 하나.
> 아이들을 작은 그대로 둔다면
> 정말 좋을 텐데.

마지막 시구인 "아이들을 작은 그대로 둔다면 정말 좋을 텐데"는 아동문학가 케스트너의 소원이리라. 그러나 이런 개인적 경험에 근거한 시만 있는 것은 아니다. 그런 것들보다 더욱 중요한 것은, 시대를 비판한 시들이다. 예컨대 〈국회의원 찬가〉가 있다.

> 그들이 침묵을 지킬 때 사람들은
> 그들이 국가와 민족을 생각한다고 여긴다.
> 그들은 사도(使徒)처럼 근사한 수염을 기르고
> 비행기를 타고 분주히 여행을 다닌다.
> 국가와 민족의 장래를 위해.
> […]
> 그러나 그들을 뒤따라 가보면 곧 알게 된다.
> 그들이 호화판 요정이나 터키탕에 들어가는 것을.
> 국가와 민족을 위해 그들은 좀 쉬고 놀아야 한다.
> 그나마 다행인 것은
> 컹컹 짖는다고 모두 개는 아니라는 사실이다.

나는 이 시를 우리나라 국회의원들에 대한 시로 읽는다. 우리의 국회의원들은 독일에서처럼 수염을 기르지는 않는다. 그러나 심심하면 외국여행을 즐기고 요정이나 골프장에서 노는 것은 어찌 그리도 같은가!

    여기서 국회의원이란 모든 정치가를 상징한다. 같은 계열의 풍자시로 〈은행가 찬가〉가 있다. 이 시에서 은행가란 자본가 모두를 상징한다.

그들을 알지 못하는 사람은
그 사실만으로도 행복하다.

그들은 5퍼센트의 이율로 돈을 벌어
10퍼센트 이상의 이율로 돈을 빌려준다.
그러고도 그들은 속눈썹 하나 까딱 하지 않는다.

그들의 식욕은 무한하다.
신도 세상도 먹어치우려 한다.
그들은 씨를 뿌리지 않는다.
다만 수확을 거둘 뿐이다.
남의 나무에다 자신의 열매를 맺게 하는
재주를 부린다.
빈손으로 비둘기를 만들어 날리는
그들은 요술쟁이다.
전화 한 통으로 지폐를 만들어내고
모래에서 석유를 짜낸다.

돈이 모자라는 사람은 많다.

돈이 남아도는 사람도 많다.
　　그들은 모든 돈을
　　이 손에서 저 손으로 옮긴다.
　　때로는 냉혹하게 사람들의 목을 벤다.
　　종이는 때로 칼날처럼 날카롭다.

정치가나 은행가만이 아니다. 종교인도 비판의 대상이다. 〈늙은 목사의 강독〉이라는 시가 있다. 목사는 강독한다. "주 예수가 지금 살아있다면 기관총을 사용하리라!" 이제 목사에게 예수는 파시스트다. 당시 루터교는 가장 보수적인 민족주의 세력으로서 나치의 근간을 형성했음을 이미 말한 바 있다.

　그러나 시인은 비판만 일삼지는 않는다. 〈무희들의 합창〉은 집단으로 단조롭게 춤을 추는 무희들에 대한 따뜻한 시선이다. 여기서 무희는 당시의 소외된 여성 계층을 상징한다. 당시는 재즈시대라고 일컬어질 정도로 카바레가 성행했고, 육체를 파는 여성들은 무대에서는 무희로, 침대에서는 창녀로 착취당했다.

　　서른 명 여자아이들의
　　육십 개 곧은 다리가
　　공중으로 두둥실 떠오른다.
　　지배인은 악당, 우리는 눈물도 많이 흘린다.
　　[…]

앞쪽 의자에 앉은 뚱뚱보 신사들이

눈을 가늘게 뜨고 우리들 가랑이 사이만 본다.

[…]

시간이 흐르고 눈물도 메마르고

이제는 우리가 가만히 있고

지구가 춤을 춘다.

소설 《파비안》에서도 그렇지만 케스트너의 시에도 카바레가 자주 등장한다. 프랑스에서 시작된 카바레가 1920년대 독일에서 정치적, 문화적 풍자의 공간으로 등장했다. 당시 독일에는 유명한 카바레가 많았지만, 케스트너는 좌익 예술가들이 드나드는 술집으로 '쿠카(KuCa)'라고 약칭되던 '예술카페(Kunst Café)'에 자주 나타났다.

오페라, 연극, 영화

1929년에 케스트너는 오페라 〈이 시대의 삶〉의 대본을 썼다. 이는 에드문트 닉(Edmund Nick)의 음악으로 브레스라우 등에서 방송됐고, 원래는 방송용이었으나 20여 개 극장에서도 상연됐다. 대중의 고독을 노래한 이 오페라는 "도시는 크고 월급은 작다"고 개탄하고, 시 〈엄마의 넋두리〉의 마지막 구절인 "아이들을 작은 그대로 둔다면 정말 좋을 텐데"라는 가사를 반복하고,

"자신들 뒤에 오는 사람들은 조금이라도 더 잘 살기를" 희망하는 도시 사람들의 삶을 여실히 보여주는 것이었다.

이처럼 케스트너의 작품은 연극이나 영화로 자주 만들어졌다. 그것은 이야기의 긴장 구조가 풍부하고 대화가 살아있어서였다. 특히 《에밀과 탐정들》, 《핑크트헨과 안톤》은 연극과 영화로 빈번하게 만들어졌고 《하늘을 나는 교실》, 《로테와 루이제》, 《눈 속의 세 남자》, 《파비안》도 영화로 만들어졌다. 그러나 우리는 그 대부분을 보지 못했다.

1929년부터 1931년까지 3년간은 케스트너가 가장 왕성하게 작품 활동을 한 시기였다. 앞에서 본 두 번째와 세 번째 시집을 냈고, 《에밀과 탐정들》의 각본과 시나리오, 방송극, 단편영화도 만들었다. 1931년에는 '본격' 소설 《파비안》, 두 번째 소년소설인 《핑크트헨과 안톤》과 《5월 35일》도 출간했다.

동시에 문단에서도 지위가 높아져 1931년에는 당시로서는 엘리트 단체에 속하던 펜클럽의 회원으로 피선됐다. 펜클럽은 나치에 의해 붕괴됐으나 1947년에 그는 서독을 대표하는 옵서버로 펜클럽 국제회의에 참석했고, 1951년에는 서독 펜클럽 회장으로 뽑혔다. 게다가 그는 경제적으로도 유복해졌다.

세 번째 시집 《한 남자가 통지한다》

1930년에 발간된 세 번째 시집 《한 남자가 통지한다(Ein Mann

gibt Auskunft)》에 나오는 〈야비함의 발생〉이라는 시는 모랄리스트로서의 케스트너의 근본에 아이들이 있음을 다시금 잘 보여준다.

> 아이는 귀엽고 솔직하며 착하다.
> 그러나 어른은 그렇지 않다.
> 그것을 생각하면 절망한다.
> 추악한 노인도
> 아이 적에는 결코 나쁘지 않았다.
> 지금 사랑스러운 아이도
> 뒤에 어른이 되면 곰상스럽게 된다.
> 악의는 야비하게 굳어지고
> 선의는 아이 적에 죽어버린다.

그래서 케스트너는 정치가들과 달리 출생률의 감소를 걱정하지 않는다. 왜냐하면 정치가들의 그런 걱정은 "군대를 위해, 산업을 위해, 임금을 끌어내리기 위해, 패전을 위해" 생기는 것이기 때문이다. 그래서 케스트너는 〈애국적인 침실의 대화〉에서 "태어나지 않으면 실업을 당하지도 않는다"고 당대의 세계적 공황과 군비확장을 통렬하게 풍자한다. 그리고 그는 "시대는 어둡다. 나는 아무것도 숨기지 않는다"면서, 사람들이 "현명하게, 그럼에도 불구하고 용감하게" 대처하지 않는 것에 대해 경고한다.

〈최초의 절망〉이라는 시는 실업시대 아이들의 끊임없는 눈물을 절실하게 노래한다. 이 시에서 케스트너는 얼마 안 되는 돈으로 빵을 사러 나간 아이가 그 돈을 잃어버려 집으로 돌아가지도 못하는 슬픔을 노래하면서 가난한 아이들에 대한 깊은 애정을 표현한다.

소설 《파비안》

소설 《파비안(Fabian)》(1931)은 어른을 위한, 모럴의 이야기다. 그 배경은 퇴폐적인 당시의 베를린이지만, 시대적인 한계가 있는 것은 아니어서 반세기가 지난 1980년에도 영화화됐다. 이는 이 소설이 시대를 넘어 감동을 주기 때문일 것이다.

그러나 우리나라에서는 이 소설이 그다지 많이 읽힌 것 같지 않다. 1965년에 죽은 전혜린이 생전에 번역한 원고가 1967년에 《화비안》이라는 제목으로 동민문화사에서 출간됐고, 1972년에 《파비안》이라는 바뀐 제목으로 문예출판사에서 다시 발간된 후 몇 번 중쇄됐으나 그 뒤에는 다시 번역되지 못했다.

전혜린은 해설에서 이 책에 '최후의 증인'이라는 부제가 붙은 듯 소개하나, 원저의 부제는 '어느 모랄리스트 이야기'다. 케스트너는 본래 이 소설의 제목을 '타락'으로 하려고 했으나 너무 노골적이라는 이유로 출판사가 반대해서 제목이 지금과 같이 바뀌었다.

전혜린은 모랄리스트를 도덕가라고 번역하고 '영혼을 가진 사람'이라고도 소개하나, 이해하기 어렵다. 모랄리스트를 굳이 설명한다면 '양심과 지성을 갖춘 인간'이라고 해야 할 것이다.

전혜린은 이 소설의 역사적 배경에 대해 거의 소개하지 않았다. 그러나 1차대전 이후, 특히 1929년 세계 대공황 이후의 독

일과 그 수도인 베를린이 배경임을 이해하지 않으면 이 소설을 제대로 읽을 수 없다. 당시 독일은 실업자의 대량 발생으로 그야말로 파국적인 상황이었다. 특히 두각을 나타내기 시작한 나치가 1930년 가을에 국회의 제2당이 됐다는 사실도 이 책의 배경으로 무시할 수 없다.

1차대전 패배에 따라 막대한 배상금 지불의무를 부과 받아 고통을 당하던 독일 국민들은 절망의 늪에서 찰라주의와 도덕적 퇴폐에 물들었다. 게다가 극우인 나치와 극좌인 공산당이라는 양극이 대립하는 위기적 정치상황이 전개됐다. 좌우 과격파는 파괴적인 행동을 일삼았고, 마약이 횡행했으며, 성도덕이 타락했고, 포르노가 범람했다. 《파비안》은 그런 시대를 약간은 과장하면서 보여준다.

그런 시대상황의 묘사로 인해 이 소설은 처음부터 오해를 받았다. 그러나 사회적 난맥, 불륜, 비도덕을 묘사했음에도 불구하고 이 소설은 그러한 심연에 대한 경고라는 명확한 목표를 보여준다. 따라서 이 소설은 명백히 도덕적인 소설이다. 이런 점에서 뒤렌마트가 이 소설을 "민주주의에 대한 민주주의자의 가장 사려 깊은 표백"이라고 평가한 것은 적절했다.

출간된 소설에는 원래의 원고에서 일부가 빠졌다. 그중 하나는 파비안이 회사 지배인을 우롱하는 내용의 '맹장이 없는 신사'라는 장이다. 지각을 한 파비안에게 지배인이 부업이라도 하느냐고 묻자 파비안은 자신은 회사에서 일하기만 하는 게 아니라 살아있는 존재라고 답하는데, 이를 지배인은 이해하지 못한다.

케스트너는 '파비안과 도학자 선생'이라는 후기도 썼으나, 이 부분 역시 출판사에 의해 삭제됐다. 그 내용은, 작자 자신은 솔직함을 사랑하고 진실을 소중하게 여겨 솔직하게 상황을 묘사하고 진실을 직시하여 하나의 의견을 서술했다는 것이었다.

파비안의 내용을 요약하면 대강 이렇다.

파비안은 박사학위를 가진 32세의 지식인이나, 담배 광고문을 쓰는 사원으로 일한다. 그는 케스트너 자신의 고교 친구를 모델로 삼은 라브데와 함께 권력욕과 금전욕이 지배하는 사회에 대한 개혁을 꿈꾼다. 하지만 현실적으로는 그것이 불가능한 만큼 그는 허무주의자일 수밖에 없다.

> 혈관이 중독돼 있다. 우리는 지구 표면의 염증 난 곳마다 반창고를 붙여놓는 것으로 만족한다. 패혈증을 그렇게 해서 고칠 수 있는가? 없다. 환자는 언젠가는 반창고투성이가 된 채 죽고 만다!
> [...]
> 우리는 심장의 게으름 때문에 죽게 된다. 나는 경제 전문가로서 말하는데, 현재의 위기를 정신의 혁신이라는 전제 없이 경제적으로만 해결하려는 것은 가짜 의술이다.
> [...]
> 좌로 또는 우로 행진하는 이들은 환자의 머리를 도끼로 내리쳐

패혈증을 치료하고자 한다. 그러면 패혈증은 없어질 것이다. 그러나 환자도 동시에 존재하지 않게 될 것이고, 그러면 그것은 의술을 지나치게 사용한 것이 된다.[24]

회전하건 않건 간에 이 얼마나 우스운 공인가, 지구란! 그는 도미에의 '진보'라는 그림을 연상하지 않을 수 없었다. 도미에는 그 그림에서 차례차례로 기어오르는 달팽이를 그렸다. 그것이 인간 발전의 속도라는 것이다. 그러나 달팽이는 원을 그리며 도는 것이었다! 그것이 가장 나쁜 일인 것이다.[25]

우익인 나치는 좌익인 노동자를 민족반역자라고 욕하고, 반대로 노동자는 우익을 노동반역자라고 욕하며 서로 죽인다.[26] 파비안은 그런 상태가 계속될 수 없다고 보지만, 기본적으로는 좌익 편이다. 그러나 "인간은 오직 가난하다는 이유만으로는 선량하지도 현명하지도 않다."[27] 도시는 이미 정신병원으로 변했다. 그런 시대에 낙천가는 절망하여 자살할 것이나, 염세가는 변화를 기대하지 않고 방관하면서 기다린다.

파비안은 법학도인 코르넬리아와 이런 대화를 나누며 사랑하게 되지만 직장에서 해고를 당한다. 게다가 영화배우가 되고 싶어 하는 코르넬리아는 다른 남자에게 몸을 맡긴다. 친구인 라브데는 교수자격 논문과 정치운동에 실패하고 사랑마저 거부당하자 자살한다. 절망한 파비안은 고향에 돌아가 무위의 세월을 보내다가 우익 신문사에 취직한다. 그는 강에 빠진 소년을 구하고자 뛰어들었다가 수영을 못하는 탓에 익사한다. 그러나 수영을 할 줄 아는 소년은 스스로 살아난다.

베를린의 밤

케스트너가 묘사한 환락의 베를린은 당시 베를린의 실태 바로 그것이었다. 1차대전 이전에도 이미 대도시였던 베를린의 환락은 유명했지만, 전쟁 뒤에 그것은 질적으로도 양적으로도 엄청나게 발달했다. 월트 라우가 《바이마르 문화를 산 사람들》에서 말했듯이 당시 독일인들이 욕구한 것은 오직 환락이었기 때문이다.

1차대전 직후의 검열제 폐지는 이데올로기의 자유보다도 퇴폐의 자유를 키우는 데 기여했다. 거리에는 포르노 잡지가 범람했고, 당시까지 비밀스레 출판되던 음란소설이 공공연하게, 심지어는 총서로까지 출판됐다. 이런 경향은 영화에서 더욱 뚜렷이 나타났고, 에로 영화는 일반 영화에 비해 두 배 이상의 수익을 올렸다. 1920년에 영화 검열을 인정하는 법률이 제정됐고, 검열제가 차차 출판물과 연극으로 확산됨에 따라 이데올로기 규제에도 이용됐다.

그러나 영화나 잡지 이상으로 실생활이 음란했다. 누드쇼나 섹스 실연을 보여주는 업소가 골목마다 성행했고, 매춘부가 급격히 늘어났으며, 성 모럴은 붕괴됐다. 앞에서 케스트너가 쓴 시 〈1899년생들〉에서 보았듯이, 유부녀들이 1차대전에 출전한 남편 대신 다른 남자와 동침하는 것은 포르노 소설 속의 공상이 아니었다.

전쟁에서 젊은 남자들이 대규모로 전사함에 따라 전후에도

남자는 압도적으로 부족했고, 전쟁에서 돌아온 병사들은 일상생활에 적응하지 못해 이혼이 급증했다. 게다가 극심한 인플레는 사람들을 생활고에 빠뜨렸다. 이런 여러 요인들로 인해 매춘부가 급증했다. 그들의 매춘은 단순히 생계를 위해서가 아니라 본능적 쾌락을 위한 것이기도 했다. 《파비안》에도 여학생이 잔돈을 벌기 위해 매춘을 하다가 손님으로 온 아버지를 만나는 장면이 나온다.

1922년에 투홀스키는 〈세계무대〉에서 "베를린에 이 정도로 창부가 많았던 적이 없다"고 썼다. 그 정도로 거리는 창부로 들끓었다. 1차대전 후 미국에서 시작된 콜걸(전화로 매춘여성을 부르는 것)이 독일에서도 유행했다. 마르크화의 폭락과 인플레로 인해 미국인을 비롯해 환락을 찾아온 외국인 관광객들도 들끓었다.

창루 중에는 미인들이 모이기로 유명하고 엄청난 고가로 음식을 파는 고급 레스토랑도 많았고, 그 주변에는 고급 무도장과 극장과 호텔이 즐비했다. 심지어 영구적인 불륜의 대상인 첩도 상당히 많았다. 남창도 성행했고, 동성애도 만연했다.

슈테판 츠바이크는 《어제의 세계》(1943)에서 "베를린은 세계의 바빌론으로 변했다"면서 "수에토니우스의 로마조차 베를린의 도착적인 무도회만큼 미친 잔치를 알지 못했으리라. 그곳에서는 수천 명의 남장 여자와 여장 남자들이 경찰의 호의적인 감독 아래 춤에 미쳤다"고 회고했다. 심지어 "젊은 여자들은 성적 도착을 매우 자랑했다. 16세까지도 처녀라면 당시 학교에서는 치욕이었다"는 것이다.

마약도 유행했다. 1차대전 때 부상병들에게 진통제로 사용된 모르핀이 전후 도시에 급격히 유포됐다. 처음에는 창녀들만 사용하던 코카인도 모르핀 이상으로 대중화됐다. 크리스토퍼 이셔우드의 《베를린이여, 안녕》에는 14세 소년이 학교 수업시간에 길거리에 나가 코카인을 밀매하는 이야기가 나온다.

당시 독일에는 암흑가도 당연히 존재했다. 물론 과거에도 암흑가는 존재했지만, 1920년대에는 근대적인 조직으로 발전돼 유흥음식업계와 사창가를 지배하는 폭력조직이 50여 개가 넘었다. 또한 청소년 범죄조직도 크게 늘어나 절도, 강도, 공갈을 일삼았다.

케스트너가 《파비안》에서 "동쪽에는 범죄가, 중앙에는 사기가, 북쪽에는 비참이, 서쪽에는 부패가 지배하고 있고, 온갖 방향이 몰락으로 꽉 차있다"[28]고 말한 것은 당시의 베를린을 가장 정확하게 묘사한 것이었다.

풍속의 혁명

베를린으로 상징되는 20세기 대도시의 변모는 부정적인 것만은 아니었다. 우선 여성의 사회적 지위가 변했다. 1차대전 때 군사적 징용이라는 명목 아래 여성들이 직장에 나가게 됨에 따라 여성의 패션과 생활 및 도덕관에 엄청난 변화가 일어났다.

1차대전 이전에는 어느 나라에서나 금욕적인 도덕관이 사람들을 지배했다. 미국의 퓨리터니즘, 영국 빅토리아조의 근엄함과 비슷하게 독일에서는 제국의 규율과 질서가 지배의 주체였다. 당시에는 여성이 밤에 혼자 거리를 걸어 다니거나 담배를 피우는 것은 물론 화장을 하거나 스커트를 입는 것도 창녀나 하는 짓이었다.

그러나 1차대전 후 여성들은 향락과 자유를 추구했다. 여성들은 코르셋이나 엄청나게 큰 모자를 벗어 던졌고, 무릎까지 올라오는 스커트를 입었으며, 소년과 같이 단발을 했다. 또 화장을 하고 술집에서 남자와 함께 술을 마시고 담배를 피웠으며, 재즈에 열광하고 춤을 즐겼다. 그로스(George Grosz, 1893~1959)가 그린 그림에서 보듯 외눈안경을 걸치고 담배를 피우는, 남성과 같은 포즈의 여성상이 크게 유행했다.

타이프라이터나 비서와 같은 전문직 여성의 노동은 더 이상 경멸받지 않았다. 1925년 통계에 따르면 당시 독일 노동자 3200만 명 가운데 여성이 1150만 명으로 3분의 1에 이르렀다. 생활력을 갖게 된 여성은 남성과 동등한 권리와 자유를 요구했다. 물론 완전한 남녀평등은 실현되지 않았으나, 중요한 변화가 초래됐던 것은 틀림없다. 바이마르 헌법은 여성의 참정권을 인정했다.

과거에 신성시되던 처녀성은 이제 무의미하게 됐고, 성의 육체적 쾌락을 논한 네덜란드의 의사 반 데 벨데가 쓴 《완전한 결혼》이 베스트셀러가 됐다. 여성은 성생활에서도 남성과 동등한 권리를 요구했다.

풍속의 혁명 중에서 또 하나 두드러졌던 것은 스포츠의 대중오락화였다. 수백만 명이 근교 강이나 호수에서 여름에는 수영, 겨울에는 스케이트를 즐기는 광경은 1차대전 이후의 풍속이다. 이보다 더 큰 변화는 스포츠를 즐기는 것이 '스스로 하는 차원' 뿐 아니라 '보고 돈을 버는 차원'으로까지 확대됐다는 점이다. 예컨대 6일간의 자전거 경주나 경륜, 축구 등이 인기를 모았다.

특히 과거에는 경찰의 허가를 받아 비공개로 열렸던 권투가 공공연히 대중화됐다. 이는 영국에서 포로생활을 한 병사들이 독일에 돌아와서도 권투를 즐겼기 때문이다. 권투 선수는 대중의 영웅으로 떠올랐고, 특히 세계 챔피언은 국민적인 영웅으로 인기를 끌었다. 권투는 영화뿐만 아니라 예술의 소재로도 활용됐고, 그로스나 브레히트 같은 사회주의 계열 예술가들도 권투에 열광했다.

스포츠에 대한 열광은 좌우익을 가리지 않았다. 뒤에 나치가 스포츠를 전매특허처럼 활용했다. 그것이 피폐한 정신의 피난처이자 일확천금의 기회이기도 했음은 두말할 필요가 없다. 또한 스포츠는 학문적으로도 연구되기 시작해, 1920년에 체육대학이 처음으로 생겼다. 나치는 스포츠 열기를 올림픽 개최로 이어나갔다.

이 시대 또 하나의 풍속으로 나체운동을 들 수 있다. 나체운동은 19세기 중엽 스위스에서 삼림욕 요법으로 시작됐고, 1920년대 독일에서 대중화됐다. '자유육체문화(FKK)'로 불린 그것은 즈렌식 체조의 창시자인 한스 즈렌에 의해 시작되어 노동자 자녀를 위한 나체체조 학교를 세운 아돌프 코호에 의해 대중화됐다. 처음에는 미성년자들을 타락시킨다는 이유로 금지되기도 했으나, '독일 나체문화 협회' 등이 전국적으로 조직되고 20여 개 전문잡지까지 발행되기에 이르렀다. 1933년에 나치는 풍속 문란을 이유로 그것을 금지했다. 그러면서도 나치는 더욱 교묘하게 인종이론과 결부된 건강한 게르만 백인의 나체상을 창조했다.

이러한 풍속의 변화는 그 시대가 정신이 아닌 육체의 시대였음을 말해준다. 케스트너를 비롯한 지식인들은 정신을 부르짖었으나, 나치즘에 이르는 길에서 그 소리는 그야말로 사막의 외침에 불과했다.

다시 아이들에게로

케스트너는 다시 아이들에게 돌아간다. 친구 라브데가 유언으로 말했듯이 자신의 이상을 아이들에게 전하는 것이 필요하다고 생각했기 때문이다. 사회를 변화시키기 위해서는 인간을 변화시켜야 하고, 인간을 변화시키기 위해서는 아이 적부터 변화시켜야 한다. 위로부터의 강제적인 변혁은 혼란과 불행, 그리고 독재를 초래한다.

《파비안》을 펴낸 1931년에 그는 《핑크트헨과 안톤(Pünktchen und Anton)》도 출간했다. 핑크트헨이란 주인공이 점처럼 작은 아이라 해서 붙여진 별명이니, 이를 '점순이'로 번역[29]하는 것은 문제가 있다.

소설 《핑크트헨과 안톤》은 《에밀과 탐정들》에 이어 쓰인 소설이다. 그 주인공인 핑크트헨은 루이제라는 본명을 가진 소녀이며, 이 점에서 소년 에밀이 주인공인 《에밀과 탐정들》의 소녀판이라고 할 수도 있다. 한 가지 차이점이라면 에밀은 가난한 미용사 홀어머니의 아들인 데 비해 루이제는 부르주아의 딸이란 점이다. 그러나 루이제의 유일한 친구인 또 한 명의 주인공 안톤은 가난한 홀어머니가 있다는 점에서 에밀의 분신이다.

케스트너의 소설에는 머리말이 반드시 있는데, 이 점은 《핑크트헨과 안톤》도 예외가 아니다. 케스트너는 먼저 이 소설의 줄거리가 신문에 보도된 실제로 일어난 일이라고 하면서도, 실제로 일어난 일인지 아닌지는 중요하지 않다고 덧붙인다.

중요한 것은 이야기가 진실하다는 것이다! 쓰인 그대로 진짜 일어날 수 있다면 그 이야기는 진실하다. 내 말을 이해하겠는가? 그걸 이해했으면 예술의 중요한 법칙 한 가지를 알게 된 셈이다.

이 책의 가장 중요한 특징은 각 장마다 '케스트너의 생각 쪼가리'라는 난을 두어 아이들에게 이야기의 주제가 되는 모럴을 전한다는 점이다. 그 가운데 6장 뒤에 나오는 '가난'에서는 마리 앙투아네트가 빵을 달라고 절규하는 민중에게 "빵이 없으면 케이크를 먹으면 되지…"라고 말한 것을 인용한다.

> 왕비는 백성을 몰랐고, 가난이 뭔지도 몰랐다. 그리고 1년 뒤에 목이 잘리고 말았다. 당연한 결과였다.
> 부자인 사람이 어려서부터 가난이 얼마나 고통스러운 것인지 알고 있다면, 가난으로 고통 받는 사람이 좀더 쉽게 줄어들 것이다. 그럼 잘 사는 집 아이는 이렇게 말할 것이다. 이 다음에 내가 어른이 되어 아버지의 은행과 저택과 공장을 물려받으면 노동자들에게 더 많은 월급을 줄 거야! 그들은 어렸을 때부터 같이 뛰놀던 내 친구일 수도 있으니까…. 여러분은 그런 일이 가능할 거라고 생각하는가?
> 그렇게 되도록 여러분이 도와주겠는가?

이어 7장에서도 가난에 대해 말한다.

> 산다는 것은 진지하고 어려운 것이다. 형편이 좋은 사람이 남는 것으로 그렇지 못한 사람을 도와주려 하지 않는다면 결국엔 좋지 못한 결과를 빚게 된다.

우리나라에서는 이 책이 초등학교 5학년 이상이 읽도록 권장되고 있다. 5학년이 위의 이야기를 제대로 이해할지 의문이라고 생각할 사람도 있을 게다. 그러나 나는 5학년 이하라도 이해할 수 있다고 본다. 여하튼 위와 같은 이야기가 들어있는 만큼 이 작품은 《에밀과 탐정들》보다 더욱 강한 '사회적 아동문학'이라고 할 수 있다.

이야기 줄거리를 보자. 1장에서는 가족이 소개된다. 주인공 루이제는 너무 작아 핑크트헨이란 별명을 가지게 됐다. 아버지는 공장 이사여서 국회의사당 옆에 있는 엄청나게 큰 집에 살지만 너무 바빠서 위가 나쁘다. 엄마는 남편이 바쁘기만 하고 돈을 많이 못 번다고 불평하면서 매일 쇼핑 등으로 너무나 바쁘고 건강도 역시 좋지 않다. 집에는 하녀도 있고 보모도 있다. 그러나 핑크트헨은 혼자 성냥팔이 소녀 놀이를 하며 논다.

케스트너는 이런 핑크트헨의 엄마를 무책임하다며 비판한다. "남편을 돌보지 않을 거라면 결혼은 왜 했을까? 자식을 돌보지 않을 거라면 왜 낳았을까?"

2장에서 핑크트헨은 안톤의 5층 아파트를 두 번째로 방문한다. 케스트너도 어린 시절 5층 아파트에 살았다. 가난한 안톤은 케스트너이자 에밀이다. 엄마가 아파서 안톤이 요리를 한다. 케스트너는 남자들이 요리하기를 싫어하지만 아픈 엄마를 위해 요리를 하는 것은 자부심을 느낄 일이라고 말한다.

3장에서 핑크트헨은 놀라운 상상력을 발휘한다. 그러나 케스트너는 상상력은 멋지기는 하지만 억제할 필요도 있다고 말한다. 4장에서는 핑크트헨을 놀리는 아이에게 안톤이 주먹질을 한다. 그러면서 케스트너는 주먹만 쓰는 것은 '용기'가 아니라고 말한다. 성층권에 처음 기구(氣球)를 띄워 올린 과학자는 용기 있는 사람이었으나 그가 적당한 날씨를 오랫동안 기다렸던 것이야말로 참된 용기이듯이 용기를 증명하려면 머리가 필요하다는 것이다.

5장에서는 소설이 끝나기를 기다려야지 호기심에서 뒷부분을 먼저 보면 기쁨을 없애게 되므로 안 된다고 말한다. 6장에서는 아이들이 밤에 돈벌이하는 것, 7장에서는 돈을 세는 안톤을 각각 묘사하면서 가난에 대해 다시 말한다.

8장에서는 핑크트헨이 안톤을 위해 선생님에게 안톤의 사정을 이야기해주는 우정, 9장에서는 엄마 생일을 잊은 안톤이 사라진 이야기가 나온다. 케스트너는 이런 이야기를 하면서 대화에서 자기절제가 필요하다고 말한다. 10장에서는 생일선물을 산 안톤이 나타난다.

> 어른들보다 아이들이 더 큰 근심을 가지고 있다. 근심이 너무 깊어지면 급기야는 수많은 그림자를 드리운다. 그러면 부모와 자식들은 그 그림자 속에 앉아 추위에 떨게 된다.

11장에서 케스트너는 핑크트헨이 부모 몰래 돈벌이하는 것을 얘기하며 거짓말하지 말 것을, 12장에서는 핑크트헨의 돈벌이를 고자질한 아이를 이야기하며 비열하지 말 것을 부탁한다. 이어 "인간은 완벽하지 않기 때문에 아이든 어른이든 존경심과 존경할 사람이 꼭 필요하다"고 말한다. 마지막 구절은 다음과 같다.

> 세상은 정의로워야 하며, 분별 있는 사람이라면 누구나 그런 세상을 만들려고 노력하고 있다. 하지만 세상은 그렇지 못하다. […] 살아가는 동안에 다른 사람에게 책임이 있음에도 불구하고 자신이 벌을 받는 일이 생기더라도 너무 놀라지 말라. 대신에 어른이 되어 세상이 좀더 나아질 수 있도록 애쓰면 된다! 어른들은 그런 세상을 만드는 데 실패했다. 그러니 여러분은 우리 어른들보다 더 공정하고 성실하며 올바르고 현명해져야 한다!
>
> 우리가 사는 이 세상은 한때 낙원이었다고들 한다. 하지 못할 일은 없다. 우리가 사는 세상은 다시 낙원이 될 수 있다. 하지 못할 일은 없기 때문이다.

《5월 35일 또는 콘라트가 말을 타고 남태평양으로 가다》

《5월 35일 또는 콘라트가 말을 타고 남태평양으로 가다(Der 35. Mai oder Konrad reitet in die Südsee)》는 그 긴 제목처럼 현실의 시간과 공간 밖으로 여행하는 이야기다. 상당히 황당한 공상이어서, 이 작품은 내가 앞에서 말한 '사회적 아동문학'이라는 케스트너 아동문학의 특징에서 비껴난 것처럼 보이기도 한다.

케스트너가 《에밀과 탐정들》의 머리말에서 자신이 쓰려고 했다고 밝힌 황당한 소설을 연상시키는 측면도 있다. 그러나 이 소설을 그렇게만 보아서는 안 된다. 케스트너가 힘겨운 현실을 피해 가상의 세계로 아이들을 데리고 가서 기상천외한 공상을 통해 아이들의 위축된 정신을 해방시키려고 했다고 보아서도 안 된다. 이야기의 전체 구조는 공상이나, 이야기 구석구석에 사회 비판의 목소리가 담겨 있기 때문이다.

우선 줄거리를 간단히 살펴보자. 주인공은 소년 콘라트, 약사 아저씨, 그리고 서커스단에서 해고당해 놀고 있는 말이다. 셋은 작가와 문학작품 알아맞히기를 한다. 그중 하나가 레싱의 희극이다. 앞에서 케스트너가 희극은 독일문학에서 예외적이라고 한 말을 소개한 적이 있는데, 보통의 독일 사람들처럼 아저씨가 그 작품 이름을 알아맞히지 못하자 말이 가르쳐준다. 말도 알 정도로 명작인 작품을 독일인들은 모른다고 비꼰 것일까?

셋은 콘라트의 학교 작문숙제를 하기 위해 남태평양으로 간다. 도중에 그들은 여러 나라를 지나간다. 처음 찾은 게으른 자들의 나라에서는 모든 것이 자동이다. 예컨대 닭은 햄이 붙은, 구워진 계란을 낳는다. 그곳의 대통령은 콘라트의 게으름뱅이 친구다.

과거 역사에 나오는 나라와 미래의 나라도 지나간다. 과거의 나라에서는 과거의 위인들이 등장해 올림픽 경기를 벌인다. 예컨대 알렉산더 대왕과 아킬레스의 100미터 경주를 보면서 아저씨가 이렇게 말한다. "남보다 0.1초 빨리 가려고 정해진 길을 미친 듯이 뛰는 건 그야말로 미친 짓이야. 건강해지는 게 아니라 오히려 병이 나니까 말이다."

한니발과 발렌슈타인이 전쟁놀이를 하며 병사들을 죽이는 것을 본 콘라트는 병사들이 불쌍하다고 항의한다. "당신들이나 당신들 같은 부류의 인간들에게는 확실히 주석 병정이나 줘서 인형놀이나 하게 만드는 게 제격이라니까!" 콘라트는 전쟁이 싫지만 인형 병정놀이는 한다. 아버지가 장난감 병정을 선물했기 때문이다. 여기서 케스트너는 아이들에게 인형 병정놀이를 시키는 어른을 비판한다.

이어 장난감 숲을 지나 어른과 아이가 뒤바뀐 '거꾸로 나라'에 간다. 아이들이 일을 하고 어른들은 학교에 있다. 학교 이름은 '문제부모를 위하여'다. 문제부모들은 그곳에서 아이들을 괴롭힌 만큼 앙갚음을 당한다.

그 다음에는 고압전기가 흐르는 완전 자동화 도시인 일렉트로폴리스로 간다. 그러나 곧 사고가 일어나 그곳은 엉망진창이 된다. 말이 말한다. "기술이라는 건 아주 위험한 놈이야." 셋은 남태평양에 도착한다.

《푕크트헨과 안톤》은 1932년에 당대 최고의 연출가인 막스 라인하르트에 의해 연극으로 상연됐고, 《5월 35일》도 무대에 올려졌다. 이어 케스트너는 《긴 팔의 아르투르(Arthur mit dem langen Arm)》와 《마법에 걸린 전화기(Das verhexte Telefon)》라는 아동용 서사시집을 출간했다.

《마법에 걸린 전화기》

《마법에 걸린 전화기》는 7편의 시로 구성돼 있다. 그 시들을 아동용 서사시라고 하는 것은, 보통의 동요와는 다르기 때문이다. 즉, 그 시들은 자연을 노래하는 동요가 아니라, 아이들의 생활 속에서 펼쳐지는 이야기를 시로 읊은 것이다.

　그 첫 편이 바로 〈마법에 걸린 전화기〉다. 이 시는 말괄량이들이 높은 지위의 유명한 사람들에게 전화를 걸어 노래를 시키는 등 골탕을 먹이며 재미있어하는 이야기를 담고 있다. 있을 수 있는 장난이기도 하지만, 권력에 대한 조롱이 만연한 당시 사회를 풍자하는 것이기도 하다.

　그 뒤에 나오는 〈권투 챔피언〉은 자기보다 약한 아이를 패면서도 제 또래 아이들에게는 겁을 먹는 비겁한 아이가 약한 아이를 패려다 자신이 되레 얻어맞는다는 이야기다. 이는 일반적인 아이들의 이야기인 동시에 당시 대두한 나치의 폭력을 비판하는 측면도 있다.

　그 다음에는 자신의 이익을 위해 남에게 해를 끼치는 사람에 대해 이야기하는 내용의 〈오토바이 잘라놓기〉, 자기가 한 거짓말을 믿다가 시련을 당하는 내용의 〈떡에 얽힌 사건〉, 동물을 괴롭혀서는 안 된다는 내용의 〈못되게 굴면 좋을 게 없다〉 등이 이어진다. 이런 이야기들은 아이들에게 교훈담이 되는 동시에 당시 사회에 대한 풍자로도 읽을 수 있다.

우리나라에서는 이 책이 초등학교 3학년 이상에 대한 권장 도서다. 3학년 이상이라면 당연히 이해할 수 있는 작품인 것은 틀림없으나, 성인이 읽어도 재미있는 책이다.

네 번째 시집 《의자 사이의 노래》

1932년에 케스트너의 네 번째 시집 《의자 사이의 노래(Gesang zwischen den Stühlen)》[30]가 나왔다. 이 시집은 앞의 시집들과 같은 풍자시집이나, 현실적으로 나치가 더욱 세력을 강화하던 때여서 허무주의적인 색채가 더욱 짙어졌다. 그 가운데 〈수년 뒤의 베르던〉은 1차대전의 격전지였던 베르던 요새에서 전쟁이 끝난 지 수년 뒤에도 시체가 발굴되어 "죽은 자들의 합창은 더욱 더 기억을 확실히 하라고 말한다"고 노래한다.

또한 〈행진의 노래〉는 나날이 벌어지는 나치 데모를 풍자한다. 나치 데모대는 "독일인이여, 눈을 떠라. 베르사유 조약을 파기하라"고 외치며 행진했다. 케스트너는 그런 일은 나치의 자기도취에 의해서는 이룰 수 없음을 경고했다.

너희는 인간 속 동물에게 먹이를 준다.

인간 속 동물에게 인간을 먹인다.

[…]

너희는 시계 침을 거꾸로 돌리려 하고

그것이 시계 걸음을 변하게 한다고 생각한다.

[…]

누구도 시간을 멈추게 할 수 없다.

너희의 시계는 제대로 움직이지 않는다.

너희가 꿈꾸듯이 독일은 눈뜨지 않는다.

그런 시대에 케스트너가 기댈 수 있는 유일한 안식처는 어머니의 품이었다. 〈방탕한 아들의 귀향〉은 아들이 지중해까지 여행하려 했던 계획을 바꾸어 어머니가 있는 고향으로 돌아가 열흘간의 휴가를 보내는 내용의 시다.

그리고 마지막 시 〈무력에 대한 이야기〉에서는 나치를 격렬하게 비판한다.

권력은 유례없는 창부로

살인자를 사랑하고 강도와 잔다.

역사책을 보면 그렇게 쓰여 있다!

[…]

세계를 폭력으로부터 해방시키면

세계를 폭력자로부터 해방시키는 것이다!

우리가 도달하고자 하는 목표는
세계를 행복으로 가도록 하는 것이다.
[…]
우리가 희구하는 세계의 행복은
동경만으로는 이룰 수 없다.
인류의 행복에는 피와 눈물이 필요하다!

그러나 경고는 무의미했다. 이 시집을 내고 난 뒤에 쓴 시에서 케스트너는 "경고하고자 하는 자는 경멸과 함께 처벌당한다. 우둔은 전염병이 된다. […] 국민이 정신착란의 암흑 속에 빠진다"고 노래했다.

소설 《하늘을 나는 교실》

그런 절망 속에서도 케스트너는 희망을 잃지 않고 아이들을 위해 《하늘을 나는 교실(Das fliegende Klassenzimmer)》을 쓴다. 이 작품을 마지막으로 그는 나치로부터 저작 발표를 금지 당한다. 이 소설은 다정하면서도 올곧은 선생님과 다감하면서도 정의로운 아이들의 이야기이면서 한편으로는 독일 국민에 대한 경고이기도 하다. 케스트너 소설 중에서 최고의 걸작으로 평가되는 작품이다. 첫 장에 나오는 다음 구절이 바로 그러한 경고다.

> 현명함이 따르지 않는 용기는 불법이다. 용기가 따르지 않는 현명함은 보잘것없다. 세계사에는 바보 같은 사람이 용감했거나 현명한 사람이 비겁했던 경우가 얼마든지 있다. 그것은 옳은 게 아니었다. 용기 있는 사람이 현명하고 현명한 사람이 용기를 가질 때 비로소 인류의 진보는 확실한 것이 된다.

케스트너는 바보 같은 나치가 용감하고 현명한 지식인이 비겁했기 때문에 독일에 파국이 초래됐다고 보고, 현명한 사람들이 용기를 가져야 한다고 절규한다. 이 소설을 쓴 1932년 가을은 총선에서 나치가 제1당을 유지했으나 의석 34개를 잃어 퇴조의 분위기였다. 케스트너의 경고가 주효할 수도 있는 좋은 시기였다. 그러나 현실은 도리어 그 반대로 흘러갔다.

《하늘을 나는 교실》자체는 정치와는 무관한 크리스마스 이야기다. 어머니의 강청으로 크리스마스 이야기를 쓰려고 케스트너는 만년설의 고산지대로 간다. 그러나 글이 잘 쓰이지 않아 어린이 책을 읽지만 울화가 터진다.

그 작가는 속임수로 어린이의 마음을 사로잡고 있기 때문이다. 무척 재미있게 이야기를 끌어가서 어린이들이 책을 손에서 놓지 못하게 하고 있다. 이 엉터리 작가는 어린이들을 부드러운 밀가루 반죽처럼 아무렇게나 다룰 수 있다고 생각하는 모양이다. 참으로 한심한 일이다. […] 그저 괴로울 때도 사람은 정직해야 한다. 뼛속까지 스며있는 정직성이 중요하다.

그래서 케스트너는 부모에게 버림받은 요나라는 불행한 고아 문학소년으로부터 이야기를 시작한다. '하늘을 나는 교실'은 요니가 쓴 희곡이다. 그것은 크리스마스 연극으로 채택됐고, 학생들이 연습에 들어간다. 연극의 무대미술을 담당한 가난한 장학생 수재인 정의소년 마르틴, 세계 권투선수권을 꿈꾸는 마티아스, 그들과는 전혀 다른 귀족 출신인 울리 등 혈기방장한 고교생들의 이야기가 펼쳐진다.

희곡의 내용은 현장교육을 위해 비행기를 타고 화산, 피라미드, 북극, 천국을 여행하면서 이집트의 람세스 2세나 천국의 베드로를 만난다는 기상천외한 공상이다. 울리가 연기한 소녀가 피라미드 속으로 끌려 들어갔다가 베드로에 의해 구출되고, '고요한 밤, 거룩한 밤'을 부르는 것으로 연극은 끝난다.

연극 연습을 하려던 마르틴이 고약한 상급생에게 괴롭힘을 당하는 이야기는 케스트너가 교원양성소에서 스스로 경험했던 일이다. 학생들은 자기 학교 학생을 잡아간 실업학교 학생들과 결투하기 위해 기숙사를 무단으로 빠져나가서 잡힌 학생을 구출한다.

그러나 학생들은 상급생에 의해 유스티츠('정의'라는 뜻)라는 별명으로 불리는 사감인 뵈크 선생님에게 불려간다. 그러나 사감은 그들을 가볍게 처벌하면서 자신이 고교 시절에 병든 어머니를 보려고 무단으로 기숙사를 빠져나갔다가 상급생들로부터 처벌받은 이야기를 들려준다. 그리고 만일 당시에 사려 깊은 상급생이 있었다면 자신이 그렇게 고통을 당하지는 않았을 것이라고 생각해서 교사가 되고 사감이 됐다고 말한다. 감격한 학생들은 그 선생을 위해서라면 죽어도 좋다고 생각하며 연극 연습을 계속해 공연을 훌륭하게 치른다.

그런데 마르틴의 아버지는 실직해 크리스마스 휴가에 마르틴을 귀가시킬 돈을 보낼 수 없다. 마르틴은 혼자 기숙사에 남아야 했지만 유스티츠 선생님이 그에게 귀향여비를 주어 고향에 갈 수 있게 된다. 뜻밖에 집에 돌아온 아들을 본 부모는 너무나 기뻐한다.

4장
어두운 나치 시절

히틀러의 집권과 작가들의 망명

나치는 1928년 국회의원 선거에서 12석밖에 얻지 못했으나 1930년에는 107석, 1932년에는 230석을 차지했다. 1932년 7월의 경우 사회민주당보다 97석이나 많은 의석을 확보했다. 총 의석 584석의 과반수에는 미치지 못했으나 압도적인 제1당이 된 것이다.

한편 공산당의 의석도 차차 증가되어 나치와 충돌이 끊이지 않았다. 1932년 10월 총선에서 나치는 196석으로 줄어들고 사민당이 12석을 잃었으나 공산당은 11석 늘어나 100석에 이르렀다. 이때 자본가와 보수세력이 반공의 입장에 서서 나치를 적극 지원하게 된다.

1932년 6월 귀족 출신의 군인으로 중앙당(Zentrumspartei)의 우파인 파펜(Franz von Papen)이 나치와 공산당을 배격하는 중도의 초당파 내각을 조직했으나 단기로 끝나고, 11월에는 다시 국방부 장관인 슐라이허(Kurt von Schleicher) 장군이 수상에 취임했으나 역시 2개월 만에 끝났다.

    그러자 힌덴부르크 대통령은 측근인 파펜과 히틀러의 연립내각을 만들고자 했다. 하지만 파펜은 국회 의석을 갖지 못했고, 소수 의원들만 장악하는 데 그쳤다. 결국 정권은 히틀러에게 넘어갔다. 힌덴부르크는 파펜을 부수상으로 임명해 히틀러를 경계하려고 했다. 이처럼 나치는 처음에는 단독정권이 아니라 연립내각의 형태로 정권을 잡았다.

    히틀러는 의회주의에 따른다는 가식 아래 나치의 돌격대(SA)와 친위대(SS) 조직을 동원하여 총선에 대비했다. 그리고 2월에 국회의사당 방화사건을 일으키고 그것을 공산당의 짓으로 몰아세워 탄압을 강행했다. 지금도 그 사건의 진상은 알려져 있지 않으나, 나치의 음모였던 것으로 추측된다.

    히틀러는 공산당의 파괴활동을 방지한다는 명목으로 그 지도자 4000여 명을 체포하고 당 활동을 금지시켰다. 그중에는 공산당원이 아닌 오시에츠키도 포함됐다. 그리고 그날 오후 히틀러에게 '국가와 국민을 수호하기 위한' 비상대권이 부여됐다. 히틀러는 죽기 직전까지도 비상대권을 손에서 놓지 않았다.

    그 사건 이후 많은 작가들이 외국으로 망명했다. 예를 들어

토마스 만은 그 사건 직전에 네덜란드에 강연차 갔다가 돌아오지 않았다. 나치는 그를 귀국시키려고 공작을 했으나, 그는 미국으로 망명했다. 그의 형인 하인리히 만도 곧 베를린을 탈출했다. 브레히트는 프라하를 거쳐 빈으로 탈출했다. 그 밖에도 수많은 작가들이 망명했다.

그들의 망명이 얼마나 고통스러운 것이었는가는 그 상당수가 결국은 자살을 했다는 데서 알 수 있다. 케스트너와 가까웠던 투홀스키는 스웨덴으로 탈출했으나 1935년에 자살했다. 행동파 극작가이자 시인이었던 톨러도 1939년 미국에서 자살했다. 발터 벤야민도 스페인으로 망명하다가 체포되는 것을 두려워하여 1940년 독을 마셨다. 슈테판 츠바이크는 망명지인 브라질에서 1942년에 자살했다.

그러나 독일 내에 머물면서 나치에 동조하지 않는 이른바 '국내망명'의 길은 더욱 고통스러운 것이었다. 언제 체포되고 투옥될지, 아니 죽을지 모르는 위험에 항상 놓이게 되기 때문이었다. 케스트너는 그런 국내망명을 선택한 사람들 가운데서 유일하게 살아남았다.

망명을 거부하다

국회의사당 사건이 터진 직후 케스트너는 스위스의 취리히에 기차로 도착하여 안나 제거스를 비롯한 여러 망명자들을 만났다. 모두들 케스트너에게 망명을 권했다. 그러나 그는 베를린에 돌아가겠다고 대답해 모두를 놀라게 했다. 왜 그랬을까? 그 답을 케스트너는 〈현명하게, 그럼에도 불구하고 용감하게〉(1948)라는 글에서 밝혔다.

> 작가는 그가 속한 국민이 역경에 처해 어떠한 운명을 인내하는지를 체험하고 싶어 하고, 체험하지 않으면 안 된다. 나아가 그럴 때 외국에 가는 것은 임박한 생명의 위험이 있을 때만 정당화된다. 그 결과 생명의 위협을 무릅쓰는 것은 작가의 직업상 의무다. 그렇게 함으로써 시종 목격자가 될 수 있고, 나중에 글로써 그 증언을 할 수 있게 된다면.

그가 망명을 거부한 이유 중에는 자신은 아동물을 썼기에 나치가 보아도 별 문제가 되지 않으리라는 판단도 있었다. 실제로 최초의 분서 대상에 그의 책은 포함되지 않았다. 나치 집권 초기인 1933년부터 1938년까지 외국어로 가장 많이 번역된 금지작가 중에서 케스트너는 6위였다. 그보다 연령이나 경력이 더 많은 슈테판 츠바이크와 토마스 만과 같은 고참 작가들과 함께였다.

　게다가 케스트너는 당시 국내외의 다른 지식인들처럼 나치가 오래 집권하지 않으리라고 믿었다. 나치는 방화사건 다음날 '국민과 국가를 지키기 위한 긴급명령'을 발포하여 바이마르 헌법을 실질적으로 폐기하고 반대파 숙청에 돌입했다. 3월 총선에서 나치의 득표는 43.9퍼센트에 그쳤다. 의석수로는 280석이었다. 사민당은 전년 가을과 같은 121석, 과거에 의회 진출이 금지됐던 공산당은 81석을 차지했다.

분서

1933년 5월 10일 베를린 오페른 광장에서 분서가 자행됐다. 색깔 있는 휘장을 한 대학생들, 국수주의적인 교수들과 함께 나치 당원들은 책 더미에 불을 붙였다. '독일 대학생 연합'은 '계급 투쟁과 유물론 반대' '데카당스 몰락'과 같은 구호를 쓴 휘장을 내걸었다. 몇몇 교수가 분서를 부추기는 연설을 했다. 그 뒤 11월 철학자 하이데거는 "총통만이 유일하게 오늘, 그리고 내일의 독일 현실과 그 법이다"라고 외쳤다.

아우슈비츠의 화장을 예고한 그날 밤에 케스트너의 책도 불탔다. 마르크스, 프로이트, 츠바이크, 슈니츨러, 브레히트 등 24명의 분서 대상 작가 명단에 그도 포함됐고, 이에 따라 그의 시집과 《파비안》이 불태워졌다. 그는 분서 대상 작가들 가운데 유일한 현장 목격자로서 괴벨스의 연설도 들었다. 괴벨스는 "퇴폐와 도덕적 붕괴를 막기 위해, 가정과 국가의 순결과 풍기를 위해!"라고 외쳤다. 도중에 카바레 여자들이 케스트너를 알아보고 "케스트너가 저기 있다"고 외쳤으나 그는 그곳을 빠져 나갔다.

분서를 단순히 히틀러의 야만행위로만 돌려서는 안 된다.

그 원인은 역사적으로 더 먼 곳부터 비롯된 것이다. 독일에서는 우선 18세기의 계몽주의가 미완으로 끝났다. 그리고 1815년, 1848년, 1870년의 혁명도 불발로 끝났다. 그리고 1918년 이후의 '서구문화 수입'에 대한 끈질긴 반동이 있었다.

그 저변에는 사상적으로 낯선 것을 적대시하는 문화 애국주의, 범신론적 자연관, 민족 및 피의 신성화 속에 밀려난 종교, '향토'의 치유력에 대한 민속적 낭만주의에 의해 끈질기게 지켜진 봉건사상, 1880년경의 경제위기 속에서 생긴 문명 비관주의 등이 깔려 있다.

여기에 공업, 대도시, 자본주의적 대량생산의 환경 속에서 사회주의의 깃발 아래 조직된 노동조합에 대한 농민과 수공업자와 같은 중간계층의 불안감, 과거 영주체제 아래서 영주에 봉사하며 배운 비판에 대한 공포, 사회적 또는 예술적인 문제와 관련된 조악한 세계관, 스스로 후진국이라고 생각하는 열등감 등이 더해졌다.

이러한 것들이 민족이라는 애매모호한 개념 속에서 나치의 게르만적 대권이라는 허망한 꿈에 의해 보상됐다. 그리고 그러한 게르만적 대권을 추구하는 것이 바로 '국가 보존'이고 '진정으로 독일적인 것'이며 '북방적인 것', '영웅적인 것', '농민처럼 힘 있는 것'으로 떠받들어졌다. 그리하여 그것은 '스파르타와 같은', '조화를 이루며 건강한', 그리고 '로마제국과 같은' 새로운 제국을 지향하는 것으로 여겨졌다.

나치의 분서

분서에는 교육부문이 앞장섰다. 초중고교와 대학은 '자연주의의 추악함'과 '표현주의의 시끄러움'에 격분을 표했고, '토마스 만의 과도한 지성'을 비난하는 동시에 그의 형인 하인리히 만의 '신랄한 풍자'도 비독일적이라고 거부했다. 그와 같은 문학은 전통질서에 맞지 않는 것으로 간주됐고, 실제로 영웅사관으로 윤색된 사이비 고전주의의 아카데미 미학과 어긋났다.

그래서 '국가의 성역'을 비판했던 자들은 공식적으로 '국제주의자'로 매도됐다. 그런 사람들은 마르크스주의자이든 아니든 간에 "마르크스레닌주의에 전염됐다"는 낙인이 찍혔고, 유대인이 아니더라도 "정신적으로 유대인이 됐다"는 비판을 받았다.

 물론 나치에 협력한 시인이나 작가들도 있었다. 시인 고트프리트 벤(Gottfried Benn, 1886~1956)도 그중 한 사람이었으나, 나중에 나치에서 떨어져 나오면서 집필을 금지 당했다. 한스 카로사는 처음에는 나치에 의한 아카데미 회원 추천을 거부했다. 그러나 1941년 나치에 의해 유럽작가연맹의 회장으로 추대되었고, 이 때문에 종전이 가까워지면서 패전주의자로 몰려 사형선고를 받기도 했다. 그는 "많은 피, 많은 피가 땅에 떨어져야만 한다. 그렇지 않으면 결코 피는 인간에게 향토적이지 않다"며 나치를 찬양했다.

 벤과 카로사는 우리나라에 널리 소개됐다. 하이데거와 마찬가지로 그들도 나치에 봉사했다고 해서 그 문학이 소개될 필요가 없다고 말할 수는 없으나, 적어도 그들의 행동을 합리화하는 것은 문제가 있다. 마치 그들이 어쩔 수 없이 나치에 협력했다는 식의 설명[31]에는 동의하기 어렵다.

 케스트너도 나치에 협력하라는 유혹을 받았으나 단호히 거절했다. 케스트너의 아동용 책은 나치 하에서도 금지되지 않고 출판됐으나 성인용 책은 외국에서만 출판하도록 허용됐다. 나치에게는 외화 획득이 필요했기 때문이었다. 히틀러는 집권 초기에는 독일 국민의 지지를 받았다. 특히 군비를 위한 산업진흥이나 공공사업 추진으로 실업자가 줄어든 것은 나치에 대한 국민 지지도를 높였다. 그래서 1934년 8월 힌덴부르크가 죽은 뒤 히틀러가 대통령과 총리를 겸하는 데 대한 가부를 묻는 국민투표에서 히틀러는 84퍼센트의 찬성을 얻었다. 이어 올림픽의 성공적인 개최로 그의 인기는 더욱 높아졌다.

최초의 체포와 《눈 속의 세 남자》

1934년 케스트너는 처음으로 게슈타포에 체포됐다. 1933년 괴링(Hermann Göring)에 의해 만들어진 게슈타포는 재판도 없이 국가보전이라는 이름 아래 시민들을 체포하고 처벌했다. 케스트너가 체포된 것은 프라하에서 발행된 망명자들의 잡지에 그의 반정부 시가 실렸다는 혐의 때문이었다. 그러나 케스트너는 자신은 프라하에 간 적이 없고, 게슈타포에서 문제 삼은 시는 자신이 쓴 원래의 시와 다르다고 해명함으로써 풀려날 수 있었다. 이때 정지된 그의 은행구좌는 1년이 지난 뒤에야 다시 열렸다.

같은 해 가을 케스트너의 소설 《눈 속의 세 남자(Drei Männer im Schnee)》의 광고가 신문에 나자마자 나치는 케스트너의 작품 출판을 전면 금지한다고 통보했다. 그가 '정치적으로 신뢰할 수 없는 작가'로 분류됐다는 것이었다. 그러나 그의 책을 외국에서 출판하는 것은 허용됐다.

케스트너는 《눈 속의 세 남자》가 예술작품이 아니라 오락소설이라고 말했다. 일종의 유머소설인 이 작품은 백만장자 재벌 회장인 토글러가 자신의 사업을 위한 선전문을 현상모집하는 것으로 시작된다. 1등에는 실업자 학사의 작품이, 2등에는 회장 자신의 작품이 뽑힌다.

그 상으로 두 사람은 스위스의 호텔에 2주간 머물게 된다. 회장은 운전수를 자신으로 꾸미고, 자신은 가난한 여행객으로 가장한다. 세 사람은 호텔에서 친구가 되고, 학사는 회장의 회사에 취직하게 된다. 사장이 된 학사는 자신을 학대한 호텔을 매수한 다음 종업원을 해고하라고 지배인에게 명령한다. 그러나 지배인은 그 호텔이 이미 사장의 것이 됐기 때문에 그렇게 할 수 없다고 답변한다.

이 소설은 케스트너의 한 친구가 저자 이름을 바꾸고 제목도 〈평생 변하지 않는 아이〉라고 변경해 무대에 올렸으나, 어느 신문기자가 케스트너 작품의 위장이라고 보도하는 바람에 상연을 중지 당하기도 했다.

《에밀과 세 쌍둥이》

1933년 11월 히틀러는 "당신의 자녀는 이제 우리의 아이"라고 선언하고 모든 어린이들을 나치 산하에 조직해 넣었다. 10세의 남자 아이들은 '독일 어린이단'에, 14세가 된 소년은 '히틀러 소년단'에 가입시켰다. 10세의 아이들은 독일 어린이단에 가입할 때 이런 선서를 했다.

우리의 지도자를 상징하는 이 피의 깃발 앞에서 나는 조국의 구원자인 히틀러에게 나의 모든 힘을 바칠 것을 맹세한다. 그를 위해 기꺼이 생명을 바치고자 하오니, 주여, 저를 도와주소서.

아이들까지 나치 독재에 동원하는 현실에 케스트너는 그 누구보다도 경악했다. 그래서 그는 1928년에 《에밀과 탐정들》의 속편을 써서 1934년에 《에밀과 세 쌍둥이(Emil und die drei Zwillinge)》라는 제목으로 스위스에서 출판했다.

그 내용을 보면, 《에밀과 탐정들》의 소년들이 여름방학에 발트해 연안의 별장에 모이기로 한다. "우리에게 닥칠 고난의 날과 시간은 질풍처럼 아주 빨리 온다. 마치 폭풍우가 뒤쫓는, 비를 머금은 먹구름처럼. 그러나 즐거운 날은 더디 온다. 일년 내내 미로와도 같은 이 시간은 제 길을 찾지 못한다. 바로 우리에게 다가오는 그 길을." 이 묘사는 당시의 현실을 말하는 듯하다. 해수욕장에서 아이들은 서커스단에서 쫓겨난 두 소년을 만난다. 서커스단은 두 소년을 쌍둥이로 내세워 장사를 하다가 둘 중 하나가 너무 많이 자라는 바람에 장사가 되지 않자 그 아이를 버리고 다른 소년을 훈련시킨다. 소년 탐정들은 버려진 아이를 구하는 작전을 펴서 그를 구출한다.

《에밀과 탐정들》에서와 마찬가지로 여기서도 케스트너는 이웃 사랑과 사회적 연대를 아이들을 통해 주장한 것이다. 그러나 이 작품은 이야기의 전체적인 구성이 《에밀과 탐정들》이나

《핑크트헨과 안톤》만큼 치밀하지 못하고, 그 상상력은 《5월 35일》만큼 분방하지 않다. 그래서 이 작품은 후에 연극이나 영화로 제작되지 못했다.

《사라진 미세화》

1935년에 케스트너는 유머가 가득한 추리소설 《사라진 미세화 또는 감상적인 푸줏간 주인의 모험(Die verschwundene Miniatur oder auch Die Abenteuer eines emfindsamen Fleischenmeisters)》을 스위스에서 출판했다.

이 소설에서는 50대 푸줏간 주인이 어느 날 갑자기 번창하는 사업에 공허감을 느끼고 가출해, 베를린에서 코펜하겐으로 간다. 그곳에서 그는 값비싼 골동품인 미세화 도난사건에 말려든다. 반전에 반전을 거듭하다가 미세화는 결국 주인에게 돌아가고, 피해자였던 여비서는 미세화를 찾은 청년과 결합하는 해피 엔드로 끝나는 이야기다.

소설 중에 나오는 "유럽이 대규모 자살을 기도하고 있다"는 표현대로 당시 정세는 히틀러의 파쇼 정치와 전쟁으로 숨 막히게 돌아가던 때였다. 《사라진 미세화》에서는 이런 정세와 달리 유쾌한 이야기가 종횡무진으로 펼쳐진다. 그러나 케스트너의 일상은 더욱 어려워졌고, 그는 체포의 위협이 더욱 커진 베를린을 떠나 드레스덴에 있는 부모에게 갔다.

시 선집 《케스트너 박사의 서정적 가정약국》과 두 번째 체포

1936년 시 선집 《서정적 가정약국(Doktor Erich Kästners Lyrische Hauspotheke)》이 출판됐다. 우리나라에서 《마주보기》라는 제목으로 번역, 출간된 바로 그것이다. 그러나 이것은 새로운 시집이 아니라, 케스트너가 당시까지 쓴 시들 가운데 116편을 골라 36가지 처방 항목별로 나누어 배열한 것이다.

한국에서 출간된《마주보기》1~3권에는 약 150편의 시가 실려 있고, 처방도 각 시마다 달려 있어 원본과 일치하지 않는다. 케스트너는 각 행을 일치시킨 몇 연으로 구성한 정형시들로《서정적 가정약국》을 구성했으나 국내 번역본인《마주보기》는 그런 형식을 완전히 깨뜨린 자유시로 돼있다. 원작의 기본적 형식을 임의로 파괴한 것이다. 게다가 내용도 제멋대로 뒤바뀌어져, 전체적으로 뜻만 전하는 것이 되고 있다. 이렇게 번역 출간된 《마주보기》는 외국시를 번역하는 데 지켜야할 몇 가지 역설적인 교훈을 우리에게 던져준다.

《서정적 가정약국》에서 케스트너가 내린 처방 항목(괄호 안은 시의 편 수)은 '나이 드는 것이 슬퍼졌을 때' (8편), '가난에 쪼들릴 때' (7편), '아는 체하는 사람이 말을 그쳤을 때' (5편), '삶을 살펴볼 때' (7편), '부부생활이 파괴될 때' (5편), '고독을 참기 어려울 때' (9편), '배움을 필요로 할 때' (6편), '게으른 버릇이 있을 때' (3편), '진보에 대해 말할 때' (7편), '봄이 가까웠을 때'(5편), '감정 부족을 견딜 때'(7편), '돈이 없을 때'(7편), '행운이 너무 늦게 찾아올 때'(2편), '대도시가 싫어졌을 때'(6편), '향수병에 걸렸을 때'(5편), '가을이 됐을 때'(3편), '어린 시절이 생각날 때'(8편), '아이들을 볼 때'(7편), '병으로 고통을 받을 때'(4편), '예술을 이해할 수 없을 때'(5편), '생활의 권태가 지배할 때'(6편), '사랑이 깨어질 때'(11편), '어머니가 생각날 때'(7편), '젊은 여인을 만났을 때'(7편), '자연을 망각했을 때'(6편), '문제에 부딪힐 때'(10편), '여행을 떠날 때'(9편), '자기과시에 흔들릴 때'(6편), '잠을 기다릴 때'(1편), '꿈을 꾸었을 때'(4편), '부당한 행동을 하거나 참을 때'(2편), '날씨가 나쁠 때'(5편), '겨울이 위협할 때'(3편), '선행이 이익을 초래한다고 믿을 때'(2편), '같은 시대 사람들에게 화가 날 때'(8편) 등이다.

그런데 한국판에서는 '나이 드는 것이 슬퍼졌을 때'에 해당하는 시는 단 한 편뿐인데다 그 제목인 〈마지막 플랫폼〉도 원래 제목인 〈양로원(Das Altersheim)〉과 다르다.[32] 이 번역시는 너무 엉망이므로, 여기서 다시 번역한다.

이는 노인을 위한 기숙학교.
여기는 시간이 많다.
인생 여정의 종착역이
그다지 멀지 않다.

어제는 아이 옷을 입었다.

오늘은 여기 집 앞에 앉아 있다.

내일은 저쪽 밖

영원한 휴식으로 간다.

아, 삶이란 길게 보여도

빠르게 지나간다.

조금 전에 시작했는데

금방 지나갔다.

여기 휴식하는 이들은,

무엇보다 하나를 안다.

종점 전의 마지막 역이고

그 사이엔 아무 것도 없음을.

케스트너가 '가난에 쪼들릴 때' 읽으라고 한 시도 한국판에 실린 것은 〈성냥팔이 소년(Der Streichholzjunge)〉[33] 하나뿐이다. 역시 이 번역시도 엉망이므로 다시 번역한다.

성냥이요! 성냥 사세요!

세 갑에 20페니히!

사람들은 웃는다, 사는 대신.
또는 화를 내고
투덜거린다, 사는 대신.
아는 체도 않고….

성냥이요! 성냥 사세요!
세 갑에 20페니히!

아버지는 10마르크의 실업수당을 받고
어머니는 병이 들었다.
우리는 공동부엌이 붙은 방 한 칸에 산다.
그러나 부엌은 거의 사용하지 않는다.

아버지는 병맥주를 마신다.
어머니는 같이 마시려 하지 않는다.
아버지는 노래한다. "우리는 자유로운 인생을 산다!"
그리고서 유리창을 깬다.

성냥이요! 성냥 사세요!
세 갑에 20페니히!

또 '대도시가 싫어졌을 때'에 읽으라고 한 6편 중에서는 〈이른바

타향에서(Sozusagen in der Fremde)〉[34]라는 시만이 《마주보기》에 실려 있다. 원시는 역시 각 5행 4연의 시인데, 〈작별인사〉라는 제목으로 옮겨진 이 시의 번역은 그런 형식을 깨뜨리고 내용도 왜곡했으므로, 여기서 이것 역시 다시 번역한다.

그는 거대한 도시 베를린
작은 탁자 위에 앉아 있다.
그가 없어도 도시는 거대하다.
그가 느끼듯 그는 필요 없다.
그 주위에는 벨벳이 깔려 있다.

손이 닿을 만큼 가까이 사람들이 앉아 있으나,
그는 오직 홀로다.
그가 보는 거울 속에
그들 모두 마치 당연하다는 듯
그렇게 앉아 있다.

요란한 불빛 앞에 대기는 창백하다.
향수와 빵 냄새가 떠돈다.
그는 얼굴과 얼굴을 진지하게 바라본다.
그가 본 것이 마음에 들지 않는다.
그는 슬프게 눈길을 돌린다.

그는 하얀 탁자보 주름을 편다.
그리고 잔을 뚫어져라 본다.
살아있음이 거의 싫어진다.
이 도시에 홀로 앉아
무엇을 하고자 하는가?

드디어 그는 이 도시 베를린
작은 탁자에서 일어섰다!
누구도 그를 모른다.
그는 모자를 들고…
스스로 고난을 시작한다.

마주보기

앞에서도 말했듯이 케스트너는 '마주보기'라는 제목의 시집은 출간한 적이 없다. '마주보기'는 한글 번역판에 새로 붙여진 이름이다. 그러나 '마주보기'라는 말이 그의 인생관을 아주 적절하게 잘 보여주는 말 가운데 하나인 것만은 사실이다.

케스트너의 '마주보기'는 남녀의 사랑 같은 것을 가리키는 게 아니다. 그것은 서양의 고대와 중세를 거쳐 내려온, 특히 근대 르네상스 때 빛을 발한 인문주의(Humanism, 휴머니즘을 인문주의라고 번역하는 것은 문제가 없지 않으나)의 상대주의에서 비롯된 것이라는 점에 주의할 필요가 있다.

'마주보기'는 오직 하나의 절대만을 고집하지 않고 여럿의 상대적 공존을 추구하는 삶의 자세를 말한다. 즉, 서로 배타적이지 말고 서로에게 관용을 가져야 한다는 뜻이다. 자기가 아닌 타인을 배척하지 않고, 자기를 스스로 인정하듯 타인을 인정하며 포용한다는 것이다. 결국 서로가 마주본다는 얘기다. 〈깊이와 높이〉라는 시를 읽어보자.

대단히 많다는 것은
아무것도 없다는 뜻이다.
높은 산과 깊은 계곡
늙은이와 아이
문명과 원시
부자와 거지
암컷과 수컷
하늘과 바다가 마주본다.

그것들은 서로가 있어
각자 존재하는지 모른다.
꽃 피고 새 우는 마술의 시작
이렇게 '마주보기'는 생성과 창조의 신화다.

사람과 사람이 마주봄으로써 사람이 되듯이(한자의 사람 인(人)자를 생각해 보라) 세상도 상대적인 모든 것들이 서로 공존함으로써 세상이 된다. 모든 존재는 서로가 있기에 존재한다. 그것이 생성과 창조의 신화다. 한국에서 시집의 제목이 된 〈마주보기〉라는 시를 읽어보자.

너와 내가
당신과 당신이
마주본다.
파랑바람이 분다.
싹이 움튼다.

고급수학으로
도시 성분을 미분해댄다.
황폐한 모래 더미 위에
녹슨 철골들이 흩어져 있다.
서로서로 핏발선 눈을 피하며
황금벌레 떼가 몰려다닌다.

우리가 쌓아온 적막 속
우리가 부서온 폐허 위
너와 내가

당신과 당신이 마주본다.
파랑바람이 분다.
싹이 움튼다.

피곤에 지친 눈을 들어
사랑에 주린 눈을 들어
너와 내가
당신과 당신이
마주본다.

마술의 시작이다.

도시와 문명이라는 이름의 고통, 적막, 폐허, 치열한 생존경쟁 속의 피곤과 증오에 갇힌 인간은 서로 마주보아야 비로소 인간답게 살 수 있다. 케스트너가 산 20세기, 우리가 산 20세기는 그런 세월이었다. 인류를 절멸시킬 수도 있었던 두 차례의 세계대전이라는, 인류의 과학문명이 낳은 저 엄청난 비극을 이겨내고 다시 살아가려면 우리는 이제 마주보아야 한다.

일상의 마주보기가 필요하다

그러나 마주보기가 그런 문명론 차원만의 거창한 것은 아니다.

그것은 작은 일상생활에서부터 필요하다. 우선 서로 마주보기를 두려워해서는 안 된다. 서로 외면한 채 으르렁거리는 것은 개보다 못한 짓이다. 그러니 담을 허물고 마주보아야 한다. 그리고 그런 일상의 생활론은 그대로 문명론이 된다. 그런 인생관이 그대로 사회관, 세계관, 우주관으로 통한다. 케스트너는 이런 점을 너무나도 쉽고 간단하게 설파한다. 역시 시인의 직관이다.

겁먹은 개들이 심하게 짖듯
이웃과 우린 으르렁거리며 살았다.

마주보기가 두려워
담을 쌓고 살았다.

이웃이 무서워 우린
줄칼로 시리게 이빨도 갈았다.

담이란 쌓을 때 힘들지만
무너뜨리기도 쉽지 않은 법.
천둥소리도 없이 별안간 담이 무너져
서로 조심조심 다가가 마주본다.

거울을 보듯 겁먹은 얼굴들이 마주본다.

또 하나의 〈마주보기〉는 힘센 헤라클레스와 활을 잘 쏘는 오디세우스의 대결을 노래한다. 그 대결이 예정된 날에 세상은 마치 전쟁이라도 나는 듯, 벌집을 쑤셔놓은 듯 소란스럽다. 모두 다 구경에 나섰기 때문이고, 언론이나 장사치들이 한몫 잡으려고 야단법석을 떨기 때문이다.

> 흥행사는 꾀를 짜내 갖가지 판을 벌였고
> 유선방송 폐쇄회로는 오래 전 예약이 끝났다.
> 뚱보 신사는 혈압 안정제를 입에 털어 넣고
> 하늘이 무너지고 땅이 꺼질까봐
> 겁에 질린 목자들은 기도했다.
> 신이 난 숙녀는 엉덩이를 휘젓고 다니고
> 목판 위에 구운 거위를 얹은 장사꾼은
> 외쳐대며 손님을 불렀다.
> 가진 돈을 몽땅 숭배자에게 걸고
> 사뭇 비장하게 앉은 시골신사도 보였다.

드디어 "헤라클레스와 오디세우스가 만났다."

두 사람이 마주 본다.

한 사람의, 돌로 만든 것 같은 볼이 씰룩한다.

다른 사람도 히죽 웃는다.

마주보며
두 사람은 서로를 알았다.

강하다는 것은 또한
외롭다는 뜻이기도 하다.

두 사람은 서로 손잡고 가버렸다.

마주보기 위해서는 서로에게 관심을 갖고, 남의 말에 귀를 기울여야 한다. 독단을 경계하기 위해서는 마음을 열어야 한다.

이놈 저놈 할 것 없이
모두 정말 멍청이야
귀를 열지 못할망정
열린 입이나 함부로 놀리다니!

1936년 말 《에밀과 탐정들》의 영화가 나치의 '경찰의 날'에 상영된다고 광고됐고, 이듬해 1월에는 여러 큰 영화관들에서도 상영됐다. 그러나 공교롭게도 바로 그때 그는 두 번째로 게슈타포에 체포됐다.

케스트너는 친구인 트리어와 잘츠부르크에서 은밀하게 만났다. 그 경험으로 쓴 것이 유머소설 《작은 국경왕래 또는 게오르크와 돌발사건(Der kleine Grenzverkehr oder Georg und die Zwischenfälle)》(1938)이다. 이 소설은 1942년 나치 치하의 독일에서 영화화됐다.

그 이야기를 보면, 궁전 같은 대저택에 사는 대부호 백작이 희극의 재료를 구하기 위해 여름에 하인들 모두를 휴가 보내고 미국인 부자에게 집을 빌려준 다음 백작과 그 일가가 스스로 하인들로 변장해 서비스를 한다.

베를린에 사는 지식인인 게오르크는 친구인 화가 칼의 초대로 잘츠부르크에 간다. 그는 외환관리국의 허가를 받지 못해 돈도 없이 잘츠부르크로 가서 칼에게 신세를 지려고 하나, 카페에서 친구를 만나지 못해서 커피 값을 내지 못한다. 그때 그는 백작의 딸을 만났고 그녀에게 커피 값을 대신 지불하게 한다. 이를 계기로 두 사람은 사랑에 빠진다.

《틸 오일렌슈피겔》

1938년 케스트너는 《틸 오일렌슈피겔(Til Eulenspiegel)》을 스위스에서 출판했다. 이는 중세부터 전해오던 민화를 엮은 1515년 책 《틸 울렌슈피겔에 대한 재미있는 읽을거리(Ein kurzweilig Lesen von Dil Ulenspiegel)》를 케스트너가 트리어의 그림과 함께 다시 엮은 것이다. 이 작품은 우리에게 《에리히 케스트너가 들려주는 옛 이야기 1》 안에서 〈어릿광대의 모험〉이란 제목으로 소개됐다.

그러나 같이 묶인 다른 다섯 편도 그렇지만 《틸 오일렌슈피겔》은 '옛 이야기'가 아니라 '다시 하는 이야기'다. 즉, 이미 들었거나 읽은 이야기의 재현으로 재화(再話)라고 할 수 있다. 독일을 비롯한 외국에서는 이런 형식의 문학작품이 흔하고 우리나라에서도 그런 작품이 흔하게 쓰이나, 그것을 하나의 독립된 문학으로 보는 경우는 아주 드물다.

가령 우리 작가가 단군신화나 화랑 이야기 또는 다른 작가의 작품을 자기 나름으로 재해석하고 표현한다면 그것이 바로 '재화'다. 이는 과거의 이야기를 현재의 관점에서 다시 바라본다는 점에서 매우 중요하고 가치 있는 일이다. 우리나라에서도 그런 '재화'가 하나의 문학으로 평가될 만큼 발전될 필요가 있다.

《틸 오일렌슈피겔》은 14세기에 실존했던 서커스 어릿광대 틸이 서커스단에서 나와 제빵기술자, 구두장이, 재단사, 나팔수, 점성가, 의사, 대장장이, 요리사, 목사, 푸줏간 주인, 화부, 그리고 마침내 대학교수까지 지낸 이야기다. 그러나 그는 정작 제대로 할 줄 아는 일은 하나도 없는 엉터리다. 어리석은 농민과 도시 소시민들을 속이며 그렇게 행세했을 뿐이다. 그는 실제로 삶의 한가운데서 공연을 한 어릿광대였던 것이다.

본래 이 작품은 중세의 농민과 도시민의 탐욕을 조소하고 풍자하면서 당시 억압돼 있던 농민의 반항을 표현한 서사시였다. 자유분방한 어릿광대의 정신을 통해 생활의 모순을 발견함으로써 터져 나오는 웃음속에서 나름의 철학을 느끼게 하는 지혜의 이야기다.

따라서 그것은 단순히 아이들을 웃기기 위한 그림책 이야기가 아니다. 사실 마르티니는 그의 《독일문학사》에서 이 작품은 세계문학의 무대에 올랐고, 그 후에도 계속 재생됐으며, 특히 스위스의 현대 극작가인 뒤렌마트(Friedrich Dürenmart, 1921~1990)까지 이어지는 민중문학의 전통을 수립했다고 평가한다.[35] 여기서 우리는 케스트너도 그런 전통을 계승한 작가들의 명단에 포함시킬 수 있다. 케스트너는 중세 민담의 부활을 통해, 당시 나치에 속아 그 지배를 받던 민중을 풍자했던 것이다.

뒤렌마트는 케스트너보다 한 세대 뒤의 후배 작가이나, 누구보다도 케스트너의 문학을 정확하게 이해한 사람 중 하나였다. 다행히도 그의 작품들 대부분은 우리말로 번역돼 있다.

나치의 멸망과 베를린 탈출

1938년 11월부터 잔혹한 유태인 박해가 시작됐다. 괴벨스의 명령으로 117개 유태 교회당과 7500여 유태인 상점이 파괴됐고, 수천 명의 유태인이 강제수용소로 끌려갔으며, 유대인 단체에 10억 마르크의 벌금이 부과됐다. '수정의 밤(Kristallnacht)'으로 불린 비극이었다. '수정의 밤'이란 유태인 집의 유리창이 부셔졌다는 뜻이다. 케스트너는 그 현장을 뒤에《1945년을 명심하라. 에리히 케스트너의 일기(Notabene 45. Ein Tagebuch von Erich Kästner》(1961)에 기록했다.

1939년 8월 독소 불가침조약이 체결됐지만 그 직후 9월에 독일군이 폴란드에 침입함으로써 2차대전이 발발했다. 독일군은 이듬해 덴마크를 점령하고 노르웨이에 침입한 뒤 프랑스 파리를 함락시켰다. 1941년에는 독일이 소련에 선전포고하고 일본이 영미에 선전포고를 함으로써 전쟁은 그야말로 세계대전으로 확대됐다.

이 시기에 케스트너는 몇 개의 역사희극 작품을 썼으나 미완성에 그쳤다. 그런데 그는 1942년에 나치의 국영 영화사인 우파(UFA)의 창립 25주년을 기념하는 영화의 시나리오를 맡게 됐다. 당시 케스트너는 외국에서만 금전적 수입을 올리고 있었는데 히틀러가 그 외국을 점령하여 수입이 끊긴 상태였다. 게다가 미국의 메트로 골드윈 메이어 영화사가《눈 속의 세 남자》와《사라진 세밀화》를 영화화하려고 했으나 원작자인 케스트너가 독일인이라는 이유로 그 계획이 취소됐다. 이런 상황에서 새로운 영화 작업이 맡겨진 것은 그에게는 참으로 반가운 일이었다.

케스트너는 호쾌한 남작 뮌히하우젠의 이야기를 시나리오로 썼다. 개봉된 영화는 흥행 성과가 괜찮았다. 그런데 그 시나리오가 케스트너가 쓴 것임을 알게 된 히틀러는 격노하여 그에게 외국에서의 출판을 포함한 모든 작품 활동을 금지하라는 명령을 내렸다.

1943년에 히틀러의 패색은 짙어갔다. 스탈린그라드에 이어 이탈리아도 항복하고 무솔리니는 실각했다. 베를린 공습이 본격적으로 시작됐고, 1944년 1월 공습으로 인해 케스트너의 아파트가 불타면서 3000권의 책과 옷, 가구가 모두 사라졌다.

그동안 그는 두 차례 소집을 받았으나 심장질환으로 귀가했다. 1944년 3월 삽화가인 오저와 편집자 크나우흐가 체포되어, 오저는 자살하고 크나우흐는 처형됐다. 그리고 그 미망인은 처형에 든 비용을 납부하라는 통지를 받았다. 이런 통지서가 당시에 수만 명의 유족들에게 발송됐다. 통지서에는 독일다운 명세

나치에 의해 끌려가는 유태인들

4장 어두운 나치 시절

서가 들어있었다. 사형판결 비용, 관선변호인 비용, 사형집행 비용으로 구성된 처형비용을 내라는 것이었다.

케스트너는 베를린을 피해 드레스덴으로 갔다. 1944년 6월 연합군의 노르망디 상륙작전으로 히틀러의 패배는 결정적이 됐다. 7월에는 히틀러 암살 기도가 발각되어 관련자가 처형당했다.

1945년 2월에 드레스덴은 공습으로 완전히 파괴됐다. 케스트너는 베를린에서 이 사실을 듣고 부모의 안부를 몰라 초조한 나날을 보내야 했다. 그는 며칠 뒤 생일에야 부모가 무사하다는 것을 알았다. 너무나도 큰 생일선물이었다.

케스트너는 드레스덴 공습 직전인 2월 7일부터 쓴 일기를 1961년에 발표했다. 이것이 바로 앞에서 말한《1945년을 명심하라. 에리히 케스트너의 일기》다. 3월의 일기에는 케스트너가 친위대의 대규모 학살 대상자 명단에 자신이 포함됐다는 소식을 듣고 베를린을 탈출하는 이야기가 나온다. 그는 오스트리아의 티롤에서 영화 로케를 한다고 가장하면서 탈출했다.

5월 1일 히틀러가 자살했고, 5월 7일 독일은 무조건 항복했다.

5장

뮌헨 시절

종전

무조건 항복으로 독일은 정치적으로는 물론 문화적으로도 완전한 공백상태에 빠졌다. 그러나 변혁은 또 다시 일어나지 않았다. 바이마르 시대처럼 종전 후 당연히 있어야 했던, 새로운 시대를 만들기 위한 새로운 의식이나 생활방식은 나타나지 않았다. 그 대신 독일은 자본주의와 사회주의의 갈등에 따른 희생물이 됐다.

서독 지역을 점령한 미국은 안정된 판매시장을 확보하기 위한 생산력 및 통상조건의 회복에만 관심이 있었다. 그리고 미국식 표본에 따라 시민적 자유주의와 개인주의적 민주주의를 서독 지역에 심으려 했다.

폐허가 된 베를린, 1945년

미 군정청은 나치 성향의 책과 군국주의적 도서의 유통을 금지하고 도서관에서도 그런 책들을 치워버렸으며, 허가된 번역물을 기초로 한 재교육용 문학서를 제공했다. 예컨대 미국 민주주의의 아버지라고 하는 프랭클린이나 제퍼슨의 전기 또는 그 극작물 등이 공급됐다.

반면 미국 자본주의를 비판한 콜드웰이나 포크너, 아서 밀러 등의 작품은 검열에 걸려 보급되지 못했다. 밀러의 작품은 1947년의 매카시 선풍으로 인해 공연허가조차 얻지 못했다. 1947년 이후 반공주의 노선이 더욱 확고하게 자리 잡았다. 그래서 1947년까지는 금서로 묶여 있었던 오웰의 《동물농장》이 반공

문학의 표본으로 보급되기 시작했다.

카바레 '작은 극장'

케스트너는 가까운 뮌헨으로 가 자신의 시를 카바레에서 낭독하고자 했다. 6월 말에는 베를린 방송이 첫 모임으로 '케스트너의 밤'을 열겠다고 했다. 9월에 문을 연 카바레 '작은 극장(Schaubunde)'에서는 개장 기념으로 케스트너가 나와 12년 만에 시를 낭독했다. 케스트너는 이어 13편의 샹송을 작사했다. 작곡자는 과거에 라디오 오페라 〈이 시대의 삶〉을 작곡한 닉이었다. 케스트너는 샹송가수를 다음과 같이 찬양했다.

> 그녀는 크게 아름답지 않다. 그러나 그것은 문제가 아니다.
> 그녀는 반드시 미인은 아니지만
> 한 사람의 여인이다. 나무랄 데 없고
> 몸에 음악을 지니고 있다.
> [⋯]
> 그녀는 아는 것만 노래한다. 그리고 노래하는 것을 안다.
> 그녀 노래를 들으면 사람들은 이를 깨닫는다.
> 그리고 그녀의 노래는
> 오래 마음에 남는다.
> [⋯]

그녀는 눈물을 쏟게 할 요소를 안다,

우리가 정말 좋아할

그런 주제의 노래를 알고 있다.

그리고 여기서 그녀는 그 몇 곡을 부른다.

케스트너를 비롯한 당시 모든 사람들의 생활은 어려웠다. 그 생활상은 케스트너가 당시에 쓴 두 편의 '현대 우화'에 잘 나타나 있다. 그 하나인 〈자질구레한 물건의 메르헨〉은 성냥도 전구도 실도 바늘도, 심지어 눈물을 닦을 손수건도 없는 나라의 이야기다. 그곳 사람들은 그런 삶이 자기 탓이라고 알고 있고, 외국인으로부터도 그런 사실을 잊지 말라는 말을 들으며 산다.

그들은 눈물을 닦고 일하고자 하지만 일할 도구도 기계도 재료도 돈도 없다. 그것도 자신들 탓이라는 말을 듣는다. 그런 죄 외에는 그들에게 아무것도 없다. 죽으려 해도 밧줄도 권총도 독약도 없다. 그러니 죽음도 삶처럼 포기해야 한다. 물론 그것도 자기 탓임을 잊어서는 안 된다는 말을 듣는다. 이야기는 이런 마지막 구절로 끝난다. "굶어죽지 않는다면 살아있으리라."

1946년 케스트너는 샹송 〈우편함 곁의 노부인〉을 카바레 '작은 극장'에서 발표했다. 실화에 근거한 이 샹송에서 노부인은 자식이 전사하지 않았다고 믿기에 매일처럼 편지를 보낸다. 이웃 사람들은 수취인 불명으로 되돌아온 편지를 그녀에게 전하지 않으려 한다.

1947년 케스트너는 역시 카바레 '작은 극장'에서 〈기다림의 노래〉를 발표했다. "전 독일이 수백만 아내들로 가득 찬 대합실이다." 죽음의 춤은 끝나고 라일락이 다시 피어났어도 남편들은 돌아오지 않는다. 아내들은 남편의 이름과 사진을 써 붙인 플래카드를 들고 거리로 나선다.

〈노이에 차이퉁〉

1945년 10월 〈노이에 차이퉁〉이 발행되자, 케스트너는 문화면 편집장을 맡았다. 이 신문은 뮌헨에서 주 2회, 베를린에서 주 6회 발행되다가 1949년부터 1955년까지 서독 전역에서 일간지로 간행됐다. 케스트너는 그곳에 근무한 2년간 30편 이상의 평론을 썼다. 그 글들은 뒤에 《나날의 잡화(Der tägliche Kram)》(1948)와 전집 중 평론집 《어제의 새로운 것》에 실렸다.

그는 기자로서 1945년 11월에 열린 뉘른베르크 국제군사법정의 재판을 방청하고 그 방청기를 썼다. 법정에서 미국인 검찰관은 전쟁범죄에 대해 독일 국민 전체가 책임이 있다고 할 수 없다고 주장한 반면, 스위스의 정신과 의사 융은 "나치와 그 반대자 사이의 구별은 불가능하다. 모든 독일인들이 의식적 또는 무의식적으로, 적극적 또는 소극적으로 잔혹행위에 가담했다"고 주장했다. 케스트너는 미국인 검찰관의 주장에는 동의했지만, 융의 말에는 강하게 반발했다.

반나치스 정신병 환자들을 진찰한 융은 "그들에게는 분명히 나치 심리가 살아 있다. […] 독일인은 믿기 어려울 정도로 암시에 걸리기 쉽고 악마성에 특히 약하다"고 말했다. 이에 대해 케스트너는 수많은 사람들이 나치에 저항했음을 지적하고, 융이 1934년 스위스 신문에 "프로이트는 독일인의 혼을 몰랐다. 나치의 출현은 그 잘못을 바르게 고친 것"이라고 썼던 점을 상기시켰다. 케스트너는 독일 국민에게도 책임이 있지만, 많은 독일인들이 저항할 때 다른 나라들은 히틀러의 정치적 시위였던 올림픽에 협력했다고 지적했다.

케스트너는 당시의 궁핍 해소와 암상인 근절을 위해 통화개혁이 필요하다고 주장했다. 통화개혁은 1948년에 이루어졌다. 그러나 '작은 극장'도 청소년 잡지 〈핑귄〉도 통화개혁으로 인해 없어졌다.

〈어린이를 위한 핑귄〉

뿐만 아니라 케스트너는 청소년 잡지인 〈어린이를 위한 핑귄(Pinguin für junge Leute)〉을 창간하고 거기에 9편의 평론을 썼으며, 국제아동도서관 건립에도 진력했다. 〈핑귄〉에 처음 쓴 글인 〈현명하게, 그럼에도 불구하고 용감하게〉에서 그는 나치가 저지른 짓은 용기가 아니라 광기에 불과하다고 지적했다. 이어 그는 독일인은 인간적으로 느끼고 민주적으로 행동하는 능력을 잃지 않았다면서 새로운 나라를 건설하자고 주장했다.

통화개혁으로 인해 〈핑권〉이 폐간된 뒤에도 케스트너는 청소년을 위한 글을 많이 썼다. 그중 하나인 〈새 학기의 인사〉에서 그는 6가지 충고를 한다.

첫째, 아이 적을 잊지 말라. 사람들은 어렸던 시절을 마치 더 이상 통하지 않게 된 낡은 전화기인 것처럼 잊어버리나, 1층이 없는 2층이 없듯이 어른이 되어도 아이 같은 사람만이 인간이다.

둘째, 교단을 옥좌나 설교단으로 생각하지 말라. 선생은 무엇이나 다 아는 사람이 아니다. 이 점을 인정하는 선생을 사랑하라. 선생은 신도 악마도 아니다. 모두를 열심히 키우는 원예가와 같다.

셋째, 동정심을 갖는 사람에게 동정심을 가져라.

넷째, 공부를 너무 많이 하지 말라. 인생은 학교 공부만이 다가 아니다. 노래도 춤도 운동도 열심히 하라.

다섯째, 머리가 나쁘다고 경멸하지 말라. 누구든 자기가 좋아서 머리가 나쁜 게 아니다. 누구나 자기보다 현명한 사람이 있다는 사실을 잊어서는 안 된다.

여섯째, 가끔은 교과서를 의심하라. 교과서에 아무리 훌륭한 인간, 용감한 인간의 이야기가 나와도, 그가 24시간 내내 훌륭하거나 용감하지는 않기 때문이다.

케스트너는 〈아이, 문학, 아동문학〉(1953), 〈누가 어린이 책을 쓸까〉(1957) 등 아동문학에 대한 글도 썼다. 그는 작가들이 아동용 책을 쓰는 것을 수준 낮은 일이라고 생각하는 데 대해 항의하고, 어린이 책을 쓰고 거기에 그림을 그려 출판하는 일이 그것에 뜻을 세우지 않은 사람들에 의해 이루어지는 현상을 개선해야 한다고 주장했다.

자신의 조사에 의하면 당시 아동도서의 60퍼센트 이상이 교사나 주부에 의해 쓰이는 등 제대로 공부를 하지 않은 이들이 어린이 책을 만든다는 것이었다. 그는 아동만이 아니라 일반인도 평가할 수 있는 아동도서를 써야 하고 "어린이 책만을 쓰는 자는 작가가 아니다. 그는 아동문학 작가도 아니다"라고 주장했다. 그러면서 그림 형제도 안데르센도 아동만을 위해 쓰지는 않았음을 강조했다.

아동문학에 대한 케스트너의 공로가 인정돼 서독의 많은 초등학교들이 케스트너의 이름을 교명으로 삼았다. 이런 학교는 1979년까지 25개에 이르렀다.

국제 펜클럽 활동

국제 펜클럽은 시인(P), 에세이스트, 편집자(E), 소설가(N)의 국제조직으로 1921년 영국에서 창립됐다. 처음부터 비정치성이 강조된 조직이었으나, 독일 작가들은 1차대전 패전으로 인해 불참했다. 그 후 독일 펜클럽을 추진한 토마스 만이 초대됐고,

1926년 베를린에서 펜클럽 대회가 열렸다. 케스트너도 1931년 베를린 회원이 되었으나, 독일 펜클럽은 나치에 의해 1933년 해체됐다.

전후인 1947년 케스트너는 국제 펜클럽 대회에 초대됐다. 이 대회에서는 독일 펜클럽의 부활이 논의됐고, 어떤 작가들을 참여시킬 것인가에 대한 논의도 벌어졌다. 프랑스의 저항작가 베르코르는 독일의 '국내망명' 작가들이 나치에 침묵한 것을 비난했다. 독일 펜클럽의 재결성은 1951년에야 가능했다. 그때 케스트너는 회장으로 선임됐다. 이어 1959년 국제 펜클럽 대회에서 케스트너는 부회장으로 선임됐다.

시집 《간단 명료》

케스트너는 1946년 시 선집 《나의 작품 점검(Bei Durchsicht meiner Bücher)》을 출간했다. 이어 1948년 평론집 《나날의 잡화》와 시집 《간단 명료(Kurz und bündig)》를 펴냈다. 《간단 명료》에는 다음과 같은 4행시 〈정확성(Präzision)〉이 있다. 시집 《간단 명료》의 주제시라고 할 만하게 정말로 간단하면서도 명료하다.

할 말이 있으면
서두르지 마라.

시간을 들여

한 줄로 말하라.

〈확인(Eine Feststellung)〉[36]에서는 다음과 같이 노래한다.

그것은 쉬운 일이 아니다.

왜냐하면 우리는 오직 위험을 알지만,

거기에도

어떤 보람이

있음을 알기 때문이다.

믿는 사람은 더 많이 안다.

케스트너는 〈신년을 맞아(Zum Neuen Jahr)〉[37]에서 다음과 같이 노래한다.

"올해는 나아질까? 나빠질까?"

해마다 사람들은 묻는다.

우리는 정직하게 답한다.

인생은 언제나

위험하다고.

다음은 죽음을 맞는 노인의 심정을 노래한 〈가을의 일화

〈Herbstliche Anekdote〉〉[38]이다.

> 노인이 무덤에 이르러,
> 묘지 문 앞에 걸음을 멈추고
> 아들에게 떨리는 목소리로 말했다.
> "마음이 내키지 않는다,
> 다시 집으로 돌아가자…"

〈운명(Das Verhängnis)〉[39]은 다음과 같다.

> 그것은 운명이다.
> 출생과 장례 사이에 있는
> 고통 이외 다른 것이 아니다.

다음은 〈목적과 수단(Der Zweck und die Mittel)〉[40]이다. 이 시에는 '정치로서의 종교와 종교로서의 정치'라는 부제가 붙어 있다.

> 그들은 말한다. 목적이 수단을 성스럽게 한다고?
> 교리가 감옥살이를 성스럽게 한다고?
> 교수대를, 죄수복을 성스럽게 한다고?
> 오, 음침한 자본이여!
> 불안과 진보도 잘 조화된다.

수단은 목적을 모독한다!

케스트너는 〈유대교회당이 불탈 때(Als die Synagogen brannten)〉[41]에서 다음과 같이 노래한다.

나치 돌격대 청년:
지금 여호와가 숨어 있는 곳에서는 아무도 용서할 수 없는가?
그는 그 불확실한 주소를 옮긴 것인가?

유대 노인:
신은 존재하고, 정의도 존재한다.
그것들이 없다면 유대교회당이 왜 필요한가?

〈코페르니쿠스적 성격 구함(Kopernikanische Charaktere gesucht)〉[42]이라는 이상한 제목의 시에서 케스트너는 다음과 같이 노래한다.

사람들은 올바르게 생각한다.
지구가 숨 가쁘게 돌고 있음을,
지구의 낮과 밤은
수많은 별이 돌기 때문임을.
지구는 생의 절반을

전 세계 속으로 머리를 기울이고 있고,
지구 곁에는 영원한 원형의 열 가운데로
접근해 오는 많은 별들이 있음을.
이에 대해 깊이 생각해 보면
케스트너처럼 되고 싶어 하지는 않으리.

〈공원에서의 만남(Begegnung auf einer Parkbank)〉[43]에서는 자연과의 만남을 놀라운 시정으로 노래한다.

매혹적인 색깔의 공작나비가
레만 씨의 넥타이
아름다운 꽃무늬 위에 앉아
꿀을 빨고 있다.

넥타이는 아직까지
나비를 맞은 적이 없어 난처했다!
나비가 당황해 날아가자
레만 씨는 웃으며 조끼를 털었다.

〈사후의 명성에 대해(über den Nachruhm)〉[44]는 역사의 아이러니를 보여준다. 이 시의 부제는 '고르디우스의 매듭'이다. 고르디우스가 묶은 매듭을 푸는 사람이 아시아의 왕이 된다는 신탁을 듣고 알렉산더 대왕이 단칼에 끊어버렸다는 고사에 빗댄 시다.

　풀리지 않는 매듭을 끊었다는 것은
　알렉산더 대왕의 업적에 속한다.
　그리고 매듭을 묶은 사람을 어떻게 말하는가?
　그에 대해서는 아무도 모른다.

　(분명히 다른 누구도 할 수 없는 일이었다.)

그 밖에도 재미있는 경구들이 많다. 여기 그 몇 가지를 뽑아 읽어보자.

　마음속에 일어나는 일을
　깊이 관찰하고 주의하라.
　그렇게 마음을 정리하면
　자신의 변화가 감지되어 흐뭇하리라.
　관찰과 발견 사이 최선의 방법은
　우회다.

　최상의 삶은
　이미 정확하게 알고 있는 것에까지도

인내를 보이는 것이다.
사람은 열려 있는 문에도
머리를 부딪칠 수 있으니까.

그는 이제 행운이 무엇인지 안다.
바로 그 때문에 다리를 잃기는 했지만
죽기 직전의 그를 구급차가 구출했다!

단순히 한바탕 소란을 일으키기 위해
금으로 만든 비프스테이크를 가져오라 할 수 있다!
그러나 그는 아주 중요한 사실을 잊고 있다.
금으로 만든 비프스테이크는 먹을 수 없다는 사실을!

바람이 불지 않을 때, 무엇을 하고 있는가?
라는 아이의 물음을 생각해 보라.

잘못에도 가치가 있다.
그러나 언제나 그렇지는 않다.
인도로 항해한다고
언제나 아메리카를 발견하는 것은 아니다.

매일 밤 개찰구에 섰다

허리 구부러진 슬픈 노인이

언젠가 신이 올까 생각하나,

오는 것은 인간뿐이다.

선을 행하는 것 외에

선은 없다.

우화 《동물회의》

케스트너가 1949년에 낸 《동물회의(Die Konferenz der Tiere)》는 우리나라에서 초등학교 3학년 이상 권장도서로 돼 있으나, 부제인 '어린이와 식자(識者)를 위한 책'이라는 말에서도 알 수 있듯이 아동을 위한 책만은 아니다. 이 책은 당시의 국제 정상회의에 대한 풍자이자 폭탄선언으로서 명백한 현실비판의 메시지를 담고 있다.

물론 군축이 이행되지 않고 군비경쟁에 의해 전쟁이 터지면 불행하게 되는 것은 아이들이라는 점에서 보면 아이들을 위해 쓴 책이기도 하다. 어른들이 공리공론으로 이기적, 타산적으로 회의를 반복하기 때문에 결국은 아이들만 불행해진다는 이유로 동물들이 국제회의를 연다. 동물들은 단번에 유효한 대책을 수립하고 실행에 옮긴다. 만물의 영장이라는 인간에 대한 풍자다.

1장 '동물들 분노하다'에서 코끼리, 기린, 사자는 인간을 비난한다. "정말 한심한 인간들이야! 훨씬 더 잘할 수도 있잖아! 물고기처럼 잠수도 하고, 오리처럼 헤엄도 치고, 알프스 산양처럼 바위도 기어오르고, 독수리처럼 날 수도 있잖아. 그런데 그런 능력으로 여태까지 해놓은 일이 뭐가 있어?"

"전쟁이지! 지금 전쟁을 하고 있잖아. 게다가 혁명, 게다가 파업, 게다가 굶주림, 게다가 새로운 질병." "인간의 아이들이 가장 안됐어. 그렇게 귀여운 애들을! 아이들은 늘 전쟁과 혁명과 파업에 휩쓸려야 하지. 그런데도 어른들은 이렇게 말하는 거야. 이게 다 나중에 아이들이 더 잘되라고 그러는 것일 뿐이라고. 그렇게 뻔뻔스러울 수가 있어, 응?" "멍청이들! 그것들은 전쟁을 안 하면 배기질 못해. 그래서 두 패로 나뉘기가 무섭게 머리카락을 몽땅 뽑아낼 기세로 싸움질을 한다니까!"

집에 돌아간 코끼리는 군축회의가 결렬됐다는 소식에 다시 분노한다. "봐! 읽어 봐! 또 그 빌어먹을 회의야! 인간들이라곤! 망치는 것밖에 할 줄 아는 게 없어! 뭘 세우기만 하면 당장 바벨탑을 만들어 버린다니까!" 그리고 아내에게 다음과 같이 설명한다. 먼저 지구의 양쪽을 보여주는 두 개의 원을 그린다.

"인간들이 사는 곳은 어디나 불행과 어리석음이 판을 치지. 다른 동물은 모두 그걸 보는데 오직 한 동물은 그 비참하고 엉망진창인 꼴을 보고 싶어 하지 않아. 바로 타조지. 그래서 머리를 모래 속에 처박고 있다고." 그리고 다른 쪽을 가리키며 "이곳도 어디나 몇백 년에 걸쳐 전쟁과 위기와 어리석음이 판을 치고 있어. 인간들은 모두 다 그걸 보고 있는데, 몇몇 사람만은 그걸 보고도 아무것도 배우려 하지 않아. 단지 그들은 통치하고 연설하고 회의를 하고…"

이튿날 코끼리는 전 세계에 전화를 걸어 인간들을 더 이상 이대로 놔둬서는 안 된다고 생각한다며 동물회의를 열자고 제안한다. "인간의 아이들을 위하여!"

2장 '릴레이 전령들'에서는 동물들이 각자 특징에 따른 통신방법으로 회의소집 소식을 전달하는 모습이 그려지고, 3장 '동물 대표 총출동'에서는 다양한 방법으로 동물들이 모여드는 모습이 묘사된다. 그 행태는 아이들과 어른들 모두에게 흥미롭다. 회의로 떠나는 코끼리에게 부인이 "바보 같은 짓은 하지 말아요!"라고 말하자 코끼리는 "걱정 말아요! 우리가 이 세상을 제대로 만들어 놓을 거요! 우리는 인간이 아니니까!"라고 답한다.

그런데 바다나 하늘로 오는 동물들과 달리 땅으로 오는 동물들은 여권, 비자, 세관신고 등으로 불편하다. 그래서 사자와 코끼리가 호랑이와 악어를 데리고 가서 관리들을 내쫓아, 땅으로 오는 동물들도 아무런 방해를 받지 않게 한다.

4장은 '동물회관이란 곳'을 묘사한다. 동물들이 움직여도 어른들은 모르나, 아이들은 놀란다. 왜냐하면 그림책의 동물들이 별안간 사라졌기 때문이다. 동물들의 움직임이 차차 주목을 받게 되고, 기자들이 와서 묻는다. 동물들은 자신들의 회의가 인간들의 여든일곱 번째 세계 정상회의와 같은 날 열리는데, 그것과 달리 자신들의 회의는 처음이자 마지막이라고 대답한다. "지금이 아니면 너무 늦다!"

5장 '맨 꼴찌로 도착한 북극곰'에서 대표들이 모두 모여 회의를 시작한다. 6장의 '북극곰의 재채기 연설'은 다음과 같다. "우리는 인간의 아이들을 위해 모였다. 왜? 인간들이 그들의 중대한 임무를 소홀히 했기 때문이다! 우리는 한마음으로 주장한다. 전쟁도 기아도 혁명도 절대로 있어서는 안 된다! 인간들은 그걸 당장 중단해야 한다! 왜냐하면 중단할 수 있기 때문이다.

그러니까 중단돼야 한다! […] 국경의 울타리는 허물어야 한다."

7장에서는 '초른밀러 장군이라는 인간'이 와서 인간들의 세계 정상회의에서 채택된 항의서한을 전달한다. 동물들은 끼어들지 말라는 것이다. 인간들은 서류로 답변하라고 요구하나, 동물들은 비웃으며 말한다. "꺼져버려! 우리는 종이에 끼적거리는 짓이나 하려고 여기 모인 게 아니라 아이들을 도우려고 모였어."

8장 '인간들이 우리보다 한 수 앞섰어'에서는 동물들이 인간의 서류가 불필요하다고 판단하여 집쥐와 들쥐의 대군을 출동시켜 그것을 모두 먹어치우게 했으나 영리한 인간들이 그것들을 즉각 복구한 것을 개탄한다. 그래서 근본적인 대책을 강구한 것이 9장의 '제복을 타도하자!'다. 좀나방 떼가 군복을 비롯한 모든 제복을 모조리 먹어치운다. 초른밀러는 다음과 같이 연설한다. "우리가 더 이상 군복을 입지 못하게 돼도 군번과 계급을 피부에 그리면 된다!"

그래서 동물은 최후의 수단으로 인간의 아이들을 모조리 숨긴다. 그래서 학교에도 가정에도 침대에도 아이들이 없게 된다. 바로 10장 '아이들이 사라졌다'에 묘사된 상황이다. 아이들은 동물들 사이에 숨겨진 채 즐겁게 논다. 11장 '인간들, 조약에 서명하다'는 부모들이 비탄에 젖어 마침내 동물회의의 요구를 받아들이고 조약에 조인하는 모습을 보여준다. 조약의 내용은 다음과 같다.

1. 국경의 철책이나 경비소는 모두 철거한다. 국경은 더 이상 존재하지 않는다.
2. 군대, 대포, 폭탄은 모두 없앤다. 더 이상 전쟁을 일으키지 않는다.
3. 질서를 유지하기 위해 필요한 경찰은 활과 화살로만 무장한다. 그들은 과학과 기술이 평화적으로 이용되는지 감시한다. 살인기술은 더 이상 필요 없다.
4. 사무실, 관청, 서류는 최소한으로 줄인다. 인간을 위해 관청이 존재하는 것이지, 관청을 위해 인간이 존재하는 것이 아니다.
5. 가장 우대받는 공무원은 교육자로 한다. 아이들을 참된 인간으로 교육하는 것은 가장 높고 중대한 임무다. 참된 교육의 목적은 '불량 양심'을 없애는 것이어야 한다.

위 평화조약이 체결되자 인간들은 지구의 모든 곳에서 환성을 지른다. 이 바람에 지축이 0.5센티미터 정도 내려앉았다. 국경이 없어지고 이쪽저쪽도 없어져, 모두들 서로 손을 잡고 흔든다. 마지막 12장은 '동물회의 그 이후'다. 인간들은 동물들을 명예시민으로 추대한다.

우리는 앞에서 케스트너가 레싱, 헤르더, 괴테와 같은 계몽주의와 함께 하이네의 영향을 받았다는 점을 살펴보았다. 케스트너의 초기 시를 보면 그가 하이네의 정치적 시에 큰 영향을 받았음을 알 수 있다. 그러나 하이네의 영향이 가장 극명하게 드러나는 작품은 바로《동물회의》이다. 하이네의 대표작인《아타 트롤―여름밤의 꿈(Atta Troll―Ein Sommernachtstraum)》(1847)과《동물회의》를 비교해보면 이를 확신할 수 있다.《아타 트롤》도 동물을 통해 인간의 정치를 비판한 작품이다.

그 이야기는 주인에게서 도망친 곰 아타 트롤이 고향인 피레네 산 속으로 들어가 다른 곰들을 모아놓고 인간세계의 정치에 대해 논하다가 사냥꾼에게 사살되어 어느 시인 마누라의 침대 모피요로 깔린다는 것이다. 죽기 전에 곰은 외친다. "우리 곰과 같은 동물은 껍질에 호주머니를 달고 있지 않지만 인간은 호주머니를 몸에 달고 그것을 채우기 위해 서로 싸우고 죽인다. 못된 인간들을 타도하기 위해 우리 동물은 일치단결하자!"

《로테와 루이제》

《로테와 루이제》(1949)의 원저 제목은《두 사람의 로테(Das doppelte Lottchen)》이다. 줄거리는 두 명의 쌍둥이가 헤어진 부모를 재결합시키는 과정이다. '아이들은 영리하고 솔직하며 행동력이 있다'는 케스트너의 생각이 여실히 나타난다. 루이제는 작곡가인 아버지와 함께 빈에서, 로테는 잡지 편집자인 어머니와 함께 뮌헨에서 살고 있다.

둘은 두 도시의 중간에 있는 호반의 임간학교에서 여름방학

을 보내며 서로 알게 되어 부모를 재결합시킬 궁리를 한다. 결국 둘이 서로 역할을 바꿔 루이제는 어머니에게, 로테는 아버지에게 가서 시행착오를 거듭하며 계략을 성사시킨다.

그러나 역시 케스트너 소설은 이렇게 줄거리만 이야기하면 맛이 없어진다. 좀더 상세히 살펴보자. 이 소설에는 케스트너의 소설에 으레 등장하던 머리말 아닌 머리말이 없다. 1장은 '뻔뻔스럽게도 그렇게 닮은 얼굴을 하고 있다니!'다. 두 아이는 서로 똑같이 생겼다는 점 때문에 갈등하나 곧 휴전한다. "두 아이 사이의 휴전은 지속될 수 있을까? 아무 계약도 약속도 없는데도? 나는 그렇게 믿는다. 하지만 휴전에서 평화에 이르는 길은 아주 멀다. 아이들 사이에서조차. 그렇지 않은가?" 그러나 '번개같이 눈길이 얽혔다'(2장)

이제 둘은 '아이들을 반으로 나눠도 되나요?'(3장)라고 항의한다. 그래서 두 아이가 서로를 바꾸는 '음모가 시작된다.'(4장) 그러나 입장 바꾸기란 쉽지 않다. '이건 절대 어린애 장난이 아니야.'(5장)

이 소설에 대해서는, 이혼한 부모를 아동소설에 등장시켰다는 점을 비판한 견해도 있었다. 케스트너는 그러나 아이들에게도 진실을 알려야 한다고 주장했다. 그런 비판이 가해질 것이라고 미리 예상이라도 한 듯 케스트너는 소설 속에서 말한다.

이 세상에는 이혼한 부모들과, 그 때문에 고통 받는 아이들이 너무 많다! 그리고 세상에는 부모가 이혼하지 않기 때문에 고통 받는 아이들도 수없이 많다! 하지만 자기 자신 때문에 아이들에게 부당한 고통을 주는 사람들하고는 이성적이고 합리적인 방법으로 대화를 나누는 일은 점잖게, 그리고 단호하게 그만둬야 할 것이다!

6장 '이십세기에 나타난 헨젤과 그레텔'은 이혼에 대한 통렬한 고발이다. 로테의 꿈속에서 두 아이는 부모에 의해 반쪽씩 나누어지자 소리친다. "안 돼요. 우릴 반으로 나눌 수는 없어요!" 그러나 아버지는 말한다. "입 닥쳐라! 부모는 뭐든지 해도 된다."

아이들은 바뀐 집에서 '모두 딴 사람이 됐다.' (7장) 그런데 아버지에게 애인이 있다. '아빠, 결혼하지 마세요.' (8장) 그러다 둘이 서로 역할을 바꾼 일이 탄로 나고, 둘은 다시 만난다. 생일 선물로 아이들은 같이 살게 해달라고 말한다. 부모는 그 말이 모두 함께 살기를 바라는 것이라는 걸 알아차리고 재결합한다.

이 소설은 책으로 나온 이듬해에 영화화됐다. 케스트너 자신이 배우로 등장했고, 일인이역의 로테 역을 맡을 배우는 공모됐다. 이 영화는 제1회 독일연방영화상을 받았다. 독일 밖에서도 이 책은 인기를 끌었고, 여러 나라에서 영화화됐다. 내가 어린 시절에 본 미국판 영화는 원작의 심각성을 제외시켰다는 문제점은 있었으나, 일인이역의 완벽한 연기와 촬영으로 세계적인 인기를 끌었다. 이 소설은 우리나라에서 초등학교 3학년 이상에 대한 권장도서로 돼있다.

이 소설을 쓸 때 케스트너는 50세였으나, 프리델 지베르트(Friedel Siebert)라는 23세의 여성과 사랑을 했다. 당시 케스트너와 동거하고 있던 루이제로테가 두 사람의 관계를 안 것은 그로부터 11년 뒤였다. 지베르트는 케스트너와 사랑을 시작한 지 8년 뒤 아이를 낳았다. 케스트너가 죽은 뒤 그의 유산은 지베르트와 루이제로테에게 반분됐다. 35년간 케스트너와 동거하며 그를 돌본 루이제로테에게는 가혹한 일이었다. 게다가 그녀는 자신이 죽은 뒤 케스트너와 함께 묻히고 싶다는 소원을 갖고 있었으나, 지베르트에 의해 거부당했다.

카바레 '작은 자유'

1951년 케스트너도 창립자로 참여한 새로운 카바레 '작은 자유(Die kleine Freiheit)'가 뮌헨의 슈바빙에 문을 열었다. 케스트너는 이 카바레를 위해 '작은 일에 대해'라는 상송을 지었다. "전쟁은 방지되지 않는다. 전쟁은 피할 수 없다. 전쟁은 폭풍처럼 불어왔다. 그러나 아이들은 어떻게 되는가"라는 그 가사는 1950년에 터진 한국전쟁, 그리고 북대서양 조약기구에 의한 서독의 재군비를 비판한 것이었다.

가사에서 케스트너는 '아이들을 구하자'라는 협회를 만들어 지구 위의 모든 정부가 인정하는 '아이들 지대'를 설정하고, 모든 나라 군의 참모본부 지도에 '불가침'이라고 써넣자고 제안한다. 이는 케스트너가 《동물회의》에서 이야기한 것과 통한다. 그렇게 하지 않으면 세계의 반은 공동묘지, 나머지 반은 고아원이 되리라고 그는 노래했다.

1952년의 샹송 '눈에 보이지 않는 합창부 독창'에서 그는 재군비를 위한 예산으로 군대 막사를 짓는 것을 비판했다. 서독의 재군비를 반대한 나라들이 6년도 안 되어 재군비를 부추기는 것을 그는 풍자했다.

1952년 케스트너는 샹송과 1949년부터 1952년까지 쓴 평론을 모은 《작은 자유, 샹송과 산문 1949~1952(Die kleine Freiheit, Chansons und Prosa 1949~1952)》을 출간했다. 특히 〈실존주의는 고쳐질까〉라는 평론이 흥미롭다. 사르트르는 염세주의자, 허무주의자이나 동시에 철학자다. 철학자는 가장 건강한 직업으로, 평균적으로는 가장 오래 산다. 사르트르는 자살 따위는 하지 않는다.

그런데 실존주의가 도대체 무엇인지 알 수가 없다. 인간은 스스로 만드는 것에 불과하고, 세상은 우리가 경험하는 곳에 존재한다는 그 이론만으로는 실존주의가 무엇인지 알 수 없다. 그래서 그것은 가장 일반적으로 보급됐음에도 불구하고 아무것도 의미하지 않는 것이 돼버렸다고 케스트너는 야유했다.

〈괴테 더비〉라는 글도 재미있다. 1949년 괴테 탄생 200주년을 맞아 누구나 괴테를 이야기했고, 괴테에 대한 많은 글도 쓰였다. 〈천재와 주기적 사춘기〉〈기독교도로서의 괴테〉〈무신론자로서의 괴테〉〈괴테와 독점자본주의〉 등의 글들이 쏟아졌다. 그러나 케스트너는 하루 정도 그렇게 하는 것은 몰라도 1년 내내 그러는 것은 지나치다고 비판했다.

1951년 케스트너의 어머니가 80세로 동독에서 죽었다. 1946년에 어머니를 만나고 5년 만에 케스트너는 다시 죽기 직전의 어머니를 방문했다. 아버지는 1957년 91세로 죽었다.

다시 하는 이야기

어머니가 죽기 전인 1950년 케스트너는 '다시 하는 이야기' 책으로 《장화를 신은 수고양이(Der gestiefelte Kater)》를 출간했고, 이듬해 《뮌히하우젠 남작의 놀라운 여행과 수륙 모험(Des Freiherrn von München wunderbare Reisen und Abenteuer zu Wasser und zu Lande)》, 이어 1954년 《실더의 시민들(Schilderbürger)》, 1956년 《총명한 기사 돈키호테의 생애와 행적(Leben und Taten des scharfsinnigen Ritters Don Quichotte)》, 1961년 《걸리버 여행기(Gullivers Reisen)》를 냈다. 이 작품들은 앞에서 소개한 1938년의 《틸 오일렌슈피겔》과 함께 옛날 이야기책 6부작을 구성한다.

《뮌히하우젠 남작》은 18세기에 실존한 허풍선이를 풍자한 것으로, 우리말로는《허풍선이 남작의 모험》으로 소개됐다. 이 이야기는 이미 19세기의 작가 임머만(Karl Immermann, 1796~1840)이 장편소설로 쓰기도 했던 소재다. 하이네의 친구이기도 했던 임머만은 그 작품에서 당시의 부패한 상류계급을 비판하고 조소했다. 케스트너도 임머만과 같은 입장에서 그 이야기를 다시 들려준다.

《실더의 시민들》은《틸 오일렌슈피겔》과 같은 독일의 옛 이야기다. 본래는 현명한 고대 그리스인들이 다른 지방에 가서 조언자 역할을 했다는 이야기를 토대로 해서 1597년에 책으로 엮여져 나왔고, 그때부터는 실더라는 도시의 이야기로 전해져 내려온 것이었다. 그 이야기는 현명했던 실더의 시민들이 일부러 어리석은 짓을 했다가 정말로 어리석게 변했다는 것으로, 그 후 지금까지 독일에서는 실더 시민이라고 하면 고루하고 우둔한 사람으로 통한다. 케스트너 이야기의 마지막 구절을 보자.

> 어리석은 사람들은 자기가 손에 넣은 것에 대해 만족하는 법이 거의 없지만, 자기 자신에 대해서는 늘 만족스러워한다. 그러니까 여러분도 조심하도록! 다른 사람이 혹시 어리석은 사람인지 아닌지도 조심해야겠지만, 또 조심해야 할 사람이 있다. 누구일까? 그래 맞았다. 바로 여러분 자신이다!

《총명한 기사 돈키호테의 생애와 행적》은 세르반테스의 원작에 근거한 것임은 물론이다. 옛날이야기를 읽다가 시대착오자가 된 돈키호테의 이야기는 《실더의 시민들》과 유사한 구조를 갖고 있다. 케스트너는 머리말에서 '책을 읽다가 완전히 돌아버리지 말기를' 부탁하면서 이야기를 시작한다.

'다시 하는 이야기'의 마지막 작품인 《걸리버 여행기》 역시 스위프트의 원작에 근거한 것이나, 원작과 달리 소인국과 거인국의 이야기만 다시 들려준다. 이야기의 마지막에서 작가는 소인국과 거인국을 다녀온 뒤 마침내 자기와 똑같은 사람들과 함께 지내게 된 것이 얼마나 소중한지를 알았다고 말한다. "자기와 똑같은 사람들이 자신의 척도이며, 그 사람들이 있는 곳이 자신이 살 곳이다."

1955년에 쓰인 서경시집 《13개월(Die dreizehn Monate)》은 1년 열두 달을 읊은, 우리식으로 말하면 월령가(月令歌)이나, 단순한 서경이 아니라 비애를 머금은 심상의 풍경화라는 성격을 지니고 있다. 예를 들어 4월을 "조화에 가득 찬 모순"으로, 5월을 "행복도 고통"으로 노래하고, 12월에 대해서는 "1년은 스스로 최후의 날임을 알지만 인간은 최후의 날을 모른다"고 노래한다. 마지막 13월은 "마음은 인내하고, 여행은 순환한다"는 에필로그로 장식된다.

희곡 《독재자 학교》

희곡 《독재자 학교(Die Schule der Diktatoren)》(1956)는 히틀러 시대에 구상된 것이다. 그 제목은 '독재자와 같은 교사들이 있는 학교'를 가리키는 것이 아니라 '독재자를 양성하는 학교'를 의미한다. 그러나 더욱 정확하게는 학생들을 가르치는 학교가 아니라 훈련장, 조련장으로서의 학교라는 뜻이다. 바로 희곡 중에 나오는 '대통령 공장'이라는 의미다.

즉 '독재자 학교'는 독재자를 훈련시키는 곳으로, 14명의 독재자 후보들이 훈련을 받고 그중에서 몇 명이 독재자 대통령이 된다. 이는 독재자가 끝없이 악순환하는 정치현실을 풍자한 것이다. 작가는 이 희곡의 머리말에서 이렇게 말한다.

> 대체로 피비린내를 풍기며 우스꽝스러운 독재는 훨씬 덕망이 있는 폭동에 의해 제거된다. 이렇게 실권을 잡은 반도는 또 살해당하고 다음 번 독재자가 들어앉게 된다. 먼저 사람은 다음 독재자를 위해 차량 역할을 한다. 트로이의 말처럼.[45]

희곡은 대통령에게 종신 대통령을 하도록 간청하는 총리의 연설로 시작되고, 그것에 환호하는 군중의 합창, 그리고 대통령의 수락연설로 이어진다. 그때 총성이 울리나 대통령은 죽지 않는다(1장). 이 대통령은 모조 대통령이고, 그것도 세 번째이며, 구두수선공 출신이다. 그는 학생이 시도한 암살은 피하지만, 주치의가 놓은 주사에 의해 죽는다. 정치범을 사면하겠다고 한 탓이다. 주치의와 함께 4인방을 구성하는 총리, 국방부 장관, 교수가 그를 죽이는 데 동의한다(2장).

대통령과 그 부하들이 드나드는 대통령궁 별실에서 여자들이 그들을 험담한다. 그곳에 장갑차로 출입하는 대통령이 질투로 죽인 여자 대신 새로 온 어린 소녀는 구속된 아버지 국회의원을 석방시키기 위해 대통령을 만나려고 한다. 여자들이 '이불 속의 자유주의자'로 비난한 교수가 대통령 후보자들을 데리고 온다(3장).

그런데 권력을 농단하는 4인방 사이에 분열이 생긴다. 교수는 자신이 그 훈련장을 만들었다고 말하고, 자신이 그렇게 하지 않았다면 국방부 장관은 우표나 팔았을 것이라고 비난한다.

> 그런 일 안 하고 초현대식 군대에 명령을 내리고, 군수품 상인들이 마음대로 쓰라고 백지수표도 슬쩍 찔러주고, 사랑의 신비, 그 깨끗한 국회의원 딸도 귀중한 시간만 허락한다면 살짝 벗길 수 있는 것. 다 내 덕이 아닌가!

4인방은 화해하고 새 대통령을 뽑는다. 교수는 후보로 제6번과 제7번을 추천한다(4장).

4인방이 훈련장에 간다. 대통령 후보들 앞에서 교수가 연설을 한다. "너희들에게 강조하는 것은 무조건 복종이다." 4인방은 두 후보를 조사한다. 교사 출신인 제7번은 "인간은 스스로를 체념하고 있다. 통조림통 속에 통조림으로 존재하는 것, 그게 기껏 꿈이다. 바야흐로 양철통의 시대다"라고 말한다. 그러나 건축공 출신인 제6번이 죽은 대통령과 똑같은 목소리로 연설을 해서 대통령에 뽑힌다(5장).

그러나 대통령 부인인 소령과 대통령의 아들이 쿠데타를 음모하여 후보 7번을 대통령으로 세우려 한다(6장). 소령이 교수를 위협하여 제7번을 방송국으로 데리고 가서(7장) 연설을 하고 쿠데타는 성공한다. 그 연설은 새로운 정치를 주장한 것이라는 점에서 우리도 경청할 만하다(8장).

> 허구한 날 구속, 몰수, 모욕, 고문의 나날이었다. […] 더 이상 살인자들이 여러분의 법관일 수는 없다. 형벌은 이제 그걸 휘두르던 자들에게 돌아갔다. 법과 정의가 부활했다. 모두가 형제자매로 되돌아가는 것이다. […] 그러므로 모든 정치범은 이제 곧 석방될 것이다. […] 우리가 해야 할 최선의 과업은 자유와 질서를 고루 갖추는 일이 될 것이다. 우리가 이루고자 하는 것은 오로지 이성적인 것이다. 독재 하에서 면직된 공무원과, 해산된 정당이나 노동조합의 간부는 즉각 우리에게 협력하도록.

쿠데타는 수도경비사령관을 주축으로 완수된다. 과도한 살인이

행해졌다고 제7번이 따지자, 사령관은 99퍼센트 성공한 내란은 실패한 것과 같다며 합리화한다. 게다가 새 장관들도 모두 과거 정권의 군인들로 충원되자 제7번이 거부했고, 그러자 사령관은 충성심을 이유로 그들의 임명을 강요한다. 제6번과 교수를 제외한 4인방이 구속되어 사형 판결을 받는다. 교수는 이미 국회의원 딸에 의해 죽었다.

그런데 제7번은 신임 내각 발표문을 녹음할 때 자신이 독재자의 앞잡이들을 임명하라는 강요를 당했음을 폭로하고, 이로 인해 쫓겨난다. 그리고 사령관은 제7번이 암살당했다는 발표를 베토벤의 작품 〈에로이카〉를 장송곡으로 삼아 함께 녹음한다. 제7번은 도망치다가 떨어져 죽는다. 권력은 다시 군부가 장악한다(9장).

1956년의 독일

《독재자 학교》는 단순히 나치 시대를 풍자한 것인가? 아니다. 케스트너는 같은 해 쓴 〈하인리히 하이네와 우리〉라는 글에서 1956년의 독일을, 검열이 엄중했던 하이네의 시대와 같다고 보고 있다. 케스트너는 하이네의 시대, 즉 120년 전인 1836년에도 검열기준을 준수하면 저술활동이 금지되지 않았다고 하면서 1956년의 상황에 대해 말한다.

사전검열도 없고, 더 이상 어떤 검열도 없을 것이다. 더 이상 선명성 있는 잡지들을 판금시킬 필요가 없을 것이다. 왜냐하면 그런 잡지들은 하나도 없기 때문이다. […] 이제 검열은 없을 것이다. 왜냐하면 그것이 필요 없기 때문이다. 우리는 우리가 본래 그랬듯이 진보적으로 자체검열을 고안해냈다.

《독재자 학교》는 1957년 뮌헨에서 상연됐다. 우리나라에서 상연된 적이 있는지는 확인하지 못했으나, 1988년 그 번역이 나왔을 때 번역서의 역자는 1960년대 초엽에 상연하고자 마음먹었던 적이 있다고 썼다.[46] 이 번역본은 프랑스의 풍자화가 샤발(Chaval)의 삽화를 함께 싣고 있어, 읽는 희곡으로서의 재미를 함께 느끼게 한다.

1956년 케스트너는 뮌헨시 문학상을 받았다. 그가 영화로 받은 상을 제외하면 최초로 받은 상이다. 이듬해에 그는 게오르크 뷔히너 상을 받았다. 뷔히너(Georg Büchner, 1813~1837)는 피억압 계급의 해방운동에 뛰어들어 '인권협회'를 만들고 혁명운동에 헌신한 자연과학자이자 혁명극 《당통의 죽음(Dantons Tod)》(1835), 《보이체크(Woyzeck)》(1836) 등을 쓴 작가이기도 했다. 케스트너는 《독재자의 학교》를 비롯한 풍자정치극을 썼다는 점에서 뷔히너의 제자였다.

〈아동문학 작가의 박물학〉

케스트너는 1957년에 《내가 어렸을 적》을 냈다. 앞에서도 언급한 것처럼 자신의 어린 시절을 솔직하게 서술한 이 책은 어린 시절을 미화하지 않고 사회비판적 요소도 지닌 것이었으나, 아동문학으로 높이 평가되어 1960년에 안데르센 상을 받았다. 그 수상식에서 케스트너가 연설한 것이 뒤에 〈아동문학 작가의 박물학〉으로 저작집에 수록됐다.

케스트너는 이 연설에서 자신의 본업은 시사비평과 풍자였고 아동문학은 아웃사이더로서 우연히 시작했음을 밝히면서, 아동문학에서 자신과 같은 아웃사이더의 역할을 스위프트와 디포를 예로 들어 설명했다. 스위프트의 《걸리버 여행기》나 디포의 《로빈슨 크루소》는 본래 아동을 위해 쓰인 것도 아니고 그 안에 아동은 전혀 등장하지도 않으나 위대한 아동문학이 되었다는 것이다.

《이상한 나라의 앨리스》를 쓴 루이스 캐럴은 수학자였고, 본래 법학도였던 호프만(Ernst Theodor Amadeus Hofmann, 1776~1822)은 그림까지 스스로 그린 아동서 《슈틀베라페터》를 썼다. 케스트너는 자신도 아동문학가가 아닌 직업 작가로서 펜과 말을 공통점으로 삼을 뿐이고, 아동문학을 쓰면서도 스스로를 아동문학가로 의식하지 않는다고 말했다.

예를 들면 《로테와 루이제》나 《내가 어렸을 적》에는 아동만을 위한 것이 아닌 이야기도 포함돼 있다. 이는 그가 솔직하게 인생의 진실을 묘사하고자 했기 때문이다. 특히 《내가 어렸을 적》의 문장은 아동을 대상으로 한 것이 아니다. 그러나 두 작품 모두 뛰어난 아동문학서다.

케스트너는 훌륭한 아동문학가이기 이전에 작가여야 한다고 주장했다. 그러나 훌륭한 작가라고 해서 뛰어난 아동용 책을 쓸 수 있는 것은 아니다. 좋은 아동용 책을 쓸 수 있는 것은 아이가 있어서, 또는 아이를 잘 알아서가 아니라, 과거를 거슬러 올라가 자신의 어린 시절, 즉 자신을 잘 알아서일 것이라고 말했다.

6장
만년

만년의 작품들

1959년 케스트너는 독일연방 대공로 십자훈장을 수여받았다. 이 해에 그의 60세를 기념하는 저작집 7권이 간행됐다. 1권은 시, 2~3권은 소설, 4권은 희곡, 5권은 평론 등이고, 6~7권은 아동을 위한 소설이다.

같은 해 프랑크푸르트에서 30회 국제 펜클럽 대회가 열렸다. 이듬해 부활절에 그는 원폭 반대 시위행진에서 강연을 했다.

1961년 그는 전쟁 말기의 일기를 정리한 《1945년을 명심하라. 에리히 케스트너의 일기》를 출간했다. 이 작품으로 노벨문학상 후보로 거론되기도 했다. 그러나 그 무렵부터 그는 결핵으로 건강이 나빠졌다. 이 때문에 그는 몇 개의 작품을 미완성으로 남겼으나, 아동용《걸리버 여행기》는 완성했다. 이 해에《에리히 케스트너 독본(Das Erich Kästner LeseBuch)》이 출간됐다. 이 책은 나치 시대에 나치에 협력한 교황청을 비판한 희곡《신의 대리인(Der Stellvertreter)》(1963)으로 유명한 호흐후트(Rolf Hochhuth, 1931~)가 편집했다.

1962년에는 케스트너의《이발소의 돼지 등(Das Schwein beim Friseur und anderes)》이 발간됐다. 이는 케스트너의 작품 중 거의 유일한 아동용 단편, 중편, 시 모음집이다. 여기서 처음으로 나오는 소설〈이발소의 돼지〉는 동물을 타고 이발을 하는 자유분방한 상상력을 보여준다. 병적인 호기심이 고쳐지는 이야기인〈호기심꾸러기 프리드리히〉, 꿈속에서 엄마를 찾아다니며 희한한 경험을 하는 이야기인〈엄마가 안 계세요〉, 순진한 신입생에게 상급생이 허풍을 떠는 이야기인〈사자와 시장바구니〉등에서도 그런 상상력을 느낄 수 있다.

《이발소의 돼지 등》에는 또한 케스트너의 어린 시절을 연상하게 하는, 돌아가신 엄마를 못 잊어 새엄마를 거부하는 아이의 이야기인〈두 엄마와 한 아이〉, 엄마의 생일을 잊어버리고 허둥대는 아이의 이야기인〈걱정거리가 있는 아이〉, 혼자서 몰래 기차를 타고 병든 엄마를 문병 가는 아이의 이야기인〈길 떠나는 어린 아이〉, 엄마의 심부름을 용감하게 가는 아이의 이야기인〈펠릭스, 겨자를 사오다〉등이 나온다. 그리고 중편〈두 학생이 사라졌다〉는《하늘을 나는 교실》의 속편이다.

1962년에 케스트너는 휴양차 스위스 남쪽의 테신 주 아그라로 가서 1년 반 정도 요양을 했고, 그 후에도 몇 달씩 두 차례 더 그곳에 머물렀다. 그가 1949년부터 사랑한 프리델 지베르트와의 사이에 1957년 태어난 아들에게 당시에 보낸 편지가 그의 사후인 1977년 《테신으로부터의 편지(Briefe aus dem Tessin)》라는 제목으로 간행되어 그에게 애인과 아들이 있었음이 세상에 알려졌다.

그러나 앞에서도 말했듯이, 케스트너는 이미 루이제로테와 동거 중이었다. 그것도 1939년부터였으니, 그녀와의 동거 10년 만에 그가 새로운 여인을 사랑하기 시작한 것이다. 루이제로테가 그런 사실을 알게 된 것은 1960년이었다. 케스트너는 11년간이나 지베르트와의 관계를 루이제로테에게 비밀로 한 셈이다.

루이제로테는 바로 그 해에 케스트너에 대한 최초의 전기(아동용)를 출간했다. 물론 이 전기는 그 전에 쓰인 것이니, 케스트너와 지베르트의 관계를 알기 전에 출간 준비가 끝났으리라. 그러나 루이제로테는 사랑하는 남자의 외도를 알게 된 뒤인 1966년에도 본격적인 케스트너 전기로서는 최초의 책을 전기 총서로 유명한 '로로로 문고'의 하나로 발간했다. 이 전기는 1980년에 재판을 찍었다.

케스트너는 요양 중에도 《작은 사람(Der kleine Mann)》(1963)을 쓰는 등 집필과 독서를 계속했고, 특히 위스키와 흡연을 즐겼다. 《작은 사람》은 당시 5세였던 아들을 위해 쓴 것이다.

아그라 부근에 헤르만 헤세가 살고 있었기에 케스트너는 그를 방문하기도 했다. 헤세는 1962년 여름에 백혈병으로 죽었다.

케스트너는 의학에 대해서는 비판적이었다. 그래서 만년에 병들었을 때 병원에 입원하라는 의사를 권유를 받았으나 거부했다. 그는 이미 1936년, 37세에 쓴 《서정적 가정약국》에서 다음과 같은 〈어느 심장병 환자의 일기(Tagebuch eines Herzkranken)〉[47]를 썼다.

첫 번째 의사가 말했다.
"당신 심장은 왼쪽이 비대해졌다."
두 번째 의사는 한숨을 쉬었다.
"당신 심장은 오른쪽이 부풀었다."
세 번째 의사는 근엄하게 고개를 끄덕이며 말했다.
"당신 심장에 비대증세는 없다."
그럼 그렇지.

네 번째 의사는 얼굴을 옆으로 흔들었다.
"당신 심장판막이 약하다."
다섯 번째 의사가 말했다.
"당신 심장판막은 아주 건강하다."
여섯 번째 의사는 눈을 둥그렇게 뜨고 말했다.
"당신 심장은 박동에 장애가 있다."

그럼 그렇지.

일곱 번째 의사는 탄식했다.
"당신 심장은 외형이 중의 모자처럼 변해 있다."
여덟 번째 의사가 말했다.
"정밀검사 결과 당신 심장은 정상이다."
아홉 번째 의사는 깜짝 놀라며 말했다.
"당신 심장은 45초 늦게 움직인다."
그럼 그렇지.

열 번째 의사는 무어라 했는가?
나는 답할 수 없다.
아직 가보지 않았으니까.
나는 다음에 물어볼 것이다.
아홉 번 진료는 모두 틀렸다.
그러나 열 번째는 분명 옳으리라.
그럼 그렇지.

온천치료니 식이요법이니 하는 것에 대해서도 케스트너는 비판적이었다. 〈심장온천으로부터의 편지(Brief aus einem Herzbad)〉[48]에서 그는 다음과 같이 노래한다. 번역시는 기도(氣道)를 공기로 오역하고 중간에 멋대로 생략을 하는 등 내용에 문제가 많고, 각 4행씩 7연으로 돼 있는 시형식도 깨뜨렸으니, 다시 번역해 보자.

어떻게 지내느냐고? 늦은 밤에 이렇게 깨어있지.
의사는 해롭다고 하겠지.
'드로슈케 7'이라는 말이 온천치료를 왔어.
여기서는 개들도 식이요법을 해.

기도(氣道)에서 카페인을 제거하는 기계도 작동하지!
그래서 호흡은 거의 위험성이 없어졌대.
불행히도 전혀 소용없지는 않대.
예전엔 호흡이란 그냥 마음 편한 일이었는데.

어제부터 하루 열두 번 광천수를 마셔.
매우 이상한 것을 섭취하는 것이 아니야.
여기서는 모두 마시고 있어, 심지어 의사들까지!
모르간 말처럼 매우 풍부하다고 해.

탄산수를 마시면 참 묘한 느낌이야.
일만 개쯤의 작은 진주가 피부에 앉아.
그것이 녹으면 사람들은 초원을 닮게 돼.
그것은 약효가 있어. 훗날 알게 되겠지.

나도 들이마시지. 그것은 건강에 좋아.
거기에는 대개 노인들이 앉아,
수염 앞에 아기 턱받이를 하고
도자기 담뱃대를 멋지게 입에 물고 있지.

계속해서 나는 광천수 치료를 받아.
그 물은 감초 뿌린 청어 맛이 나지.
그리고 사람들이 벼락 맞은 사람처럼 앉으면,
밴드가 중세 노래에 잠기지.

여기서 병들지 않으면 엄청난 괴짜겠지.
닥터 바르텔은 매일같이
바로 놓고 뒤집어 놓고 진찰하고 진찰하지.
그게 그의 일이야. 우리는 그의 피용자야.

맘 놓고 마시는 한 잔의 맥주가 그리워.
너도 마찬가지로 그리워. 그러나 목욕을 해야 해.
내 명령에 따라 네 장딴지를 꼬집어 봐.
무슨 이야기냐고? 그래, 어떻게 지내느냐고.

전후, 예상외의 경제부흥으로 인해 타성에 젖은 삶을 살게 된 독일인들은 넓은 시야와 공상을 결여했다. 그런 현실에서 케스트너는 미래를 살 아이들은 과거와 현실에 사는 어른들과는 달리 가능성의 세계를 가져야 하고, 현실의 제약이 없는 공상에 살아야 한다고 생각했다. 그래서 발표한 것이 《작은 남자》를 비롯한 서커스 연작이다.

《작은 남자》

《작은 남자》는 성냥갑 속에서 잠들 정도로 작은 5센티미터 키의 막스헨을 주인공으로 한 서커스 이야기다. 막스헨은 난쟁이 곡예사 부부 사이에서 태어났다. 그러나 그의 부모는 그가 다섯 살 때 파리의 에펠탑에 올라갔다가 바람에 날려 대서양에 떨어져 죽고, 부모 대신 막스헨이 곡예사가 되어 활약한다.

막스헨은 보통 아이가 되고 싶어 하고, 그렇게 되는 꿈을 꾸기도 하나 곧 후회한다. 보통 사람보다 아주 작은 사람이라는 특징을 가진 자기만이 할 수 있는 일이 있기 때문이다. 케스트너는 그렇게 말하면서도, 정말 대단한 일은 '전쟁을 막는 일, 굶주림을 없애는 일, 치료할 수 없다고 여겨졌던 병을 고치는 일'이라고 말한다.

이 작품은 여러 나라말로 번역됐고, 그 영역본은 미국도서관협회가 주는 제1회 밀드레드바첼다 상을 수여했다. 이 작품은 우리나라에 《엄지 소년》이라는 제목으로 번역돼 있다. 그러나 이 번역에는 문제가 있다. 원작의 제목은 소년을 말하는 것이 아니라 키가 작은 남자를 뜻하는 것이기 때문이다. 사실 작품 속에는 그의 나이가 밝혀져 있지 않다. 게다가 속편에서 막스헨은 결혼까지 한다.

그 속편인 《작은 남자와 작은 처녀(Der kleine Mann und die kleine Miss)》(1967)는 서커스의 대스타가 된 막스헨이 갱단에 납치되나 어느 소년에 의해 구출되어 더욱 유명해지고, 자기만한 작은 처녀 밀헨을 만나 결혼하여 행복해진다는 이야기다. 이 작품은 공상에 너무 치우친 탓인지 그 뒤 중판되지 않았으나, 타성적인 생활에 젖은 사람들을 풍자했다는 점에서 역시 케스트너의 다른 작품들과 맥을 같이 한다. 또한 이 작품은 케스트너 최후의 작품이기도 하다.

독일에서도 중판되지 않은 그 책이 우리나라에서는 출판돼 있어 다행이라고 해야 할지 문제라고 해야 할지 모르겠다. 그러나 그 제목이 《작은 사람》을 《엄지 소년》이라 한 경우와 마찬가지로 《엄지 소년과 엄지 소녀》인 점은 문제다.

죽기까지

1961년 《로테와 루이제》가 미국 디즈니사에 의해 영화화됐고, 1949년에 초연된 3막의 희곡 《충실한 손에》도 케스트너 자신이 쓴 시나리오를 토대로 《사랑의 수업(Liebe will gelernt sein)》이라는 제목으로 영화화됐다. 1963년에는 그의 시집 《간단 명료》

중 일부를 영역한 《그것과 직면하자(Let's Face It)》가 영국에서 출간됐다. 책 제목과 같은 제목이 달린 시는 이렇다.

> 아이들이 상속받기 위해서는
> 부모가 죽어야 한다.

케스트너의 시 중에서 영역된 것은 이것이 처음이었으나, 시를 제외한 다른 작품들은 대부분 독일에서 원작이 나오자마자 영역됐다. 특히 《에밀과 탐정들》을 비롯한 그의 일부 작품들은 독일어 학습용 교과서로도 편집됐다. 이는 영국뿐 아니라 다른 나라들에서도 마찬가지였다.

1964년 케스트너 전시회가 괴테 인스티투트의 주최로 뮌헨의 국제아동도서관에서 열렸다. 한국을 비롯해 세계 각국에 있는 괴테 인스티투트는 독일 문화의 해외보급을 목적으로 한 곳으로, 독일 작가 중에서 외국에 가장 널리 알려진 케스트너를 선택해 전시회를 연 것이었다. 전시회는 다른 나라에서도 계속 열렸다. 뮌헨 괴테 인스티투트에 의해 영어판 《케스트너의 생애와 작품(Erich Kästner, Life and Work)》도 간행됐다.

1964년에는 케스트너의 65세를 기념하는 여러 작가들의 에세이집이 출간됐고, 텔레비전에서는 그의 전기를 영화로 방영하기도 했다. 이어 레온하르트(R. W. Leonhardt)가 편집한 《어른을 위한 케스트너(Kästner für Erwachsene)》라는 선집도 간행됐다. 1969년에는 《어른을 위한 케스트너 저작집(Kästner Gesammelte Schriften für Erwachsene)》 전 8권이 출간됐고, 1980년에 그 증보판이 간행됐다.

1966년 케스트너의 〈실존주의는 고쳐질까〉가 불가리아 유머작가 국제 콩쿠르에서 금상을 받았다. 발표된 지 이미 14년이나 지난 글이지만 여전히 풍자로서의 가치를 지니고 있음을 국제적으로 인정받은 것이다. 이어 1968년에 그는 독일 프리메이슨 상을 받았고, 레싱 반지도 수여받았다. 케스트너가 자유주의자로서 계몽주의의 선구자인 레싱의 정신을 체현한 사람이라고 인정받은 것이다. 사실 그는 죽는 날까지 그러했다.

만년의 활동 중 가장 주목할 일은 그가 베트남전쟁을 줄기차게 반대했다는 점이다. 1968년에 그는 시위운동권에 〈이성적으로 가차 없이, 가차 없이 이성적으로〉라는 글을 보냈다. 같은 해 라우시(W. Rausch)가 편집한 시문집 《에리히 케스트너, "그의 책에 쓰여 있지 않은 것"(Erich Kästner "…was nicht in euren Lesebuchern steht"》도 간행됐다.

이어 그는 1970년에 뮌헨시 문화명예상, 1974년에는 뮌헨시 명예 금메달을 받았다. 그러나 이처럼 화려하고 명예로운 말년을 보내던 케스트너는 1974년 식도암에 걸렸다. 그는 병원에 입원해야 한다는 의사의 권고를 거부하고, 그동안 발표하지 않은 원고를 불태웠다. 그가 마지막으로 쓴 글은 자신과 루이제로테가 공동 편집한 유머 책의 서문이었다. 그 글에는 마라톤 선수처럼 장편소설을 즐기는 엘리트 독자도 있으나 자신은 그런 문학과는 거리가 먼 '오로지 단거리 독자용' 작가라는 내용이 담겨 있었다.

그해 7월 25일 케스트너는 세상과 이별했다. 그의 나이 75세였다. 고인의 희망에 따라 시신은 화장됐고, 유골은 집 부근 교회묘지에 묻혔다.

이듬해인 1975년 그의 죽음을 추모하는 여러 사람들의 케스트너론을 모으고 실비아 리스트(Sylvia List)가 편집한 《에리히 케스트너의 큰 책(Das große Erich Kästner LeseBuch)》이 간행됐다.

에필로그

케스트너는 여전히 시시한가

케스트너는 헤세나 만과 같이 노벨상을 받은 '본격' 작가도 아니고, 브레히트 같은 '사회주의' 작가도 아니다. 그는 자신이 마지막 남긴 말처럼 '단거리용' 작가다. 그것도 아동문학 작품이 주류를 이룬다.

분명히 그는 독일 현대문학에서 중심이 아니다. 한국에서는 물론 독일에서도 그는 중심으로 다루어지지 않는다. 케스트너는 독일 문학의 중심에 선 적이 없다. 그는 어쩌면 어중간한 작가였다. 순수문학에도 참여문학에도 적극적으로 나서지 못했다. 바이마르 시대에 사회주의 작가들이 투쟁적인 작품을 쓰고 검열에 걸릴 때도, 그는 그런 위험 없이 작품을 발표했다. 나치

시대에 집필을 금지 당하긴 했지만, 그렇다고 해서 다른 작가들처럼 수용소에 끌려가지도 않았다.

여기서 의문이 발생한다. 국내에 머문 케스트너를 국외에 망명하여 나치와 투쟁한 작가들과 비교하여 어떻게 평가할 것인가? 케스트너는 나치에 협력하지는 않았지만 그렇다고 저항한 것도 아니지 않은가? 쥐 죽은 듯이 조용히 살면서 자기보신을 한 것 아닌가? 그렇다면 그의 국내망명을 높이 평가할 여지가 없지 않은가?

그가 저항했다면 수용소에 끌려갔거나 처형당했으리라. 그랬다면 순교자처럼 역사에 그 이름이 남았을지도 모른다. 그러나 우리는 그 누구에게도 생명의 위협을 무릅쓰라고 요구할 수 없다. 독일 내에 머물면서 다른 작가들처럼 나치에 협력하지 않고 꿋꿋하게 견뎌낸 것만도 당시로서는 엄청난 일이었을 뿐 아니라 오늘날 우리에게 모범이 되기 때문이다.

그러나 중요한 것은 그런 점이 아니다. 나는 무엇보다도 모랄리스트로서의 그를 높이 평가한다. 앞에서도 말했지만 케스트너는 슈테판 츠바이크가 그렇게도 높이 평가한 에라스무스와 몽테뉴 이래의 모랄리스트 전통을 이었다. 그 전통은 레싱, 헤르더, 괴테를 거쳐 케스트너에 이른다. 사실 독일 현대문학에서 케스트너와 같은 모랄리스트를 다시 찾기 어렵다.

그의 성인문학은 물론 아동문학도 모랄리스트의 입장에서 재평가돼야 할 것이다. 나는 우리의 문학, 특히 아동문학도 그렇게 가꾸어지길 빈다. 그는 성인문학은 물론 아동문학을 통해서도 끝없이 자본주의 사회를 비판했고, 새로운 교육, 새로운 사회, 새로운 세계를 추구했다.

인생이란

75년을 산 케스트너가 우리에게 던지는 삶의 지혜는 무엇일까? 우리에게 가장 잘 알려진 케스트너의 작품은 역시 1980년대 말에 베스트셀러가 된 시집 《마주보기》다. 앞에서도 말했듯이 그것은 남녀의 사랑 같은 것을 말하는 것이 아니라, 여럿의 상대적 공존을 추구하는 삶의 자세를 말한다. 즉 서로 배타적이지 말고 관용의 마음을 가져야 한다는 것이다. 자기가 아닌 타인을 배척하는 것이 아니라, 자기를 인정하듯 타인을 인정하며 포용하라는 것이다.

마주보기는 우리가 모두 하나의 공동운명체에 속해 있음을 인식하는 데서 출발한다. 그러나 우리는 아직 그런 인식을 하지 못해 서로 마주보기를 못하고 있다. 그래서 삶이 허무하게 느껴진다. 이런 점을 케스트너는 〈기차 타기(Das Eisenbahngleichnis)〉[49]라는 시에서 노래한다. 이 시는 《서정적 가정약국》의 처음에 나오는 시이다.

우리는 모두 한 기차를 타고

시간을 뚫고 먼 길을 간다.
우리는 창 밖을 보나 이젠 지쳤다.
우리는 모두 한 기차를 타고 달려간다.
어디까지 가는지 아무도 모른다.

옆 사람은 잠들었고 다른 사람은 한숨을 쉰다.
세 번째 사람은 쉴 새 없이 지껄이고 있다.
역 이름이 방송된다.
해마다 날마다 달리는 기차는 언제까지나
도착할 종착역이 없다.

우리는 짐을 풀고 짐을 싼다.
무엇이 어떻게 된 셈인지
내일은 어딜 지날 것인지?
문틈으로 들여다보는 차장의 입가에
애매한 미소가 감돌고 있다.

그도 어디로 가는지 모른다.
그는 말없이 있다가 밖으로 간다.
요란스레 기적이 운다!
기차는 천천히 가다가 멈춘다.
죽은 이들이 기차에서 내린다.

어린이 하나가 내린다. 어머니가 운다.
죽은 이들은 말없이
과거라는 이름의 역에 서 있다.
기차는 다시 달린다. 시간을 꿰뚫고
왜 달리는지 아무도 모른다.

일등칸은 텅 비었다.
뚱뚱한 사내 하나가 빨간 벨벳 시트에
등을 기대고 앉아 괴롭게 숨쉰다.
그는 혼자이며, 혼자란 사실을 잘 안다.
다른 사람들은 나무의자에 앉아 있다.

우리는 모두 한 기차를 타고
현재에서 미래로 여행한다.
우리는 창 밖을 보나 이젠 지쳤다.
우리는 모두 한 기차에 앉아 있다.
사람들 모두 각기 다른 차 칸에.

위 시를 단순히 카프카적인 허무주의의 시라고 보아서는 안 된다. 카프카도 허무주의자가 아니지만 케스트너는 더더욱 허무주의자가 아니다. 그냥 삶의 모습을 보여주는 것에 불과하다. 케스트너는 허무주의를 긍정하지도 않는다. 오히려 경멸한다. 그래서 그는 〈딱 잘라 말하자면 허무주의자란(Ein Pessimist, knapp ausgedruckt)〉[50]에서 다음과 같이 노래한다.

> 딱 잘라 말하자면 허무주의자란,
> 아무것도 옳다 하지 않고,
> 어떤 일에도 만족하지 못한다.
> 아니면 그는 무엇보다 마지막으로
> (대개는) 모든 것이 나쁜 것에
> 즐거워할 뿐이다.
>
> 그중 한 사람이 내게 말했다.
> 무엇이 가장 슬프고, 즐거운지.
> "가장 불행한 순간은
> 말할 것도 없이 그가 태어난 순간이다.
> 그러나 사람은 가장 행복한 순간을
> 살아서는 경험하지 못한다. 그들의 장례식이다!"

자기 내면을 마주보라

마주보기의 기본은 스스로를 내면에서 마주보는 것이다. 즉 어린 시절을 항상 기억하고 그것으로 돌아가려고 애쓰는 것이다. 단순히 어린 시절만이 아니다. 아름다웠던 일은 물론 불행했던 일도 언제나 기억할 일이다. 사실 불행한 역사도 기억의 상실에서 이루어진다.

> 기억은 신비한 힘을 갖는다.
> 인간을 변화시키는 힘.
> 어떤 이는 아름다웠던 일을 모조리 잊고
> 조금만 마음에 거슬려도 화를 내지.
> 어떤 이는 불행했던 일을 까맣게 잊고
> 불행에는 점점 둔감해지지.

결국 근본적인 문제는 자기 내면의 성찰에 있다.

> 너는 굴레 속을 돌며 구멍을 찾느냐?
> 너는 공연히 달리고 있는 게 아니냐?
> 도대체 뭘 이해했다는 거냐?
> 생각해 보라!
> 유일한 탈출구는 아직도
> 네 자신 속에 있지 않은가?
> 네 자신 내부로 들어가는 것이다!

우리는 자기 내면을 성찰하고 자기변화를 추구해야 한다.

당신 마음속에서 일어나는 일들에 대해
깊이 관찰하고 주의를 기울여 보라.
그렇게 마음을 정리하면 자신의 변화가 감지되어 흐뭇하리라.
관찰과 발견 사이 최선의 방법은 우회하는 것이다.

따라서 자신의 삶을 사는 것이 가장 중요하다. 특히 자기 나름의 이상을 가지고 있을 때는 남과 같은 삶을 살아서는 안 된다. 케스트너는 이를 짧은 시 〈경고(Warnung)〉[51]에서 말한다. 기존의 번역은 '(이상에) 도달하지 않도록 조심해야 한다'는 식으로 거꾸로 오역하고 있으니, 다시 번역한다.

이상을 지닌 인간은
그것을 이룰 때까지 조심한다!
그렇지 않으면 어느 날 자기 대신
다른 사람의 삶과 닮은 자신을 발견하게 된다.

또한 가난하다고 해서 남에게 의지해서도 안 된다. 케스트너는 〈얼굴 속까지는 아무도 들여다보지 않는다(Keiner blickt dir hinter das Gesicht)〉[52]라는 제목의 두 시로 이를 노래한다. 두 시 모두 각 5행 4연의 시인데, 번역시는 그런 형식은 물론 내용도 왜곡하고 있다. 먼저 '용기를 위한 노래'라는 부제가 달린 시를 다시 번역해 보자.

아무도 모른다, 그대가 얼마나 가난한지…
그대 이웃은 스스로 걱정에 매달려 있다.
그래서 그대 기분을
물을 틈이 없다.
묻는다 해도 뭐라 답하겠나?

미소 지으며 괴로움 보따리를
아무도 보지 않게 등에 진다.
게다가 짐에 눌려 구부려져
비틀린 미소를 짓는다.
그래서 지팡이가 필요하겠지.

때때로 누가 그대를 눈여겨보면
그가 위로하리라 믿겠지.
그러나 그는 그대를 위로할 수 없기에
머리를 땅에 떨어뜨린다.
그리고 다른 사람들과 함께 지나친다.

그렇다고 허무주의자가 되어서는 안 돼,
도리어 사람들과 이야기할 때 미소를 띠게.
얼굴 속까지는 아무도 들여다보지 않는다.
아무도 모른다, 그대가 얼마나 가난한지…

(다행히도 그대 자신도 모른다.)

다음 '소심을 위한 노래'라는 부제가 달린 시를 다시 번역해보자. 이는 위의 시에 대응되는 것으로서, 비록 가난하다고 해도 마음이 부자이면 된다고 노래한다.

아무도 모른다, 그대가 얼마나 부유한지…
물론 나는 유가증권,
별장, 자가용, 피아노,
그 밖에 갖가지 비싼 물건을 가진
부를 뜻하는 것은 아니다.

내가 말하는 부는 눈에 보이지 않고
세금이 부과되지 않는 것이다.
그것은 계산될 수 없는 가치이고,
그 자체가 근거를 갖는 것이다.
그리고 어떤 도둑도 이 부를 훔칠 수 없다.

참을성은 그런 재화의 하나이다.
또는 유머, 정의감,
그리고 나머지 모든 완전한 성향.
마음속에는 많은 창고가 있기 때문에

그것은 마술사의 포대와 같다.

마음이 얼마나 큰 부를 약속하는지
깡그리 잊은 자만이 가난한 자이다.
얼굴 속까지는 아무도 들여다보지 않는다.
아무도 모른다, 그대가 얼마나 부유한지…
(그리고 그대 자신도 알지 못한다.)

케스트너는 인간이 동물보다 훌륭하지 않다고도 노래한다. 그는 〈겸손의 필요(Aufforderung zur Bescheidenheit)〉[53]에서 파리와 인간을 같다고 본다.

현실이 그러하므로,
그리고 그것이 우리 마음에 들지 않아도
인간은 하루살이와 같다
이 세계의 창문에 붙은.

거기에는 아무런 차이가 없다.
그리고 그것이 어떻단 말인가.
단 하나 차이점은 파리는 다리가 여섯이고,
인간은 기다란 두 다리를 가졌다는 것뿐.

사랑을 긍정하라

모랄리스트로서의 케스트너는 인간의 감성 중에서 가장 감성적인 사랑을 긍정한다. 그것도 육체적인 사랑이다.

> 당신은 쓸데없는 일에 그렇게 놀라서는 안 된다.
> […]
> 당신 옆자리의 여자친구가 치마를 무릎까지 걷어붙이고
> 내 옆으로 왔지.
> […]
> 그러나 그런 허튼짓을 하기에
> 당신이 너무 찬란했다.
> […]
> 당신은 휴식하고 있지만
> 당신의 몸은 또 가장 즐거운 휴식처다.
> […]
> 우선 나는 내 입술로 당신 몸을 더듬고 싶다.
> 그런데 참… 미안한 말이지만
> 당신 이름이 뭐라고 했던가?

케스트너는 사랑이 언제나 고통을 준다는 것도 안다. 특히 사랑하면 할수록 우리는 상대를 의심하게 된다. 이를 〈서 있는 바이

올리니스트의 고통(Stehgeigers Leiden)〉에서 다음과 같이 노래한다.

아! 내 침대에 누워있으면 얼마나 좋을까!
힐데가르트는 밤마다 혼자 자겠지.

케스트너는 사랑이 변한다는 것도 긍정한다. 그래서 이제 마주보기도 허무하다. 마주보기도 영원한 것이 아니다. 그러나 다시 사랑은 찾아오고 새로운 마주보기가 이루어지리라. 〈사실적 로망스(Sachliche Romanze)〉[54]에서 그는 다음과 같이 노래한다.

서로 친하게 사귄 지 8년.
(남자는 말하리, 좋았다고)
어느 순간 그들의 사랑이 가버렸다.
마치 사람들의 우산이나 모자가 사라지듯.

그들의 마음은 슬퍼져 버젓이 거짓을 말하고,
아무 일 없다는 듯 키스하고
마주보다 더 이상 모르게 되었다.
그녀가 그예 울었다. 그는 망연히 서 있었다.

창문 쪽을 두리번거리다 신호를 하면서

그가 말했다, 4시 45분이 지났어.

어디론가 커피 마시러 갈 시간이지?

작은 카페 안 피아노 소리가 울렸다.

모퉁이 작은 카페에 가

두 사람은 컵 속을 저었다.

어두워져도 두 사람은 그렇게 앉아 있었다.

두 사람만 말없이 마주 앉았다.

그리고 더 이상 잡지 못함을 알았다.

이제 헤어진 우리는 각각 홀로 된다. 아니 까닭 모를 외로움에 휩싸일 때도 있다. 이유도 없이 흔들릴 때도 있다. 어떻게 할 것인가? 오직 바로 눕는 것뿐이다.

그런 때에는

코트 깃 세우고 쇼윈도 앞에서

멋진 털모자를 봐도 별로 도움이 안 된다.

낯선 카페에 들어서서

즐거이 웃고 있는 사람들 무리를 보아도

돌아서서 그 자리를 떠나 보아도

별로 도움이 안 된다.

흔들리며 뒤쫓아 오는 그림자를 본다.
사람들이 그림자를 밟는다.
그래도 분노 한 가닥
눈물 한 방울 생기지 않으니 …
별로 도움이 안 된다.

집으로 가서 방에 들어가
신경안정제를 털어 넣고 물을 마셔도
별로 도움이 안 된다.
부끄러워 스스로 커튼을 닫아 봐도
별로 도움이 안 된다.

갓난아이가 되었으면 하고 생각한다.
이제 막 태어난 갓난아기!
맘속에 머릿속에 아무것도 들지 않은 갓난아기!
두 눈을 꼭 감고 아무것도 보지 않는다.
침대에 똑바로 홀로 눕는다.
해답은 하나다.
바로 눕기.

노동을 예찬하라

케스트너는 노동자를 사랑한다. 〈세탁부의 손에 관하여 (Hinweis auf die Hände einer Waschfrau)〉[55]를 읽어보자. 번역 시집에서는 '부지런히 일하는 보람이 없을 때' 읽으라고 하나, 그 시는 오히려 노동에 대한 위대한 찬가다. 케스트너는 노동자가 이 세상을 세탁하는 깨끗한 손이라고 찬양한다.

> 더 찬미 받을 손도 있고,
> 더 아름다운 손도 있다.
> 그러나 여기 그대가 보는
> 가정을 위한 손이 있다.
>
> 그들은 로션도 매니큐어도 모른다.
> 피아노 건반을 눌러본 일도 없다.
> 놀이를 위한 손이 아니고
> 도리어 세탁하기 위한 손이다.
>
> 이 손은 서로 서로를 세탁하고,
> 너무나도 부지런히 세탁하고
> 다른 사람의 속옷을 세탁하며
> 세상만사를 깨끗하게 만든다.

이 손에는 라벤더 향기도 없다.
도리어 잿물과 소금 냄새가 난다.
짜고 비비며 쉴 사이 없이 움직이며
궂은일 마다하지 않는 손이다.

이 손은 붉어지고 부르튼다.
이 손은 차갑고 거칠다.
그리고 그 손이 모든 사람을 쓰다듬을 때
그 손을 쓰다듬지는 않는다.

더 찬미 받을 손도 있고,
더 아름다운 손도 있다.
그러나 여기 그대가 보는
가정을 위한 손이 있다.

문화와 문명을 거부하라

모럴리스트인 케스트너는 문화나 문명을 거부한다.

문화의 혀는 길고 멀리 닿는다.
그 혀가 닿는 곳의 인간은
높고, 멀고, 넓고, 길게 문화 세례를 받는다.

아직도 시계를 갖지 못한 깜둥이들,
오페라가 상연되지 않는 도시들,
변소―미안―가 없는 에스키모들이 있다니
그녀의 긴 혀는 아직도 짧은가?

우리는 아이들을 정교하게 고쳐 만들고
음식은 간편한 정제로 만들어져 있고
계란이 든 수프를 타르에서 얻는다.

도로청소부도 전문학교 졸업시험을 치러야 하고
먼지나 잡동사니 학에 정통해야 한다.

문화의 세례를 받고
인간의 생활은 다양해졌다.
그것이 잘된 일인지 잘못된 일인지
글쎄, 누가 알겠나.

케스트너는 과학문명에 대해 비판적이다. 〈합성인간(Der synthetische Mensch)〉[56]에서 그는 로봇과 같은 합성인간을 노래한다. 그러나 이 시는 로봇에 대한 비판이라기보다, 인간을 로봇으로 만들고 있는 교육을 비판한 것이라고 볼 수도 있다.

붐케 교수는 최근 인간을 합성했다,
카탈로그에 의하면 그 인간은 너무 비싸지만
주문에서 제조까지 일곱 시간밖에 걸리지 않고
더욱이 완제품 성인으로 세상에 태어난단다!

이런 장점을 과소평가해선 안 되지.
붐케 교수는 확신에 차 이것저것 설명했다.
나는 그 말을 들으며 붐케 교수의 인간이
값비싼 만큼 가치 있음을 알았다.

붐케 합성인간은 성별과 용도에 따라
수염과 유방 같은 부속품을 붙이고 태어난다.
어린 시절, 청년 시절 따위는 시간낭비에 불과하다.
붐케 교수는 으스대며 말했는데 글쎄 생각해보니 그도 그러네.

그는 말한다. 변호사 자식을 갖고 싶으면
그렇게 주문만 하시라.
아무리 어려운 법률문제도 척척 막힘이 없는
대학 출신 완성품 변호사를 납품하니.

이제부턴 요람에서 앙앙 울고
아장아장 유치원 다니고

대학시험 취직시험 합격할 때까지
20년을 기다릴 필요가 전혀 없어.

물론 아기가 무능하거나 병드는 경우도 고려해야 해.
당신이 법률가 아들을 간절히 원하는데
그 녀석이 머리를 히피로 기르고 통기타 땅땅 치며
당신 골치를 끊임없이 썩일 일을 생각해 보라.

그렇지, 아무리 귀여운 아이라도
후일 어떻게 될지 모르지.
붐케는 처녀 딸이건 노신사 아버지건 주문만 하라 한다.
자기 제조법에는 실패가 없다고.

가까운 장래에 공장을 확장할거야.
오늘 벌써 219종의 인간을 제조 납품했어.
물론 불량품은 반품을 받아.
애프터서비스도 완벽하지.

나는 말했다. 붐케 공장 합성인간엔
한 가지 결함이 있다고.
언제나 일정할 뿐 변화나 발전이 없다고.
붐케 교수는 말했다. "바로 그 점이 이 제품의 최대 장점이다."

잠시 후 붐케 교수는 되물었다.

당신은 정말 자기발전 따위가 가치 있다고 생각하는가?

붐케 교수 이마에 깊은 주름이 한 줄 나타났다.

그리고 나는 마흔 살짜리 아들 하나를 주문했다.

예술을 비판하라

케스트너는 과학문명만을 비판하는 것이 아니다. 마찬가지로 화가들만 버글거리고 시민들은 외면하는 〈현대미술 전시회(Moderne Kunstaustellung)〉[57]도 야유한다. 우리도 그런 전시회를 얼마나 많이 하고 있는가!

전시장 안에 사람들이 바글거린다.

묘한 것이라도 보았는가?

아니, 관람객이 아니야!

화가들만 바글거려.

마찬가지로 케스트너는 〈천재(Das Genie)〉[58]에서 예술의 천재를 비웃는다. 번역시에서는 이 시에 '미래를 꿈꾸는 사람에게'라고 덧붙여 놓았으나, 이는 케스트너의 의도를 완전히 곡해한 것이다.

미래로 도약하려는 사람은,
멸망하게 된다.
도약에 실패하든 성공하든
도약한 인간은
파멸한다.

케스트너는 〈햄릿의 망령(Hamlets Geist)〉[59]의 명연기를 술 취한 천재 배우의 광태로 설명한다. 그 배우는 무대 위에서 횡설수설 소리를 지르고 엎어지고 자빠진다. 이 시는 위의 시와 마찬가지로 현대예술과 천재를 비판한 것인데, 한국판 《마주보기》에서는 '중요한 일을 실수로 망쳤을 때' 효과가 있는 처방시로 소개하여 아연하게 만든다. 이 번역시도 엉망이니 다시 옮긴다.

구스타브 렌너는 확실히
토겐부르크 시립극장의 명배우였다.
모두 그의 명연기를 알았다.
모두 그의 노인연기를 알았다.

심지어 켄너까지 그를 칭찬했다.
부인들은 그가 멋있다고도 했다.
오직 유감스럽게도 구스타브 렌너는,
돈이 있으면 술에 취했다.

어느 날 밤, '햄릿'이 상연되었을 때
그는 햄릿 아버지 망령 역할을 맡았다.
아, 그는 술에 취해 무덤에서 나왔다!
그는 오직 횡설수설할 수밖에 없었다.

햄릿은 너무나 놀랐다.
망령은 완전히 그의 역할을 못했다.
막은 내려지고
렌너는 사람들에게 끌려 나갔다.

사람들은 무대 뒤에서
술을 깨게 하려 했다.
그를 눕히고 베개를 주었다.
그리고 구스타브 렌너는 잠들었다.

동료들은 이제 연기를 했다,
그가 잠들고 더 이상 어지럽히지 않았기 때문에.
그런데 그가 나타났다! 그것도 다음 막에서,
그가 절대로 나와서는 안 되는데!

그는 부인의 발을 짓밟았다.
아들의 칼을 부러뜨렸다.

그리고 오필리어와 블루스를 추었다.
그리고 나쁜 왕을 객석으로 집어던졌다.

모두들 겁에 질려 도망쳤다.
그런데 관객들은 열광했다.
이런 엄청난 대갈채는
토겐부르크 극장 역사상 일찍이 없었다.

관객들은 깨달았다.
비로소 연극 햄릿을 이해할 수 있었다.

케스트너는 〈어느 샹송 가수의 광고(Ankündigung einer Chansonette)〉[60]에서 자신이 추구하는 참된 시인처럼 참된 가수의 모습을 노래한다. 이 시를 한글판 《마주보기》는 어처구니없게도 '외모가 아름답지만 쓸모없는 사람을 만났을 때' 읽으라고 하지만, 이는 케스트너의 의도와는 전혀 다른 것이다. 5장에서 일부를 보았으나, 여기서는 전문을 보자.

> 그녀는 크게 아름답지 않다. 그러나 그것은 문제가 아니다.
> 그녀는 반드시 미인은 아니지만
> 한 사람의 여인이다. 나무랄 데 없고
> 몸에 음악을 지니고 있다.

그녀는 모든 형태의 삶을 안다.

그녀는 그 겉과 속을 안다.

그녀의 노래는 살롱엔 맞지 않다.

그곳에선 기껏해야 멜로디만 통한다.

그녀는 아는 것만 노래한다. 그리고 노래하는 것을 안다.

그녀 노래를 들으면 사람들은 이를 깨닫는다.

그리고 그녀의 노래는

오래 마음에 남는다.

그녀는 무리 없이 부르는 음의 잔재주를 경멸한다.

그녀의 목소리는 반드시 부드럽지 않다.

노래 부르는 그녀의 마음은 자주 아프다.

오직 입으로만 부르지 않기 때문이다.

그녀는 눈물을 쏟게 할 요소를 안다,

우리가 정말 좋아할

그런 주제의 노래를 알고 있다.

그리고 여기서 그녀는 그 몇 곡을 부른다.

케스트너가 말한 "그녀는 아는 것만 노래한다. 그리고 노래하는 것을 안다"는 것은, 그가 말한 실용서정시의 정신과 통한다. 마치 시인이 그 삶에서 아는 것만 노래하고 자신이 노래하는 내용을 명확하게 의식하는 것과 같다. 따라서 이는 자신이 모르는 것을 그리는 현대 전위화가나 시인들에 대한 비판과도 통한다.

유행을 비판하라

케스트너는 유행이라는 이름의 자본주의적 퇴폐에도 비판적이다. 〈소위 계급부인(Sogennante Klassefrauen)〉[61]이란 시는 대도시의 진저리나는 풍경의 하나로 유한부인을 풍자한 시다.

> 제기랄 보고 있을 수가 있나?
> 별안간 계급부인들이,
> 유행이랍시고 손톱을 붉게 만드니!
> 아니면 망치로 때려
> 까맣게 멍을 내는 일이 유행이라면
> 그녀들은 서슴없이 그렇게 하겠지.
>
> 유행이라면 젖꼭지를 물들이고
> 유행이라면 배꼽을 잡아 뽑고
> 유행이라면 아이 적에 죽고
> 손을 노랗게 무두질하고,
> 그녀는 목장갑을 닳게 하겠지

유행이라면 몸뚱이에 검은 칠하고
파리의 정신나간 여자들같이
중국 천처럼 피부를 주름잡고
유행이라면 네 발로
도시를 기어 다닐지 모른다.

인공 세계어를 익히는 것이
콧구멍을 막는 것이
대머리가 되는 것이
전신주에 한쪽 다리 올리고 쉬하는 것이
유행하면 우리는 그런 여자들을 볼 수 있겠지.

그녀들은 마치 천사 날개를 가진 듯
언제나 최초 최고의 안개 위에 날아가 앉는다.
경골이 스스로 인두질하게 되리라!
그리고 억제할 아무런 방법이 없고
유행이란 말이 들어가기만 하면 그걸로 끝이야.

바보가 되는 일이 유행하기를!
이 점에서 그녀들은 위대하니.
그녀들 몸에 있는 구멍을 용접하는 일이
유행하면

그 때 우리는 그녀들로부터 해방될 텐데.

인류는 진보하지 않는다

마찬가지로 케스트너는 〈인류의 진화(Entwicklung der Menschheit)〉[62]에 대해 비관적이다. 인간은 문명을 자랑하지만 여전히 원시인에 불과하다고 시인은 본다. 말하자면 기계문명이란 시인에게는 전혀 무가치한 것으로 보인다.

> 놈들은 털 덮인 무시무시한 얼굴로
> 나무 위에 웅크리고 있었다.
> 원시림에 있던 놈들은 바야흐로 꾀를 냈다.
> 땅을 아스팔트로 덮고
> 30층짜리 집을 올렸다.
>
> 그리하여 놈들은 벼룩에 물리지 않고
> 중앙난방이 가동되는 방에서 앉아있다.
> 그곳에 앉아 지금 전화도 건다.
> 일찍이 나무 위에 있었을 때와 완전히 같이
> 바지런히 움직인다.
>
> 놈들은 먼 소리를 듣고 먼 곳을 본다.

우주와 접촉한다.

이빨을 닦고 기계를 움직인다.

지구는 매우 멋진 수세설비가 된

문화별이 되었다.

놈들은 우편물을 파이프를 통해 보낸다.

미생물을 찾고 배양한다.

자연을 고치고 요모조모 설비한다.

놈들은 하늘로 솟아올라

두 주간이나 허공을 돌아다닌다.

그것은 그들의 소화 능력를 초과하고

탈지면을 소비하게 한다.

그들은 원자를 분열시키고 근친상간을 고친다.

그리고 문체(文體)를 연구해

시저의 발이 평평했다고 증명한다.

그렇게 놈들은 꾀와 입으로

인류의 진보를 달성했다.

그러나 눈을 돌려

밝게 들여다보면 여전히 땅에 있는

놈들은 아직도 옛날의 털북숭이 원숭이다.

같은 내용의 문명 비판시로 〈1200미터 높이에서 노는 고귀한 사람들(Vornehme Leute, 1200 Meter hoch)〉[63]이 있다. 이 역시 번역시는 엉망이니, 다시 번역해본다. 게다가 거기에는 '철없이 자신의 부를 뽐내고 싶을 때'라는 말도 안 되는 처방전이 붙어 있다.

그들은 그랜드호텔에 앉아 있다.
주위는 얼음과 눈.
주위는 산, 숲, 바위.
그들은 그랜드호텔에 앉아
언제나 차를 마신다.

그들은 야회복을 입고 있다.
숲 속에서 서리가 소리를 낸다.
작은 노루 한 마리가 숲을 뛴다.
그들은 야회복을 입고
우편물을 노린다.

그들은 푸른 홀에서 블루스를 춘다.
밖에는 눈이 내린다.
가끔 천둥 번개가 친다.
그들은 푸른 홀에서 블루스를 춘다.

이제는 시간이 없다.

그들은 자연을 매우 숭배한다.
그리고 거래를 한다.
그들은 자연을 매우 숭배한다
그리고 주위가 오직
그림엽서에서 온 것임을 안다.

그들은 그랜드호텔에 앉아
스포츠에 대해 많이 이야기한다.
그리고 어느 날 모피 옷을 두르고
호텔 문으로 나와
다시 흩어져간다.

마찬가지로 진보를 의심하는 시 〈돌도끼와 만년필〉을 읽어보자.

날이 새면 돌도끼 챙겨들고
어슬렁어슬렁 짐승사냥 나섰지
해 뜨면 만년필에 잉크 채우고
쌕쌕 발이 보이지 않도록 먹이 찾아 나서지.

자연을 존중하라

모랄리스트 케스트너는 자연과 생태를 그리워하는 노래를 끝없이 한다. 자연을 그리워하는 〈숲이 침묵하다(Die Wälder schweigen)〉[64]가 그 대표적인 시다.

사계절이 숲을 스쳐 지난다.
사람들은 그것을 볼 수 없다. 오직 잎새에서 읽을 뿐.
사계절이 들판에서 방황한다.
사람들은 날짜를 센다. 그리고 돈을 센다.
사람들은 도시의 소음에서 도망치고 싶다.

지붕 바다가 벽돌색 물결을 친다.
공기는 엉기고 회색 헝겊처럼 흐느적거린다.
사람들은 밭과 마구간을 꿈꾼다.
사람들은 푸른 연못과 송어를 꿈꾼다.
그리고 그 고요한 곳을 찾고 싶어 한다.

영혼은 아스팔트 위에서 등이 굽는다.
나무와 함께 사람들은 가족같이 대화를 할 수 있고
영혼을 교감한다.
숲은 침묵한다. 그러나 벙어리는 아니다.

오는 사람 누구든 포근히 감싼다.

사람들은 사무실과 공장에서 도망친다.
어디로? 상관없다. 어차피 지구는 둥그니까!
저기, 풀들이 이야기를 걸어오는 곳
거미들이 비단그물을 짜는 곳에서,
사람들은 건강해진다.

〈눈 속의 마이어 9(Meyer IX. im Schnee)〉[65]라는 시에서 그는 다음과 같이 노래한다.

설탕 뿌린 과일처럼 눈이 숲을 덮고 있다.
어제 함께 내려 좋았다.
어쩌면 나무 발이 얼어붙을지 모른다…
그러나 누군가는 자연으로부터 아는 것이다.

눈은 가루사탕일 수 있다.
아이 적엔 가끔 같은 것이라고 믿었다.
오늘 왜 나에게 이런 일이 생기나,
좌우간 왜 그런가?

처음에는 구름이다. 그 다음에는 눈이다.

그러나 눈은 처음에 어떻게 올라왔을까?
세상은 소위 거대한 매혹이다.
사람들은 그것을 모를 뿐이다.

작은 눈송이가 발레를 하며,
많은 큰 산들을 본다.
눈은 내리고 내린다! 대지는 잠들었다.
그리고 차가운 물이 구두 속에 스며든다.

〈전설의 별〉이라는 시를 보자.

지구는 이제 생물이 살 수 없는
인류의 기원을 들먹일 때나 등장하는
전설의 별이 되었다.

새로운 태양계로 옮겨간 인류는
NS-8번 별에 문명이식을 진행 중이다.

인간의 문명은
우주의 파괴다.

몇천 년에 걸쳐서 녹색 지구를

쓸모없는 폐기물 덩어리로 만들어버린 초기 인류와
훨씬 짧아진 시간 단위로
제2의 태양계를 뒤죽박죽으로 만들어버린 신인류는
유전인자를 이어받은 같은 혈통이어서
외형이나 알맹이가 옛날 그대로다.

신인류의 부동산회사는
별들을 사고파는 거래를 주선한다.
요즘 너도나도 묘지로 쓸 별똥별을 사두는 것이 유행이란다.

그래도 봄은 온다

케스트너가 보는 이 세상은 결코 봄이 아니다. 그러나 그는 봄을 기다린다. 〈봄 기다리기(Früling auf Vorschuß)〉[66]에서 그는 다음과 같이 노래한다.

들판은 아직 초록이 아니다.
천 년 전에 생명을 잃은 듯
풀은 빗질 없이 숲 속에 서 있다.
여기 또한, 사람들은,
방울꽃이 정말 필지 걱정한다.

정년퇴직한 잎새들은
버터 빵 포장지처럼
여기저기서 퍼석거린다.
바람이 때로는 낮게 때로는 높게
숲 위를 스친다.

삶을 아는 사람들은 안다.
올해도 반드시 봄이 옴을
그래, 다른 해와 같이
마른 들판 숲 속에 앉아
봄을 기다린다.

두 사람을 욕해서는 안 된다.
그들은 여전히 자연을 사랑하고
숲과 들판에서 즐거이 앉아 있다.
두 사람을 충분히 이해한다, 다만
감기에 걸리지 않을까 걱정이다!

〈그런 봄이 왔다(Besagter Lenz ist da)〉[67]에서 케스트너는 희망을 노래한다. 번역시는 엉망이므로, 여기서 다시 번역한다. 번역시는 가령 '작은 모자(Hütchen)'라는 이름의 '작은 말(Pony)'을 '포니 휴토렌'으로 옮겼고, 3연을 비롯한 몇 구절은 아예 생략했다.

바로 그렇다. 벌써 봄이 왔다.
나무들이 기지개를 켠다. 창문은 놀란다.
대기는 깃털처럼 부드럽다.
그리고 다른 모든 것은 중요하지 않다.

지금 모든 수캐는 짝을 찾는다.
그리고 작은 말 '작은 모자'는 나에게 말했다.
태양이 작고 따뜻한 두 손으로
제 피부를 쓰다듬는다고.

여인들은 집 앞에 당당히 서있다.
남자들은 다시 카페테라스에 나와 앉았다
그리고 더 이상 얼지 않고 볼 수 있게 한다.
어린 아이들을 데리고 산보를 간다.

수많은 소녀들 무릎이 풀린다.
핏줄 속으로 달콤한 크림이 흐른다.
하늘에는 눈부신 비행기가 난다.
사람들은 즐겁다. 그리고 다른 것은 모른다.

사람들은 다시 산보를 나가야 한다.
푸른색, 빨간색, 초록색이 완전히 바랬다.
이제 봄이 왔다! 세계가 새롭게 칠해진다!
사람들은 웃는다, 스스로 이해할 때까지.

영혼은 죽마(竹馬)를 타고 도시를 달린다.
조끼를 벗은 남자들이 발코니에 서서
꽃밭에 꽃씨를 뿌린다.
그런 꽃밭이 있다니 얼마나 좋은가!

정원은 빛에 대해 여전히 민숭민숭할 뿐.
햇빛은 데워져 겨울에 복수를 한다.
이는 매년 되풀이되는 일이나
언제나 처음 있는 것과 같다.

주석

1) 예컨대 《독일문학사》(송익화 편저, 서린문학사, 1986)에는 케스트너에 대해 전혀 언급이 없다. 《현대독일시 개관》(이영일, 전예원, 1993)이나 《독일현대시집, 나의 푸른 피아노》(김주연 편역, 정우사, 1994)에도 케스트너는 전혀 등장하지 않는다. 그 밖의 독일문학서에는 케스트너가 한두 줄 정도 소개될 뿐이다. 그러나 《독일문학사》(볼프강 보이틴 외, 허창운 역, 삼영사, 1988)에는 케스트너의 중요한 작품들이 상세히 언급된다.
2) 가령 평전으로는 Luiselotte Enderle, *Erich Kästner in Selbstzeugnissen und Bilddokumenten, 13.* Aufl. Reinbek bei Hamburg; Helmuth Kiesel, *Erich Kästner.* München, 1981; Uta Lämmerzahl-Bensel,(Hrsg.) *Erich Kästner. Eine Personalbibliographie*, Gissen 1988이 있고, 연구서로는 Helga Bemann, *Erich Kästner: Leben und Werk*, Aktualisierte Neuausg, Frankfurt am Main. 1994; Werner Schneyder, *Erich Kästner. Ein brauchbare Autor*, München, 1982가 있다. 또 케스트너의 아동문학에 대해서는 Esther Steck-Meier, *Erich Kästner als Kinderbuchautor*, Peter Lang, 1998이 있으며, 케스트너의 영화에 대해서는 Ingo Tornow, *Erich Kästner und der Film*, München, 1989가 있다. 기타 케스트너에 관한 수많은 학위논문과 개별 연구논문이 있으나, 그 목록은 위의 여러 책에 실려 있으니 여기서는 생략한다.
3) Deutscher Taschenbuch Verlag, 2001년 제17판을 기준으로 인용한다.
4) 원문은 *Das Große Erich Kästner Lesebuch*, Deutscher Taschenbuch Verlag, 2001년 제5판, SS. 119~121. 이하 이 책은 Lesebuch로 인용한다.
5) Lesebuch, SS. 54~55. 번역본의 제목은 〈포연이 꽃피는 나라〉이고, 원제에 없는 부제로 시의 뜻과는 전혀 무관한 '말과 글을 직업으로 하는 사람들에게' 라는 글이 붙어있으며, 원시의 행을 멋대로 바꾸고 있으므로 여기서는 필자가 새롭게 번역한다. 이 시는 독문학 교수인 신상전이 번역한 《독일의 정치시》(제3문학사, 1990) 108~109쪽에도 있으나, 이 역시 번역에 문제가 있다. 예컨대 금배지(Gefreitenknoepfe)를 병장 단추, '두 번째 남편'(zweiten Mann)을 '사내 두 명 중 하나'(zweiten을 zwischen으로 오독하여), 장난감 병정(Bleisoldaten)을 보조병이라고 하는 식이다.

6) 《서정적 가정약국》, S. 22. 《마주보기》 68~70쪽에 실린 이 시 번역 〈갑자기 난 결말〉은 제목부터 제멋대로다. 이 번역에는 '호화판으로 놀고 싶을 때'라는 이상한 부제가 붙어 있으나, 케스트너는 오히려 돈이 없으면서 낭비하는 경우를 경계하는 뜻으로 이 시를 썼다. 그 내용에서도 200마르크가 600마르크로 오역돼 있다. 원시는 각 6행 7연의 서정시이나, 그 형식과 내용이 엉망으로 번역됐다. 따라서 여기서는 각 6행 7연의 시로 다시 옮긴다.

7) 《서정적 가정약국》, SS. 178~179.

8) 《파비안》의 번역자 전혜린은 우리나라에서 과도하게 우상화돼 있다. 그녀의 번역본(문예출판사, 1972)의 249쪽에 나오는 이 구절을 보면 그녀의 번역에 의심이 간다. "도덕가는 자기 시대에, 거울이 아니라 깨어진 거울을 제시해 보이는 것이 보통이다. 합법적인 표현방법인 캐리커처를 그리는 것이 그가 할 수 있는 가장 극단적인 것이다." '모랄리스트'를 '도덕가'로, '정당한'을 '합법적'으로, '극적'을 '극단적'으로 옮긴 그녀의 번역은 이상하다.

9) 《독일문학사》 하권, 프리츠 마르티니 저, 황현수 역, 을유문화사, 1989, 305쪽.

10) 《서정적 가정약국》, S 16.

11) 《서정적 가정약국》, S 38. 이 시는 각 4행 6연의 정형시다. 그러나 《마주보기》 23~24쪽에 실린 이 시의 번역은 그런 형식이 아니어서, 다시 행과 연에 맞추어 번역한다. 내용 또한 문제다. 가령 3연의 "가난한 자와 부자가 있다고."가 《마주보기》에는 생략돼 있다.

12) Lesebuch, S. 229.

13) 명지사

14) 《중심의 상실》, 제들마이어 저, 박래경 역, 세계의 대사상 제27권, 휘문출판사, 1981년.

15) 《토마스 만》, 로마 카르스트 저, 원당희 역, 책세상, 1997, 29쪽.

16) 《서정적 가정약국》, SS. 94~96.

17) 《바이마르 문화》, 피터 게이 저, 조한욱 역, 탐구당, 1983, 11쪽. 단 여기서 번역은 저자가 수정함.

18) 같은 책, 같은 쪽.

19) Lesebuch, SS. 52~53.

20) 《서정적 가정약국》, SS. 176~177.

21) Lesebuch, S. 56. 원래 각 4행 4연의 시를《마주보기 2》에서는 멋대로 번역했으므로, 여기서는 시 형식에 맞추어 다시 번역한다. 그 내용에도 오역이 많다.
22) 황현수는 이를 '몸에 맞는 마음'으로 번역했는데 이상하다(《독일문학사》하권, 프리츠 마르티니 저, 황현수 역, 을유문화사, 1989, 305쪽). 또한 송한진 등이 '허리에 달린 심장'으로 번역한 것도 이상하다(《독일문학사》, 호프만뢰시 저, 송한진 외 역, 일신사, 1992, 438쪽).
23) 이를 송한진 외는 앞의 책 438쪽에서 '거울 속의 소음'으로 번역했으나 이상하다.
24)《파비안》33~34쪽. 번역은 저자가 수정함.
25) 같은 책, 36~37쪽. 번역은 저자가 수정함.
26) 같은 책, 64쪽.
27) 같은 책, 66쪽.
28) 같은 책, 102쪽.
29)《독일문학사》, 박찬기, 일지사, 1976.
30) 송한진 외는 이를 앞의 책, 438쪽에서 '난처한 상황의 노래'라고 번역하나, 이상하다.
31)《독일문학사》증보개정판, 조철제, 경북대학교출판부, 1994, 347쪽.
32)《서정적 가정약국》, S. 60.
33)《서정적 가정약국》, SS. 67~68.
34)《서정적 가정약국》, SS. 34~35.
35)《독일문학사》하권, 마르티니, 을유문화사, 1989, 113쪽.
36) Lesebuch, S. 463.
37) Lesebuch, S. 277.
38) Lesebuch, S. 426.
39) Lesebuch, S. 486.
40) Lesebuch, S. 370.
41) Lesebuch, S. 230.
42) Lesebuch, S. 383.
43) Lesebuch, S. 391.
44) Lesebuch, S. 534.

45) 《독재자 학교》 12쪽. 번역은 저자가 수정함.
46) 같은 책, 155쪽.
47) 《서정적 가정약국》, S. 44. 원래 시는 각 7행 4연의 시다. 《마주보기》 46~48쪽에 게재된 번역시는 그런 운율을 무시한 것이므로, 여기서 다시 번역한다.
48) 《서정적 가정약국》, SS. 108~109.
49) 《서정적 가정약국》, SS. 13~14. 원래 각 5행 7연의 시이나, 《마주보기》의 9~13쪽에 실린 번역은 그런 형식이 깨어져 있으므로, 여기서는 다시 운율에 맞추어 번역한다.
50) 《서정적 가정약국》, S. 192.
51) 《서정적 가정약국》, S. 55.
52) 《서정적 가정약국》, SS. 18~19.
53) 《서정적 가정약국》, S. 112.
54) 《서정적 가정약국》, S. 61.
55) 《서정적 가정약국》, S. 42.
56) 《서정적 가정약국》, SS. 71~73. 원래 각 4행 10연의 시이나, 《마주보기》 30~35쪽의 번역은 그런 정형에 따르지 않고 있으니, 여기서 행과 연에 맞추어 다시 번역한다.
57) 《서정적 가정약국》, S. 59.
58) 《서정적 가정약국》, S. 167.
59) 《서정적 가정약국》, SS. 48~49.
60) 《서정적 가정약국》, S. 74.
61) 《서정적 가정약국》, S. 65.
62) 《서정적 가정약국》, SS. 32~33. 원래 각 5행 6연의 시가 《마주보기》 75~78쪽에서는 제멋대로 변형돼 있어서, 여기서 다시 형식에 맞게, 그리고 생략된 부분을 원상복구하여 다시 번역한다.
63) 《서정적 가정약국》, SS. 126~127.
64) 《서정적 가정약국》, S. 43.
65) 《서정적 가정약국》, SS. 88-89.
66) 《서정적 가정약국》, S. 113.
67) 《서정적 가정약국》, S. 69.